めるウキフカセ釣り

# 必釣 ウキフカセ釣り入門

イラストと写真で基礎から解説

ウキフカセ釣りを
マスターすれば
すべての魚が
ターゲット

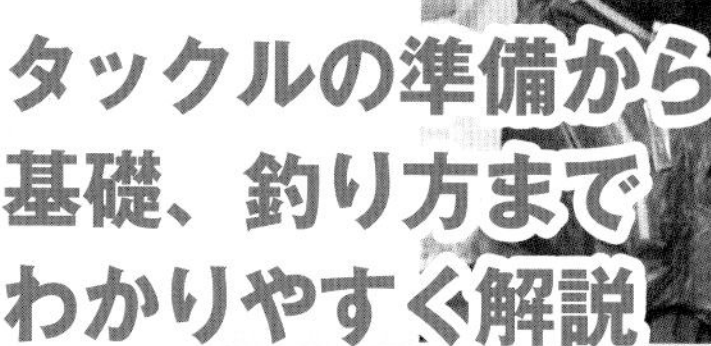

タックルの準備から
基礎、釣り方まで
わかりやすく解説

コスミック出版

# ウキフカセ釣りで 海釣りをとことん楽しむ！

# メインターゲットは メジナとクロダイ

## ゲストの顔ぶれも多彩！

メジナはウキフカセ釣りの定番ターゲット。小型はそれほど難しくないが良型となると手強い相手。木っ端メジナと呼ばれる小型の中から型の良いサイズを釣り上げるのが醍醐味。

ウミタナゴはクロダイやメジナ狙いで時折掛かる定番の外道。冬場から春先にかけてよく釣れる。ウキフカセ釣りの入門に最適なターゲットで、基礎をマスターするには最適である。

メジナ釣りでよく掛かるブダイ。専門に狙う人もいる美味しい魚だが、あまり歓迎されない。

小型のメジナが群れる中、底のほうでコマセをついばむ良型メジナをゲット。40㎝級のメジナは引きが強く取り込むまで油断できない。

ウキフカセ釣りは
コマセ（撒きエサ）を撒いて魚を寄せ
ウキでアタリを取る釣り方。
釣り場に生息する魚はすべてが
ターゲットとなるが、
メジナとクロダイが本命である。
メジナとクロダイでは
若干釣り方やテクニックが違い、
これらの魚にアプローチする過程で
多彩な魚と出会うことができる。
これがウキフカセ釣りの魅力。

メジナと並ぶウキフカセ釣りの人気ターゲットがクロダイ。メジナ釣りでウキフカセ釣りのテクニックを身に付け最後はクロダイにチャレンジしたい。

ウキフカセ釣りで時折顔を見せるカサゴ。朝マヅメや夕マヅメにはメバルやアジが掛かることもある。

カワハギはメジナやクロダイ狙いで顔を見せる外道。ウキフカセ釣りで釣れるカワハギは型がいい。仕掛けをちょっと変えて専門に狙うのもお勧め。

この風貌には釣り人を惹きつける魅力がある。

釣り場によってはマダイを専門に狙える所もある。ウキフカセ釣りは磯や堤防周りに生息する多彩なターゲットを狙える海釣りのオールラウンド釣法である。

CONTENTS

STEP 2

## ウキフカセ釣りの醍醐味は メジナ釣りにあり

## STEP 3



## STEP 4

STEP 1

# ウミタナゴでウキフカセ釣りの基本をマスター

## ウキフカセ釣りの基本はウミタナゴ釣りにあり

小さな玉ウキと延べ竿で小物を釣る。これがウキフカセの原点であり、そこにはウキフカセ釣りの基本が凝縮されている。基礎を学ぶという意味で磯竿とリールを使い、まずはウミタナゴをターゲットに選んだが、物足りなければ小メジナやカイズでもかまわない。釣り方は一緒だ。タックルやコマセの役割、結びや投入、ポイント選びのコツをマスターしよう。

ウミタナゴは磯や堤防がフィールドで、ウキフカセ釣りで手軽に狙うことができる。海釣り初心者にはおすすめのターゲットで、ウキフカセ釣りの基本をマスターするには最適である。

# 01 ウキフカセつりってどんな釣り

**一気に消し込むウキ、アワせた瞬間に伝わる重量感、大物から小物まで海釣りの醍醐味を味わえるのがウキフカセ釣りだ。**

## ウミタナゴ釣りにはウキフカセ釣りの基本が凝縮

初めて釣りをしたのは小学3年生の頃だと思う。夏のある日、昆虫少年だった私は友人のお父さんに連れられて近所の海岸へ釣りに行った。竹の継ぎ竿に道糸を結び、ゴム管を通し、これにセル玉ウキを固定するだけの仕掛けが、小学生の目には複雑で難しい本格的な道具立てのように見えた。

ゴム管を動かせばウキからハリまでの長さが変わり、板オモリの量によってウキの浮力を抑えることができることも教わった。これが「ウキフカセ釣り」との出会いだった。中学3年の時に東京へ引っ越してからは釣りとはまったく縁のない日々をすごし、再び竿を手にするようになったのは結婚して神奈川県藤沢市に移り住んでからだった。江ノ島や腰越漁港なら自転車で10分程度。私は週末を待ちかねるように釣りに出かけた。

最初のターゲットはウミタナゴ。姿形がいかにも魚らしく、淡いピンクや黄金色に輝く体色も魅力的で、大きさが初心者には手頃だった。もちろん、釣り方はウキフカセである。対象魚はボラ、メバル、サヨリ、クロダイやメジナへと変わり、投げ釣りや落とし込み釣り、ルアーフィッシングなどにも手を染めたが、その後も私の釣りはウキフカセ釣りが中心だった。

コマセを撒き、ウキを浮かべ、海面に漂う小さなウキを通して海の変化を読み取り、狙った魚にアプローチするだけの遊びだが、そこには海との繊細でダイレクトな付き合いが

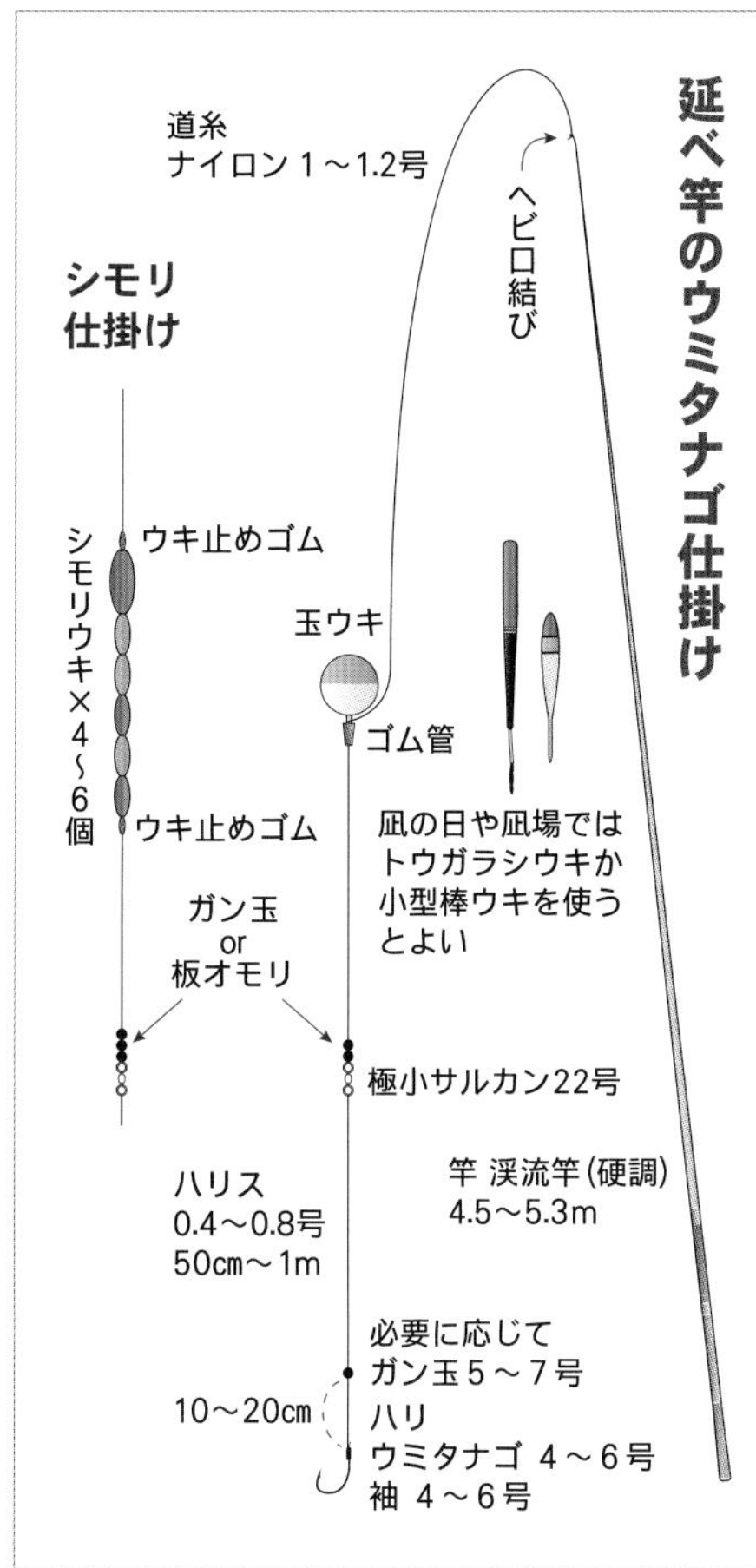
延べ竿のウミタナゴ仕掛け
道糸
ナイロン 1～1.2号
ヘビロ結び
シモリ
仕掛け
シモリウキ×4～6個
ウキ止めゴム
ウキ止めゴム
ガン玉
or
板オモリ
玉ウキ
ゴム管
凪の日や凪場では
トウガラシウキか
小型棒ウキを使う
とよい
極小サルカン22号
ハリス
0.4～0.8号
50㎝～1m
竿 渓流竿(硬調)
4.5～5.3m
必要に応じて
ガン玉5～7号
10～20㎝
ハリ
ウミタナゴ 4～6号
袖 4～6号

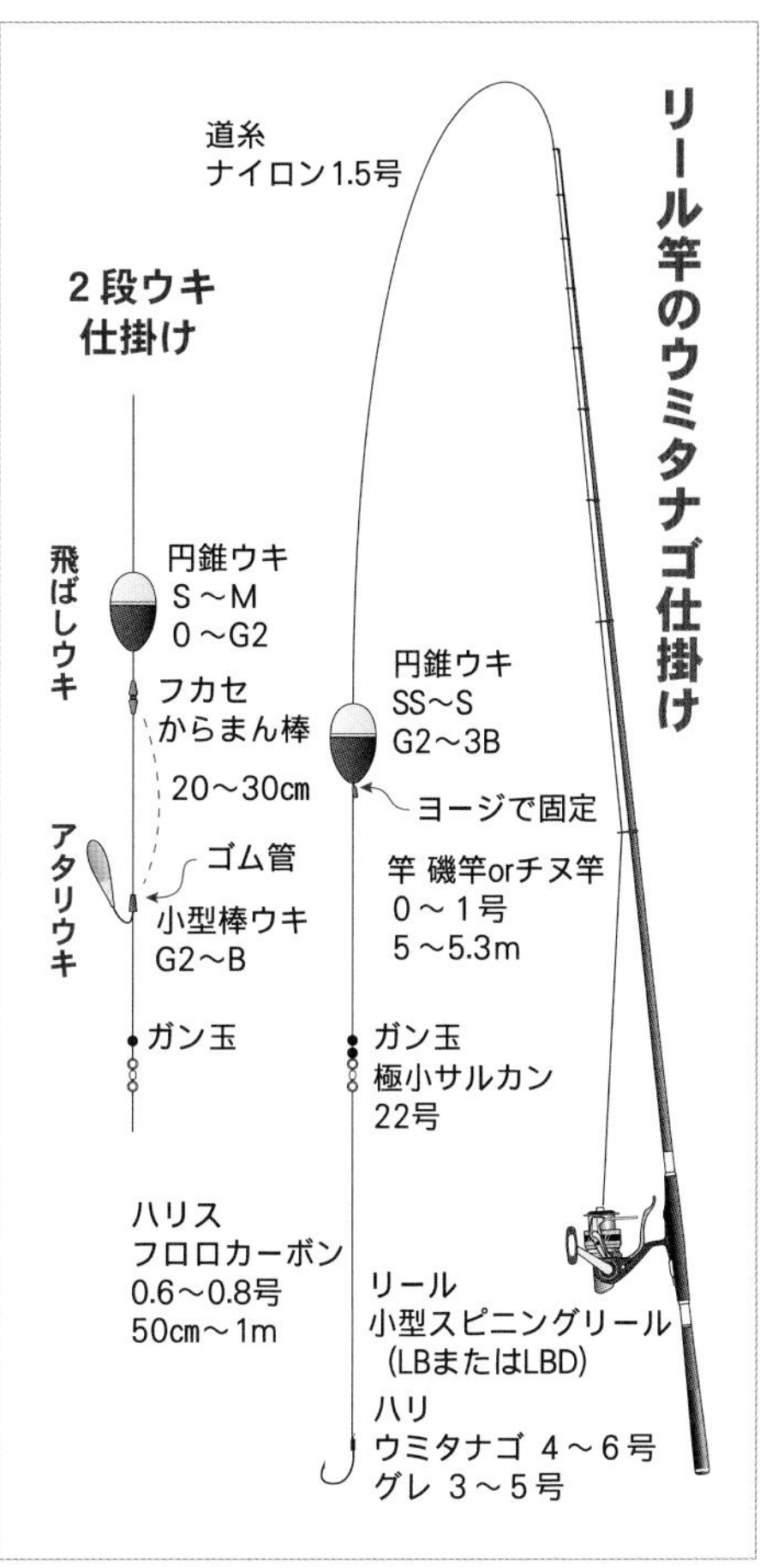
リール竿のウミタナゴ仕掛け
道糸
ナイロン1.5号
2段ウキ
仕掛け
飛ばしウキ
円錐ウキ
S～M
0～G2
フカセ
からまん棒
20～30㎝
アタリウキ
ゴム管
小型棒ウキ
G2～B
円錐ウキ
SS～S
G2～3B
ヨージで固定
竿 磯竿orチヌ竿
0～1号
5～5.3m
ガン玉
ガン玉
極小サルカン
22号
ハリス
フロロカーボン
0.6～0.8号
50㎝～1m
リール
小型スピニングリール
(LBまたはLBD)
ハリ
ウミタナゴ 4～6号
グレ 3～5号

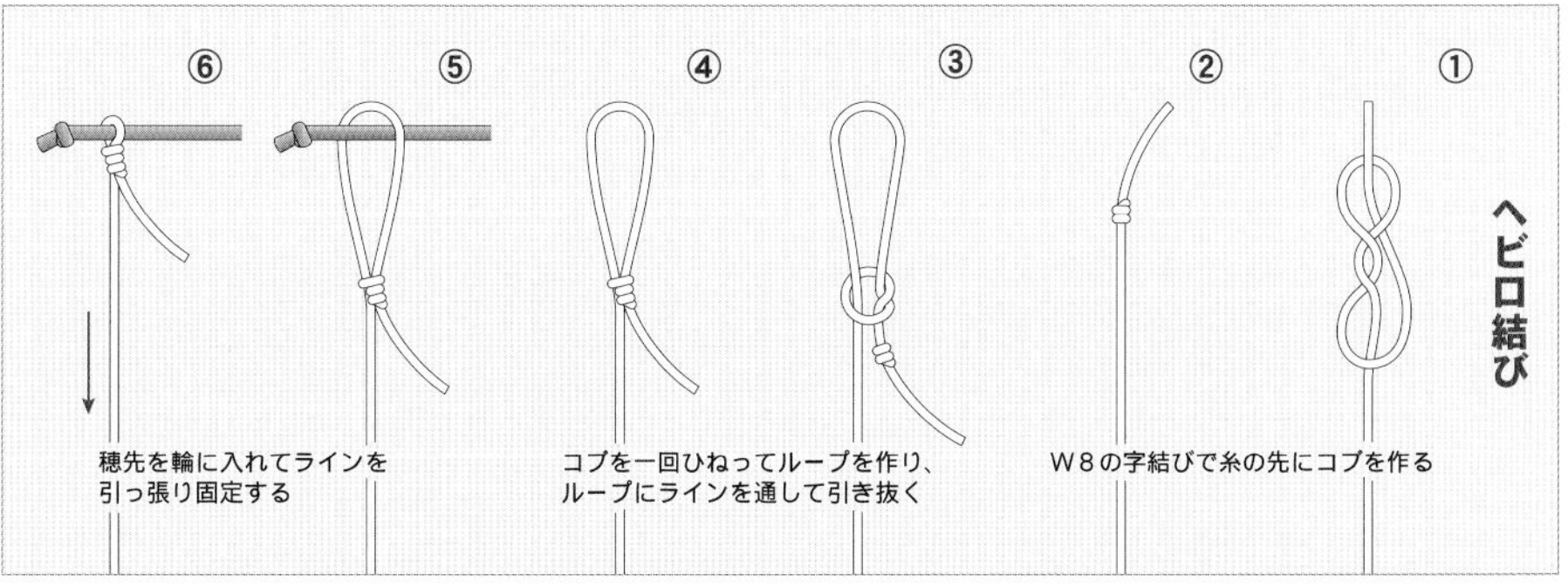
ヘビロ結び
①
②
③
④
⑤
⑥
W8の字結びで糸の先にコブを作る
コブを一回ひねってループを作り、
ループにラインを通して引き抜く
穂先を輪に入れてラインを
引っ張り固定する

ウミタナゴはウミタナゴ科ウミタナゴ属の魚。大きさは15～20㎝で、時折20㎝を超える良型がヒットする。冬から春にかけてシーズンになるが周年狙える魚。身は柔らかく淡泊。塩焼き・フライ・煮付け・干物などで食べられる。

## 課外授業

### 好敵手、ウミタナゴの素性

　ウミタナゴは硬骨魚綱・スズキ目・ウミタナゴ科に属す海産魚である。受精卵は親の胎内で育ち、春になると５～７㎝の仔魚となって産み出される卵胎生魚。親魚の胎内に同じ姿形をした仔魚が棚状に並ぶところからついた名前がタナゴ（棚子）。日本の沿岸にはウミタナゴのほかにオキタナゴとアオタナゴが生息する。オキタナゴは体形が細長く、尾ビレの上下両端が細く伸び、やや沖合の岩礁を生息域とする。アオタナゴは体色が暗いオリーブ色で胸ビレ上縁に黒点があり、吻部にウミタナゴに見られるような黒い縞がない。釣り人は、マタナゴ、アカタナゴ、キンタナゴ、ギンタナゴなどと呼び分けているが、これは体色変化したものとされている。

　口は小さく、吻が伸びる。イソメ類、アミやエビなどの小型甲殻類が主食。秋風が吹く頃、産卵のために藻の多い浅場の岩礁帯へ群れで回遊。産卵が終わる５～６月頃まで居着く。良型は意外に警戒心が強く、人影や音に驚くとあわてて岩陰や藻の陰に隠れる。コマセを撒くと海面近くまで浮くが、底荒れする時は食いが悪く、潮色が澄むと藻の陰から出てこない。専門に狙うとなかなか手強い相手なのだ。

あり、刻々と変化する状況と遭遇し、知識と想像力と体力と本能を試す醍醐味がある。失敗は経験となり、経験は知識を実戦的な「知恵」へと昇華する。ウキは単なる目印ではない。魚や海（自然）と会話するための言葉だと言ってよい。だから、ウキという小さな浮力体は個性的なのであり、ウキフカセ釣りは個性が活かされる釣りなのである。

　ウキフカセ釣りは特別な釣りでも難しい釣りでもない。離島で尾長を狙うのもウキフカセ釣りなら、延べ竿と玉ウキでウミタナゴを狙うのもウキフカセ釣りだ。ウキ釣りにはウキを使ったカゴ釣りやサビキ釣り、泳がせ釣りなどがあるが、ウキフカセ釣りは「カゴなどの付属品（？）を付けないウキによる釣りの総称」である。フカセは本来「オモリなしの仕掛け」という意味だが、その意味は時代とともに変わってきている。とりあえず、ここでは「コマセを撒きながらウキを使った軽い仕掛けで目的の魚を狙うのがウキフカセ釣り」と定義しておくことにしょう。

　ウキフカセ釣りの基本を分かりやすく説明するため、ステップ1ではウミタナゴをターゲットに選んでみる。もちろん、ウミタナゴ釣りから始める必要はないと思うが、ウミタナゴ釣りにはウキフカセのすべてがシンプルな形で凝縮され、基本を理解するにはうってつけの教材だ。私はウミタナゴに多くのことを教わったし、今も「ウキフカセ釣りはウミタナゴに始まり、ウミタナゴに終わる」と思っている。

# 02 タックルバランスはウキフカセ釣りの基本

**ハリ、ハリス、道糸、竿、リール、ウキなど、すべてのアイテムが互いをサポートするのが理想的な組み合わせだ。**

タックルバランスが取れていれば、想定外の大物がヒットしてもある程度はやり取りでカバーすることができる。タックルバランスが悪いとライン切れや、場合によっては穂先を破損することもある。

## タックルバランスによって同じ1号のハリスが強くも弱くもなる

釣り専門誌では「タックルバランス」という言葉がときどき出てくる。タックルはフィッシングタックルであり、釣りに使う道具のこと。竿やリールはもちろん、道糸やハリス、ウキやハリ、サルカンやガン玉やウキ止めもタックルだ。これらを組み合わせて仕掛けを作るわけだが、大切なのはそれらバランスが取れていること。全体のバランスが良ければ投入しやすくアタリも出やすい。限界以上の魚も運が良ければ取り込める。反対にどんな高価な竿を使っていたとしても、タックル間のバランスが取れていないと釣りにくく、小さな魚にハリスを切られたり竿を折られたりしてしまう。

ハリ、ハリス、道糸と竿やリールがバランスよくセットされた時、それぞれのタックルは能力をフルに発揮できる。しかし、ハリだけが極端に小さいと、そこに負荷が集中してハリが折れたり伸びたりするトラブルが発生する。ハリスだけが極端に細ければハリスが切れやすく、ハリスが極端に太いと道糸が切れる（高切れ）恐れがある。ウキとのバランスも必要で、細身でしなやかなチヌ竿で特大のウキをフルキャストすると竿が折れることもある。ヒラマサ用のタックルにセル玉ウキをセットすると、竿の弾力がまったく生かされずうまく振り込めない。

たとえば、ウミタナゴは大きくてもせいぜい25㎝前後。私は32㎝という大きなウミタナゴを釣ったことがあるが、これは例外中の例外。例外を基準にはできない。かといって小

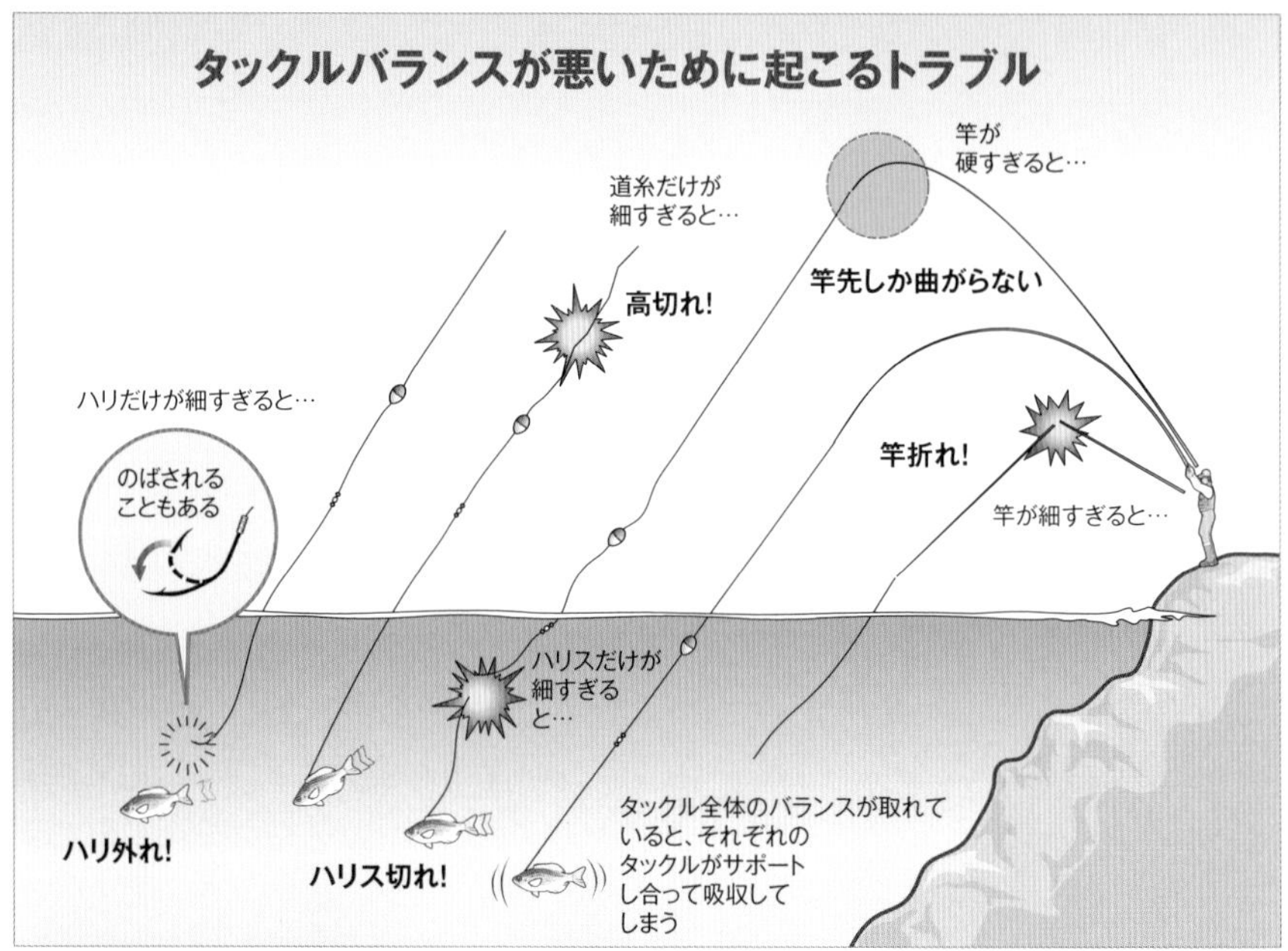


タックルバランスが取れていれば、腕からハリまでが一体となってそれぞれのタックルをサポートできる。これだけで思わぬ大物がヒットしてもある程度はやり取りでカバーすることができる。何事もハード（釣りの場合はタックル）がしっかりしていなくては、ソフト（テクニックなど）が上手に活用できない。全体のバランスを考えながらタックルをチョイスしよう。

竿とリールのバランスも大切。使い慣れたリールなら身体の一部となって働いてくれる。この場合リールに合わせて竿を選び、竿とリールに適合する仕掛けを作るのがベスト。

思わぬ大物に備えて無闇に道糸やハリスを太くしてもだめ。仕掛けは竿やリールとのバランスを考えて選ぶことが大切だ。

さなサイズを想定すると大型は取り込めない。ウミタナゴなら18～25㎝に照準を合わせるのが妥当だろう。このサイズならハリスは0・6～0・8号あれば充分。小さな口、吸い込むようにエサを捕食するその食性、ジャリメや大粒アミエビをエサにするので、ハリはウミタナゴ専用もしくは小さくて軸の細いものを選ぶことになる。

ハリはターゲットの名前が付いたハリを使う。クロダイならチヌバリ、メジナならグレバリ、ウミタナゴならウミタナゴ専用のハリを選び、あとは魚のサイズやエサの大きさに合わせて号数をチョイスすればよい。

タックルバランスを考え細いハリスには軸が細くて小さなハリを組み合わせ、太いハリスには軸が太く大きめのハリを選ぶのがコツである。それぞれで負担を分担させるほうが全体の強度はアップするからだ。ハリとハリスの関係は道糸についても言える。

道糸が太すぎると負荷はハリとハリスに集中するが、バランスの取れた道糸ならハリやハリスが限界に近づいた時、道糸が適度に伸びて負荷を軽減してくれる。したがって、道糸はハリスと同じ号数かむしろ細くするのが理想。ただ、やり取りや根掛かりでタックルが限界を超えた時、道糸がウキの上から切れる危険性も高くなってしまう。お気に入りのウキを流失すると損害も大きいため、道糸はハリスよりワンランク太いものを使うとよい。号数差は0・5～1号が目安だ。

## 課外授業

### 大物ゲットはバランス次第

釣りを始めた頃、ウミタナゴ狙いの仕掛けにボラが食いつき、ハリスを切られて悔しい思いをした。たまたまワンランク細い道糸を使っていた時、いつもなら切られる状態になってもハリスが切れずにボラを釣り上げることができた。理由がタックルバランスだと気づいたのはかなりあとだが、それ以降、タックルバランスを考えるようになった。

離島では尾長狙いの仕掛けにヒラマサやカツオといった回遊魚が勝手に飛びついてくる。八丈島へ出かけた時には4kg級のスマ（カツオの仲間）が細仕掛けに食いついたが、150mの道糸を出し切ってから、竿を真後ろに向けるようなやり取りでジワジワと寄せることができた。竿が折れるか、ラインが切れるか、限界ギリギリのやり取りだ。魚を取り込んでからラインをチェックすると4mのハリスは20㎝も伸び、道糸は表面が断裂を起こしてザラザラ。竿も少しコシが抜けたような感じになっていた。それぞれが限界点を超えてサポートし合った結果だったのだろう。竿1.7号、道糸3号、ハリス3号の組み合わせである。予備の道糸に巻き替えながら満足感に浸っていたのを覚えている。

タックルバランスが取れていれば、予想外の大物が掛かってもやり取りで対応できる。

# 03 リールには少しだけ多めの投資を

リールには10万円に近いフラッグシップモデルから１万円以内で購入できるものまで様々なものがある。しかし、これから本格的にウキフカセ釣りを始めようと思うならリールには少しだけ投資することをお勧めしたい。使い慣れたリールは自分の手の一部。ラインの巻き取りがスムーズで、持ち重りしないものを選ぼう。

**リールは手の延長である。手や指にフィットしたリールは操作がスムーズ。ここを考慮して先々まで使えるものを選びたい。**

## ウキフカセ釣り専用に開発されたリールがＬＢ式スピニングリールだ

磯竿にセットするリールは小型スピニングリール。スピニングリールは軽い仕掛けを投入するのに適した構造で、小型両軸リールなどに比べて巻き取りスピードも速いため、仕掛けの投入と巻き取りをくり返すウキフカセ釣り向き。小さすぎると道糸にヨリがかかる。３号のナイロン道糸を１００〜１５０ｍ巻けるサイズがベストだろう。これならクロダイ釣りやメジナ釣りにも使える。

竿が腕の延長とするならリールは手の延長である。最近は糸巻き量の異なる替えスプールが市販され、１台が何台分もの働きをする。離島で大物を狙う以外はほとんどのウキフカセ釣りに使用できるため、最初からある程度の高級品を購入したほうがよい。

スピニングリールにはドラグタイプとＬＢ（レバーブレーキ）タイプの２種類がある。ドラグというのは、設定以上の負荷が加わると自動的にスプールが滑って道糸が出る仕組み。ドラグ調整ノブが前部に付いたのがフロントドラグ、後部に付いたリアドラグである。ＬＢはブレーキレバーから指を離すとベイルを支えるローターが逆転して道糸がフリーで放出され、レバーを引くとローターの逆転が止まる。

ドラグはオートマチック、ＬＢはマニュアル。それぞれメリットとデメリットがあるが、竿が長くてガイド数の多い磯竿の場合はドラグが正確に作動しないこともある。締め込みすぎるとドラグの滑り出しが遅れ、逆に緩めすぎると道糸が滑り出て止

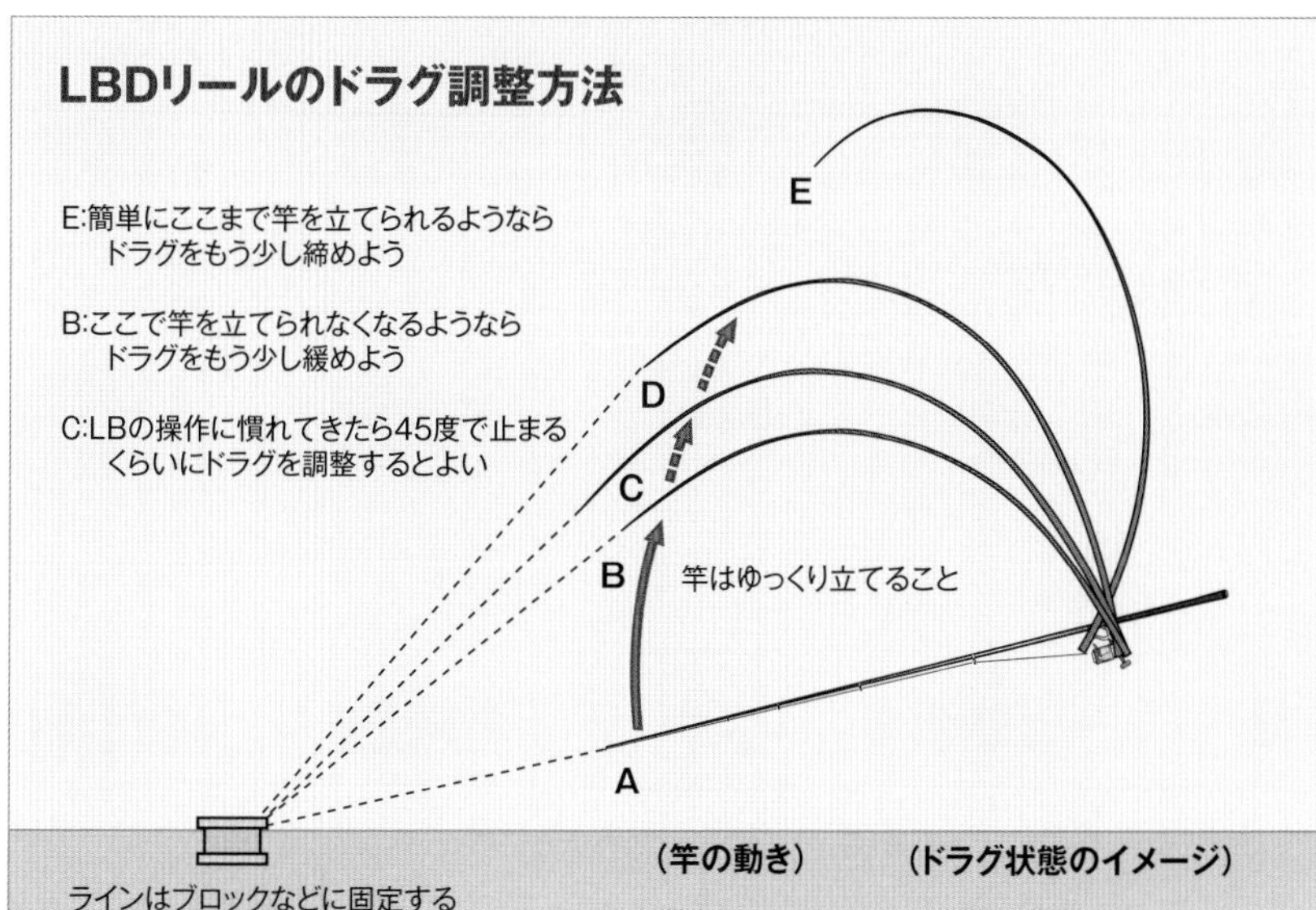


（竿の動き）　（ドラグ状態のイメージ）

A～Bではスムーズに竿を立てられる＝ジージー
B～Cでは徐々に負荷が腕に乗る感じ＝ジリジリ
C～Dでは腕にかなりの力が必要＝ジッジッ
Dまで立てるとそれ以上片手では起こせない＝ピタッ!
⇩
竿をC～Bまで引き倒されたらドラグが滑ってくれるはず

替えスプールがあると1台のリールが2台、3台の働きをしてくれる。それぞれのスプールにフロート系、サスペンド系、号数の異なる道糸を巻いておけば、あらゆる状況に対応できる。できれば2個は用意しておきたい。

ウキフカセ釣り用に開発されたレバーブレーキタイプのスピニングリール。レバーの形状はメーカーによって異なるので、釣り具店でいろいろ触ってみて、もっともしっくりくるものを選ぼう。

ドラグの調整はスプール前面のノブを回して行なう。最初は分かりにくいと思うが、根掛かりしたときなどに竿を曲げてドラグが滑り始めるテンションをチェックしよう。

ドラグ式スピニングリールにはフロントドラグタイプとリアドラグタイプがあるが、ウキフカセ釣りにはフロントドラグタイプがお勧め。

ウミタナゴなどの小型の魚ならフロントドラグのスピニングリールでも問題ないが、これから先、クロダイやメジナなどの大物を狙うとなればレバーブレーキタイプのほうが断然有利になる。特に型のよいメジナはヒットした瞬間に強烈な引き込みがあり、竿をのされることがある。竿とラインが真っ直ぐになるとハリス切れの原因に繋がる。咄嗟にラインを送り込めるレバーブレーキタイプなら適正な竿とラインの角度を維持しやすい。

まらない。
　道糸を自分の意志で出したり止めたりしながらやり取りするのがＬＢリールの楽しさ。扱いにコツを要するが、慣れれば人差し指の力加減で自在にラインを操作できる。これからウキフカセ釣りを始めるという釣り人には、ドラグタイプよりもＬＢタイプをお勧めしたい。

　ＬＢリールにドラグ機構を組み合わせたのがＬＢＤタイプで、これはブレーキレバー操作に不慣れな釣り人に最適だ。ＬＢリールで難しいのはブレーキレバーから指を離すタイミング。

　やり取り中は指に力が入って強く握りしめ、人差し指だけ力を抜くという動作がスムーズにできない。そんな時はドラグが滑って瞬時の遅れをサポートしてくれる。ハリスの限界を超える大物とのやり取りにも有効だが、ウミタナゴ相手ならドラグだけで対処できる。

　ドラグを調整する時は使用ハリスを結んだ仕掛けを何かに固定し、竿を一直線にした状態から徐々に起こしてテンションを加えていく。45度までは軽く起こせ、45度から60度前後で徐々に負荷が強く掛かり、80度になったらピタッと道糸の出が止まるくらいがベスト。これなら竿をのされる寸前にドラグが滑ってハリス切れを防いでくれる。この調整はドラグタイプのリールを使うときも同じ。ブレーキレバーの操作に慣れたらドラグは強めに締め込むこと。45度で道糸の出が止まるくらいに調整しておくとよいだろう。

## 課外授業

### 30年以上の歴史を持つＬＢリール

　昔、釣り人は竹の延べ竿にラインを結んでウキフカセを楽しんでいた。ガイド付きのリール竿が登場し、これに木ゴマリールと呼ばれるタイコ型のリールをセットしたのが第２段階である。軽い仕掛けを振り込んだり素早くラインを巻き取ることはできないが、親指でリールの縁を押さえながらラインを止めたり送り出したりしてやり取りできるという利点があった。

　スピニングリールとグラスロッド全盛の時代になっても、釣り人は指１本でのライン操作にこだわった。リールの足を短く詰め、ローターに指を当ててやり取りする釣り人もいたが大物相手では無理があった。そこで、レバーを取り付けてローターの回転をセーブするＬＢシステムが考案されたのである。ダイワから「スポーツライン1000ＬＢ」が発売されたのは1975年。翌年には銘器と謳われた同500ＬＢが登場する。ちなみにこの年、オキアミが出現してセンセーションを巻き起こした。1988年の「ウィスカートーナメントＬＢ」シリーズを経て、ＬＢリールはウキフカセ釣りになくてはならないタックルとなったが、30年以上のその歩みはまさに現代ウキフカセ釣りの歴史そのものと言える。

ウキフカセ釣りの歩みとともに進化し続けるレバーブレーキタイプのスピニングリール。

魚とのやり取りは、一日をトータルしても数十分。実際は仕掛けを投入・回収する時間や仕掛けを流しアタリを待つ時間がほとんど。長時間手にしても疲れず、スムーズに仕掛けを投入できる竿を選ぼう。

# 04 最初の竿はタックルバランスを考えて

**竿は腕の延長である。長すぎても短すぎても、細すぎても太すぎても釣りづらい。では、ウキフカセ釣りに最適な竿とは？**

## ウキフカセ釣り用の竿は5～5・3mがベストだ

一般にウキフカセ釣り用として市販されている竿は4・5～6・2mであるが、最初に購入するなら5～5・3mがお勧めだ。これ以上長くても短くても使いづらい。仮にシーバスバスロッドでウキフカセ釣りをしてみよう。短い竿は軽いというメリットはあるが、竿のしなりが足りないので軽い仕掛けを投げにくく、ハリスを長く取ると投入できない。どうにか投入できても、竿先が海面に届かないので道糸が風の影響を受けやすく、ウキが手前に戻される。消波ブロックやハエ根などの障害物があった場合、仕掛けが引っ掛かり、やり取り中に道糸やハリスが切れる危険性も高い。

それなら、竿は長いほうが有利かといえばそうでもない。長竿は手返しが遅く、アタリへの反応も鈍いため、アワせるまえにハリを吐き出されたり根や藻に巻かれたりする。ラインをコントロールしながらウキを流れに乗せ、誘いをかけ、アタリに素早く対処するといった動作をスムーズに行なうには、竿を腕のように扱えなければならない。竿は単純に魚とやり取りするだけのタックルではないのだ。

ウキフカセ釣りに使う竿の長さに基準があるとすれば、「片手で自在に扱える長さ」ということになるだろうか。したがって、最適な長さは人によって違うわけだが、短竿と長竿の利点と弱点を考え合わせた結論が5～5・3mなのである。どんなに軽い竿も長さが限界を超えると扱いづらい。今も8mという長竿を使

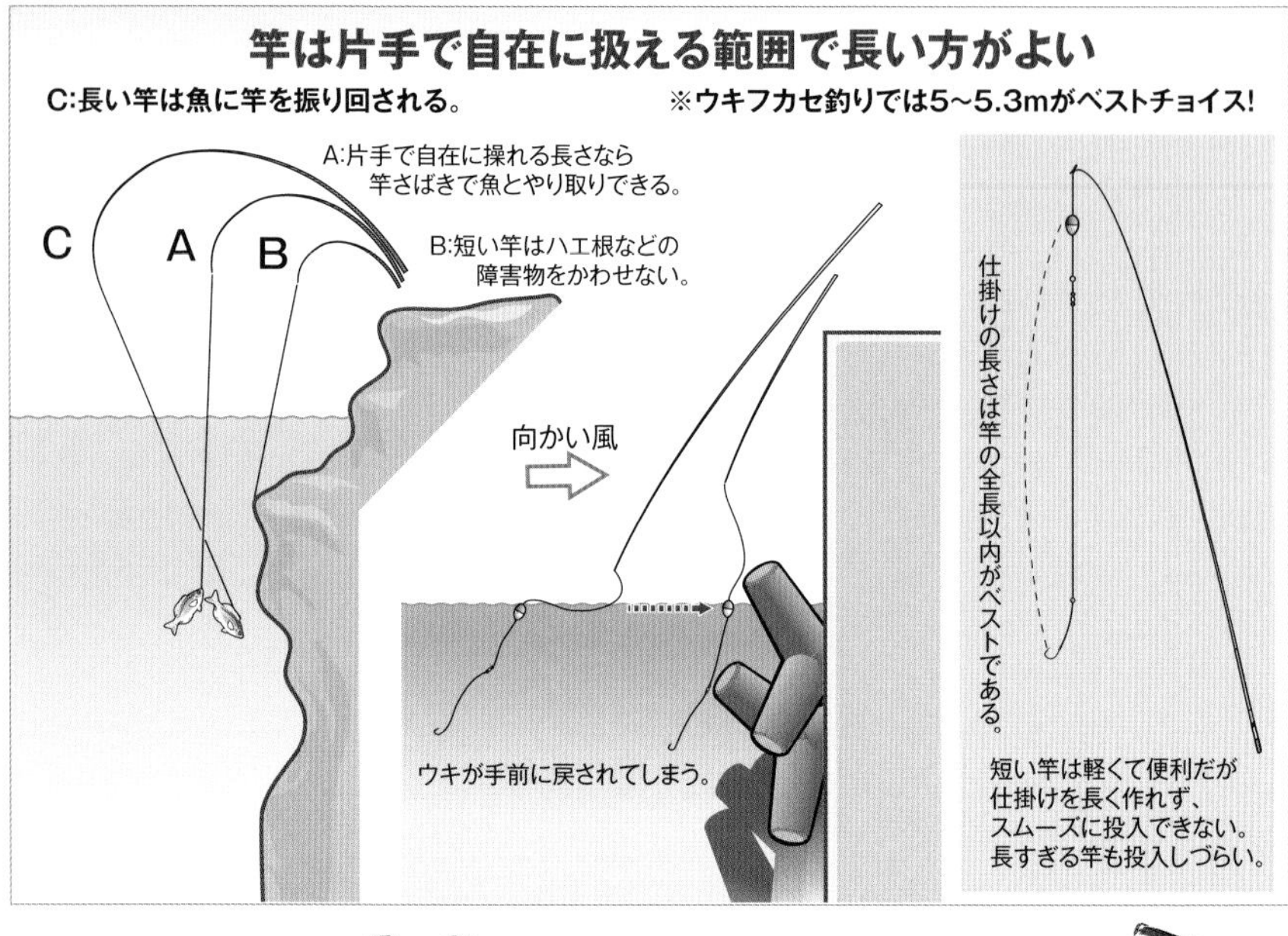


**中通し竿**
道糸が竿の内部を通るため風の影響を受けにくく、糸絡みなどのライントラブルが軽減される。そのため雨の日や夜釣りで威力が発揮されストレスが激減する。ただし、毎回内部の塩抜きをしておかないとすぐに撥水効果が低くなってラインの放出が悪くなる。

**外ガイド竿**
ウキフカセ釣りに限らず釣り竿全体で考えても、もっともポピュラーなタイプ。穂先の糸絡みは避けられないが、中通し竿と比べるとメンテナンスが楽。しかも、仕掛けの飛距離の面でも中通し竿に勝る。こちらで基礎を学ぶのがおすすめ。

## 竿の性能や特性をカタログから読み解くための基礎知識

### 一般的な磯竿のカタログ表示

| 品　名 | 標準全長（m） | 継数（本） | 仕舞（cm） | 標準自重（g） | 先径（mm） | 元径（mm） | 錘負荷（号） | 適合ハリス（ナイロン・号） | カーボン含有率（%） |
|---|---|---|---|---|---|---|---|---|---|
| 1号-53 | 5.30 | 5 | 116 | 180 | 0.75 | 22.8 | 1～3 | 1～3 | 99 |
| 1.5号-53 | 5.30 | 5 | 116 | 190 | 0.75 | 23.7 | 1.5～4 | 1.2～4 | 99 |

●品名：号数と長さの表記　●標準全長：長さ　●継数：竿を構成する節数　●仕舞(寸法)：竿を仕舞ったときの長さ　●先径：穂先の太さ　●元径：元竿の一番太い部分の太さ(先径と元径の差が大きければ先調子、小さければ胴調子であることが多い)　●錘負荷：竿先が適度にしなるオモリの号数幅(振り込みに影響する数字で、この範囲の重さの仕掛けなら楽に投げられる目安と思えばよい。つまり1～3号表示なら3.75～11.25gの仕掛けがベストということ)　●適合ハリス：竿の角度がきちんと保たれていれば通常は切れないハリスの太さ～竿が折れない太さ(実際には上限と下限をワンランク低く設定するとよい。1～3号表示なら1.2～2.5号と考える)

う地域もあるが、釣り方や仕掛けが特殊で、一般的なウキフカセ釣りには適応しない。

ウミタナゴ釣りの場合、手返しとやり取りの面白味という点では延べ竿もお勧めだが、メジナ釣りやクロダイ釣りへステップアップする練習という意味で、リール竿を選ぼう。

リール竿はリールをセットする竿の総称で、道糸を通すガイド付き（外ガイド）竿と竿内部に道糸を通す中通し竿がある。中通し竿はトラブルが少ないので初心者向きとされるが、最初からトラブルの少ないタックルで釣りを覚えると応用が効かなくなる。ガイド竿で基本テクニックを身につけるほうが上達は早い。

ウキフカセ釣り用の竿は「磯上物竿」と呼ばれており、一般に「磯竿」と表示される。磯竿にはフカセ用のほかに遠投仕様（カゴ釣り用）があって、ターゲット別に「チヌ竿」や「グレ竿」と表記された製品もある。ウミタナゴ釣りには0〜1号クラスの磯竿がお勧めだ。適合ハリス表示0・6〜2号、オモリ負荷1〜3号くらいがよい。0・4〜0・8号のハリスを使うことの多いウミタナゴ釣りにはやや硬い感じもするが、この範囲であれば竿のせいでハリスを切られる心配はない。

ちなみに、適合ハリスは「この範囲のハリスを使うのに適している」という目安。オモリ負荷は「その重さの仕掛けを投げるのに適している」という目安と考えてかまわない。竿を購入する時はこれらの表示に注目しよう。

## 課外授業

### 竿の「調子」とは何だろう

よく「この竿は先調子」という言葉を耳にする。この調子とは何だろう。言うまでもなく、軟調子は軟らかくしなやかな竿、硬調子は硬くて張りのある竿というのは想像がつく。先調子や胴調子は、負荷が加わった時に曲がりの支点が竿のどのへんにくるかという目安で、より軟らかい本調子や手元調子の竿もあるし、同じ先調子であっても竿によって軟らかさは違う。竿の長さを10等分し、曲がりの支点がどこにあるのかを表示したのが7:3調子や6:4調子である。7:3なら先調子、6:4なら胴調子、ほかに8:2の超先調子、5:5の本調子といった特殊な竿もある。

先調子は穂先に近い部分だけがしなやかなので胴がシャキッとしており、竿を操作しやすく、アワセも効きやすい反面、竿全体のしなりを活かせないため、細ハリスだと竿が胴まで曲がるまえに切れることも少なくない。胴調子は竿全体がしなやかなので軽い仕掛けを振り込むのに適し、ハリス切れをカバーするが、風が強いと竿がふらついて思うように操作できず、アワセがワンテンポ遅れる弱点も併せ持つ。最終的には好みや釣り方次第だが、ウミタナゴ釣りには6:4調子がお勧めである。

魚が掛かったときにどこを支点にして竿が曲がるかを示したものが調子である。

身近なフィールドである堤防や小磯でもライフジャケットとスパイクブーツはウキフカセ釣りの定番装備。小物を収納できるライフジャケットは必需品と言っていい。

# 05 装備と用具をチェックする

**身の安全と快適を確保する装備と用具は必携アイテム。ではウキフカセ釣りに欠かせない装備と用具とはどんなものか。**

## スパイクブーツとライフジャケットは最初に購入 専用グッズ、バッグ類は機能優先で

ウキフカセ釣りのフィールドは堤防や磯。つまり、危険と隣り合わせのアウトドア真っただ中である。もし足場の高い堤防から転落すると自力では這い上がれない。磯なら鋭い岩やカミソリのような貝殻で手や体が傷だらけになってしまうだろう。たとえ泳ぎが得意でも、落水時に頭をぶつけて意識を失わない保証はどこにもない。

アウトドアでの事故は「自分だけは絶対に大丈夫」と思い込んでいる人ほど遭遇しやすいものだ。雨やシブキに濡れた岩場やテトラは滑りやすく、ノリの生えた磯は踏ん張りがまるで効かない。そういう場所に立って釣りを楽しむには、やはりそれなりの服装と装備が必要になる。

先ず購入しなければならないのがスパイクブーツとライフジャケット（フローティングベスト）である。ソールにスパイクを埋め込んだブーツは堤防や磯を自由に動き回るのに欠かせないアイテム。夏場は通気性がよく軽量のシューズタイプがお勧めだ。長時間釣りをしていると足がむくんでしまい、冬は防寒を兼ねて厚手の靴下を履くことが多いので、少し余裕のあるサイズを購入するとよい。ソールにはスパイクのほか、フェルトにスパイクを埋め込んだフェルトスパイク、フェルトタイプもあるが、フェルトスパイクやフェルトは対応条件が限られる。最初はオールラウンドに使えるスパイクタイプを購入しよう。

ライフジャケットは救命胴衣。万が一に備えて着用するが、沖磯へ渡

## ウキフカセ釣りの服装とライフジャケット活用術

ウキフカセ釣りに欠かせないコマセ。コマセ作りの必需品がバッカン、水汲みバケツ、ミキサーである。

ロッドケースはかなりの収納力がある。私は竿2～3本と玉の柄を1本、ヒシャク2～3本にコマセミキサーを入れている。

ウキフカセ釣りの三種の神器といえば、ロッドケースに磯バッグ、それにコマセ作りに欠かせないバッカンである。

る時はスパイクブーツとライフジャケットの着用が義務づけられている。堤防や地磯では着用していない釣り人も見かけるが、釣りの事故は安全そうな堤防や地磯ほど多い。油断は禁物だ。

それに、専用のライフジャケットはウキや小物を収納するポケットがたくさん付いている。私は磯バッグを忘れてもポケットの中身だけで釣りができるような収納を心がけており、実際に釣り場で磯バッグを開くことはほとんどない。ハサミやプライヤーもセットしてあるので、どんな場所でもライフジャケットを着用することになる。

磯バッグには予備のリールやスプール、ハリス、小物類、ウキなどを収納する程度だから、あまり大きなものは必要ない。竿ケースはリールインタイプがお勧めだ。コマセや配合エサを入れるバッカンと水汲みバケツ、付けエサ用のエサバケット、コマセ作りに欠かせないミキサーやコマセヒシャクも必需品。必要な用具は竿ケース、磯バッグ、バッカンの3つに収納して持ち歩くのが基本である。

海釣りの中でもウキフカセ釣りは用具が多い。最初からすべてを完璧にそろえようとすると費用もかかるし、無駄買いも多くなってしまう。必要性を感じた用具を少しずつ買いそろえよう。その代わり、機能とデザインを厳選して役立つ用具を購入し、大切に扱うこと。お気に入りの用具を買い足すのも釣りの楽しみかもしれない。

## 課外授業

### 楽しい釣り具店通いの日々

釣りを始めたばかりの頃、毎日のように釣り具店に顔を出した。勤め帰りの楽しみである。もちろん、竿やリールを毎日のように購入するほどリッチではないから、小物類やハリを買う程度。ウキフカセ釣りに関する商品については、店員よりも詳しかったくらいだ。

どんな趣味についても言えることだが、上達への近道は用具に慣れることである。現物を眺め、手に取り、説明書を読み、何度も見比べるうち、用具に対する知識が身につく。サルカン1袋、ハリ1袋にしても、衝動買いはしない。違いを理解して購入する。何度も足を運ぶうちに店員や店長とも親しくなり、常連さんと話をするチャンスにも恵まれ、缶コーヒー1本で貴重なアドバイスや情報を入手できるようになる。なかには、それがキッカケでいっしょに釣りに行くようになった釣友もいる。

最近はネットショッピングが流行っていて、釣り具店に足を運ばずに用具をそろえる人も多くなったようだが、釣り具店は釣り具を購入するだけの場所ではない。同じ趣味を持つ者同士が雑談し、情報を交換し、教えたり教えられたりする場所だ。そういう環境に身を置くことが上達のコツと言ってよいかもしれない。

波に洗われて濡れているところは滑りやすいので注意が必要。コケが生えている所はさらに転倒リスクが高くなる。

忘れてならない装備の1つがフィッシンググローブ。手を保護するだけでなく、竿を持つときのグリップ力も高めてくれる。

海に落ちたとき身を守ってくれるのはライフジャケット。落ちないための最重要装備品が、このスパイクブーツだ。最近はソールを交換できるブーツもある。これなら釣り場の状況によってフェルト、フェルトスパイク、スパイクを使い分けられる。

釣り具店には数多くのウキが並んでいる。小さな浮力体だが、カラーリングはもちろん、素材、形状、重心が微妙に異なる。それぞれに状況や条件に合った特性がある。

# 06 ウキの機能と役割

**ウキにはアタリを伝えること意外に様々な役割と機能がある。そこから用途と状況別の選択基準を考えてみよう。**

## 海面を漂うウキは様々な情報を提供するセンサーだ

私の仕事部屋にはおそらく2千個を超えるウキが眠っている。魚の反応を見事に表現してくれたウキもあれば、半日ただひたすら海面を漂っていたウキもある。色や形が気に入って購入したのに一度も使わずじまいというちょっとかわいそうなウキ、傷だらけだけど補修を重ねて現役バリバリのウキもある。ところで、ウキはいったい何のためにあるのだろうか？

1、魚信（アタリ）を見る
2、仕掛けを投げやすくする
3、付けエサをポイントへ届ける
4、一定の層に付けエサを漂わせる
5、ウキを支点に仕掛けを動かす

主に5つの役割が考えられる。水深を測る、潮の流れを見る、変化する魚のタナを知る、付けエサの有無を知る、といった機能もあり、カゴ釣りならコマセをポイントへ届ける機能、ヘラブナ釣りならエサの溶解速度を判断する役割もあるが、ウキフカセ釣りでは先に挙げた5つの役割が大きい。

1は「感度」「視認性」という言葉で表現される機能。つまり、外的な力に対して敏感に反応する度合いと見やすさの問題だ。ウキが小さく（または細く）なるほど感度は高くなるが、逆に視認性は低くなり、その妥協点をどのへんに見出すかが難しいところ。

2は重さ（自重）の問題。どんなに感度のよいウキも、向かい風でもポイントへ振り込めなければ役に立たない。3は潮乗りの問題であり、ウキの形状と関係する。サポート役

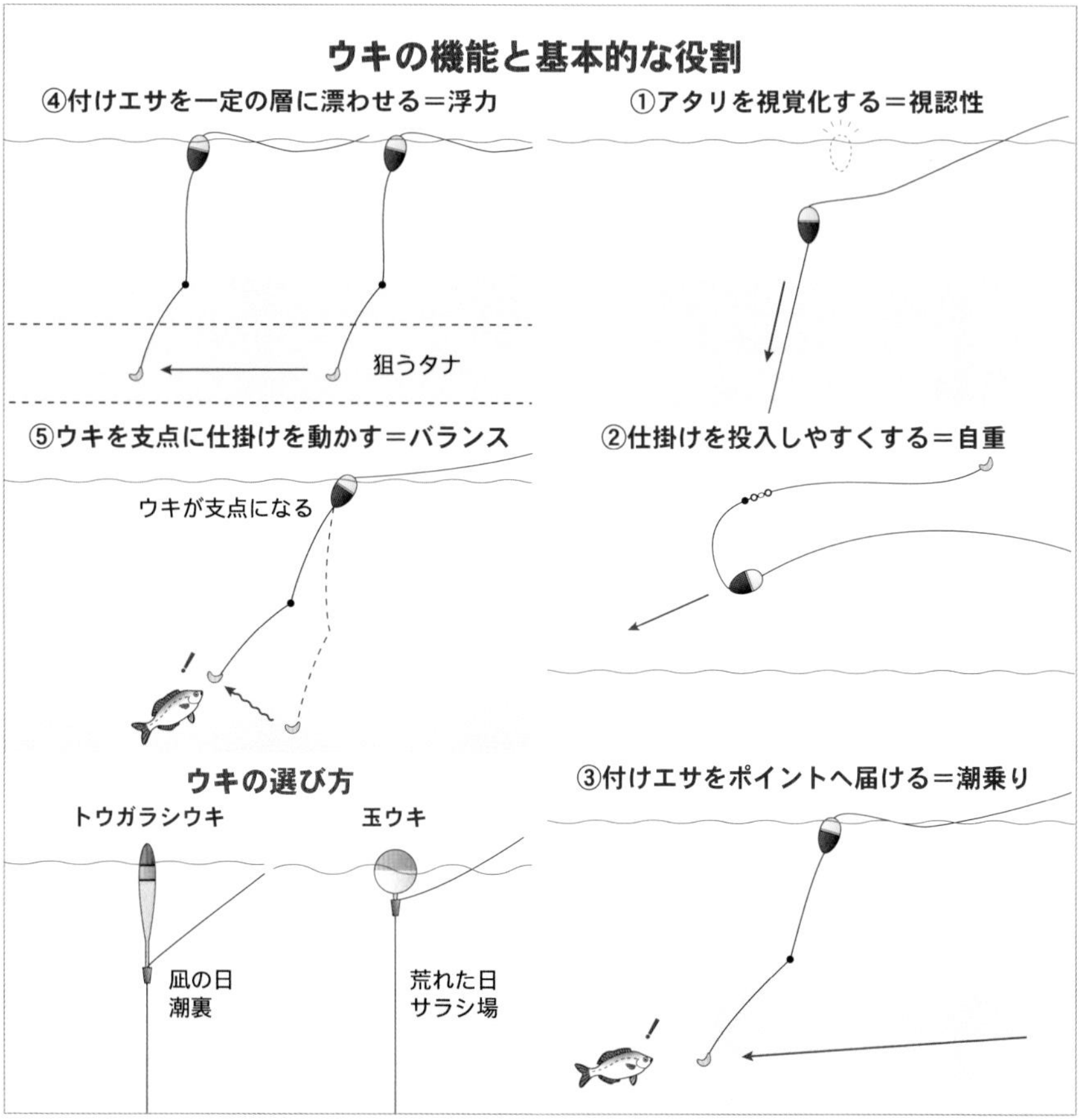

## ウキの機能と基本的な役割

④付けエサを一定の層に漂わせる＝浮力

狙うタナ

①アタリを視覚化する＝視認性

⑤ウキを支点に仕掛けを動かす＝バランス

ウキが支点になる

②仕掛けを投入しやすくする＝自重

③付けエサをポイントへ届ける＝潮乗り

## ウキの選び方

トウガラシウキ

凪の日
潮裏

玉ウキ

荒れた日
サラシ場

として水中ウキを組み合わせる方法もある。４は浮力（オモリ負荷）と深い関係があり、深いところで付けエサをキープするにはオモリに対応する浮力が必要だ。５は形状の問題で、誘いをかけやすいウキとかけにくいウキがある。

ウミタナゴ釣りで使われる玉ウキとトウガラシウキだけに限っても、使いこなしや使い分けは難しい。波のある日やサラシ場には玉ウキが適しており、凪の日や食い渋りには繊細なトウガラシウキが適している。トウガラシウキは細身で感度のよさが魅力だが、感度がよすぎるためちょっとした波やサラシで沈むことが多い。ウキの選択基準は状況にマッチした扱いやすさを優先すべきなのである。感度だけを考えればマッチ棒に勝るウキはないが、マッチ棒で釣りをする人はいない。その理由を考えてほしい。

最初に玉ウキをセットしてみよう。肝心なのはポイントの距離や風などの条件、狙うタナの深さに合わせて使用するオモリを決め、その重さに対応したサイズを選ぶことである。小さいウキに大きなオモリは付けられないから仕掛け全体の重さは軽くなり、狙ったタナに付けエサをキープすることもできない。もちろん、魚に与える抵抗は小さく軽いウキほど少ないわけだから、ウキ選びの基準は「状況が許す範囲内で小さく軽いウキ」ということになる。そのためには最低でも3種類のサイズが必要だ。玉ウキとトウガラシウキで計6個はそろえたい。

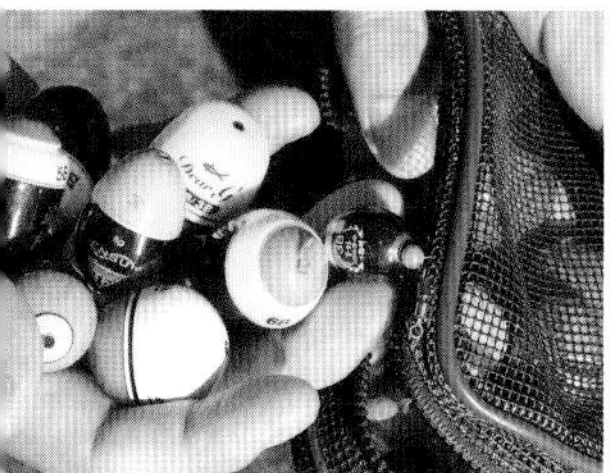

様々なタイプと種類がある円錐ウキ。ウミタナゴ釣りではそれほど小型の円錐ウキや玉ウキ、棒ウキから選べば良いが、この先メジナやクロダイを狙う場合は釣り場の状況に合わせて最適なウキを選ぶ必要がある。

## 課外授業

### ウキを形成する５大要素とは

ウキを選ぶときの目安となるのが、自重、浮力といった表示と形状である。ここではウキを形成する５大要素について簡単に説明しておこう。

●自重＝ウキ自体の重さ。重いほど投げやすく、海面での安定はよいが、同素材で同浮力のウキを作ろうとすると重いほどサイズは大きくなり、感度は鈍る。

●視認性＝見やすさ。大きなウキほど見やすく、小さなウキほど見にくい。ヘッドやトップのカラーリングや塗装面積、ウキの形状も視認性を左右する。

●サイズ＝一般には大（L）、中（M）、小（S）に区分けされ、特大（LL）や極小（SS）もある。ウミタナゴ釣りではSとSSがもっとも多用されるサイズだ。

●浮力＝オモリ負荷のこと。どれだけのオモリを付けられるかという目安。ただ、3Bのウキに3Bのガン玉を付けて浮力が0になると扱いづらいため、わずかな余浮力（＝余分な浮力）がプラスされているのが一般的である。

●形状＝大きく分けると玉ウキ系と棒ウキ系になる。円錐ウキは玉ウキ系、トウガラシウキや立ちウキは棒ウキ系である。また、それぞれは上ぶくれ、中ぶくれ、下ぶくれといった3パターンに分類される。

## 円錐ウキのラインホール

### 用途に合わせた様々な形状

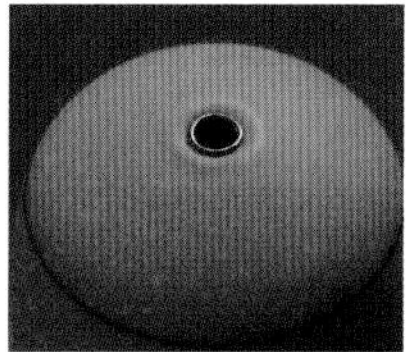

**Sic リング装着**
ラインの滑りをよくするSicリングを装着しているタイプ。ラインホール形状では一般的。

**ジルコニアリング装着**
ホールの上下に硬くて丈夫なジルコニアリングを装着。これでラインによる糸擦れが軽減。

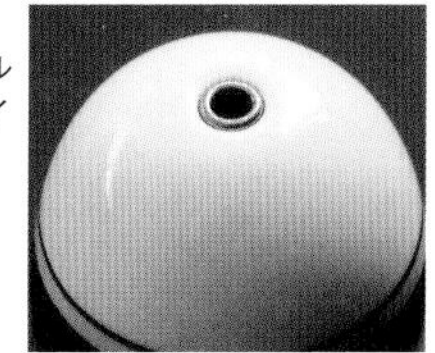

**大口径リング**
ウキ止めを使わない０浮力のウキに多い大口径リング。活性の高いメジナ狙いに有効。

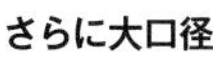

**さらに大口径**
全層釣法と呼ばれる釣りではさらに口径の大きなリングが採用された円錐ウキが使われる。

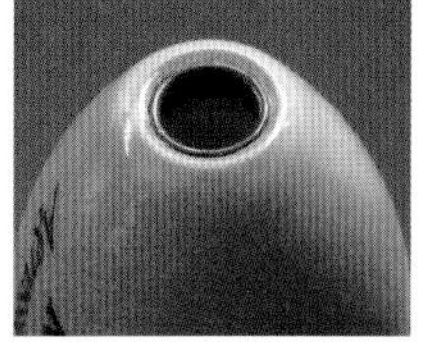

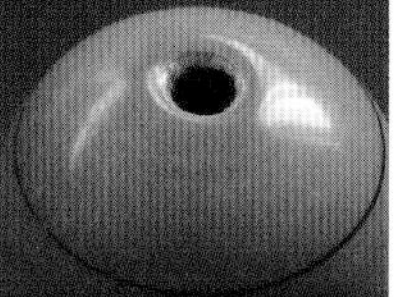

**二段パイプ構造**
トップの口径は大きく、ホール内の底でウキ止めやシモリ玉が止まる二段パイプ構造。

この小さなガン玉は、仕掛け全体に釣り人の思惑を反映させてくれる。仕掛けを沈めるだけでなく、潮に乗せたり浮かせたりとガン玉の果たす役割は大きい。

# 07 オモリの機能と役割

**小さな「鉛の塊」が、仕掛けに命を吹き込む。仕掛け作りに欠かせないオモリの役割と使いこなし。**

## 潮やコマセとの同調はガン玉によって決まる

釣りではいろいろなタイプのオモリを使うが、ウキフカセ釣りではガン玉が主役である。深ダナを狙う時は中通しのナツメオモリや丸玉オモリ、玉ウキやトウガラシウキの浮力調整には板オモリも使われるが、カミツブシ（割りビシ）は海中で回るせいかあまり使われなくなった。ところで、ウキフカセ釣りにおけるオモリの役目というのはなんだろう。ウキフカセ釣りは「付けエサをコマセといっしょに自然に近い状態で流す釣り方」である。それならオモリは必要ないはず。実際にオモリを使わない「完全フカセ」という釣り方もあり、状況によってはそのほうが有効なケースもある。ただ、オモリを一切付けない仕掛けというのは、投げ、沈め、流し、止め、アワセ、といった基本操作をやりづらい。

オモリを付けない玉ウキ仕掛けを投入してみよう。ほとんど重さらしい重さがないため、振り込みに苦労するだろう。どうにか投入できても、ハリに刺した付けエサは海面近くをいつまでも漂っている。風があるとウキは風下へ流されて潮に乗らない。道糸を張るとせっかく馴染ませた仕掛けは浮き上がり、仕掛けがたるむため、鋭いアワセをしてもハリ掛かりしないことが多いのだ。

ウキフカセ釣りにおけるオモリの主な役割はつぎの5つ。

1、仕掛けを一定の深さに沈める
2、ウキの浮力を調整する
3、仕掛けを潮流に乗せる
4、付けエサを沈みやすくする
5、ハリスに「張り」を作る

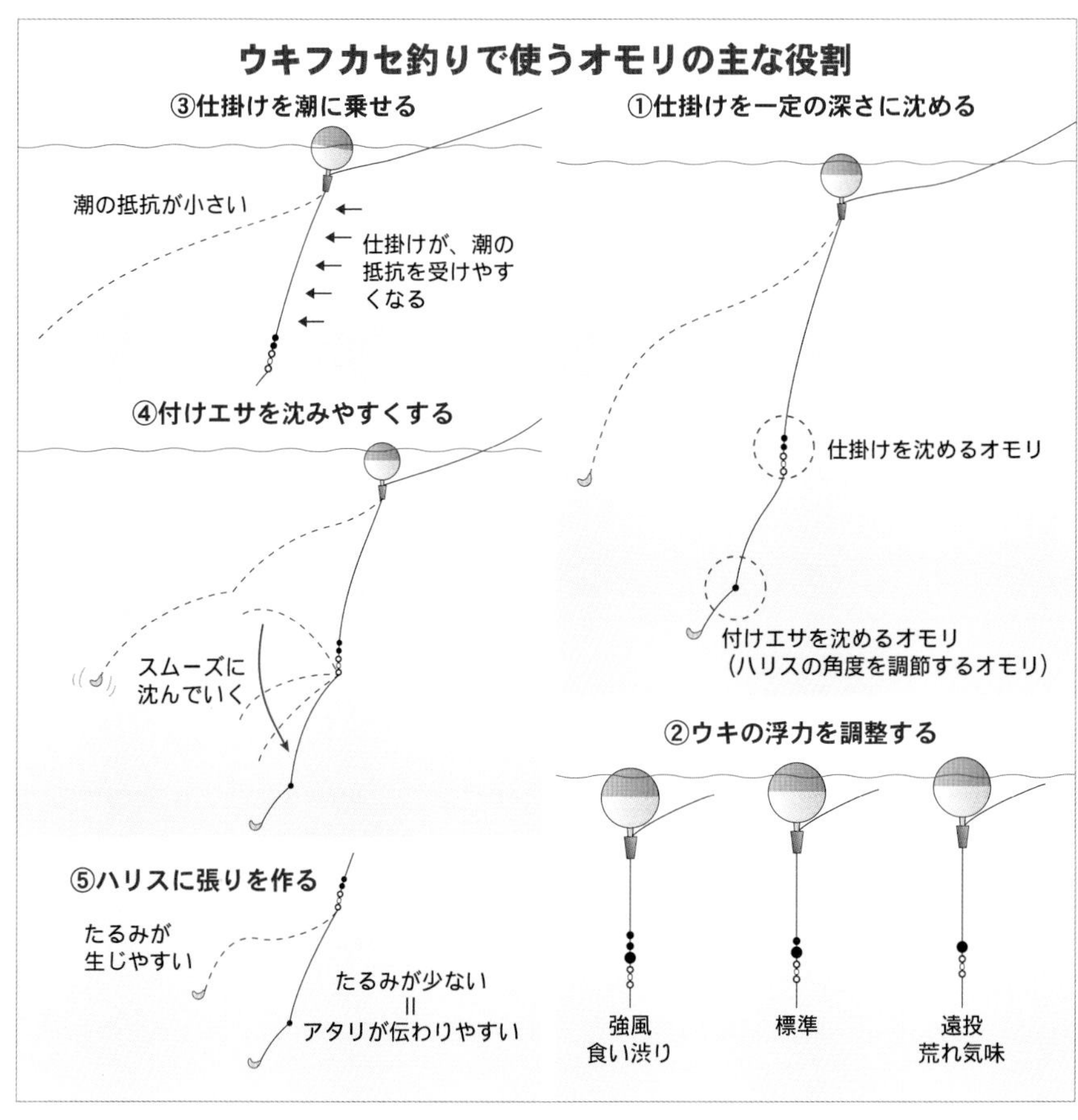


ふつうは1と2の役割だけを想定しがちで、オモリはサルカンの上に付けられることが多い。ただ、浮力調整が目的なら、オモリはウキのすぐ下に打てばよいのだ。仕掛けを沈めるためのオモリはサルカンの上、浮力調整用オモリはウキの直下に分散するのが正解である。

オモリなどを付けないほうが仕掛けは潮に馴染む、と考えるのは単純すぎる。しなやかなラインは潮に馴染むのではなく、ウキを支点にして吹き上げられてしまうのだ。ラインはオモリがピーンと張ることによって潮を受けやすくなり、乗りやすくなる。時にはオモリを分散して潮に馴染みやすい仕掛けの角度を作ることも大切。常にこの点を意識しながらオモリの重さと位置を決めるようにすれば、必然的に仕掛けはコマセにも同調するわけだ。

ハリスに打ったオモリは付けエサ

## 課外授業

### B×2個＝2Bではない！

ウキフカセ釣りでもっとも多用されるのがガン玉というオモリだ。これは散弾銃の弾をベースに作られたオモリで、Bを基準に2B → 3B → 4B → 5Bと次第に重くなり、1号→2号→3号→4号→5号という順序で次第に小さくなる。このへんの表示システムがややこしい。ガン玉の1号と中通しオモリの1号ではまるで重さが違うのだ。B以下の小さなガン玉をジンタン（仁丹オモリ）と区別している場合もあり、G1とかG2とも表示される。Gはガン玉（GANDAMA）の意味。

また、Bを2個付けると2Bになると思い込んでいる人もいるようだが、これは間違い。ガン玉Bの重さは平均0.55ｇ、2Bの重さは0.75ｇだから、B×2個は1.10ｇとなり、2Bよりはるかに重い。2BのウキにBのガン玉を2個付けると沈んでしまうので注意しよう。ガン玉とオモリの平均重量、分散する目安を表にまとめたので参考にしていただきたい。ガン玉を購入する時は鉛純度の高い軟らかいタイプがお勧めだ。ラインを傷つけないようにラバーコーティングされた製品も多く、モスグリーンやブラウン、マリンブルー、オキアミカラーなどのガン玉も市販されている。

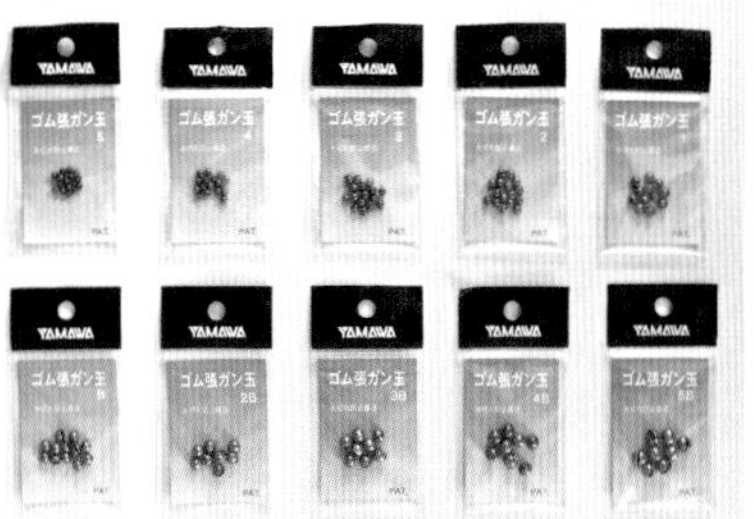

ガン玉のサイズは1～5号とB～5Bが用意されている。ガン玉一つでウキの性能が変わると言っても過言ではない。ウキの性能が変わるということは仕掛けを生かしも殺しもすると言うことである。

ウキの性能を左右するガン玉。状況に合わせて臨機応変に使えるよう、サイズごとに分けて専用ケースに入れておくといい。

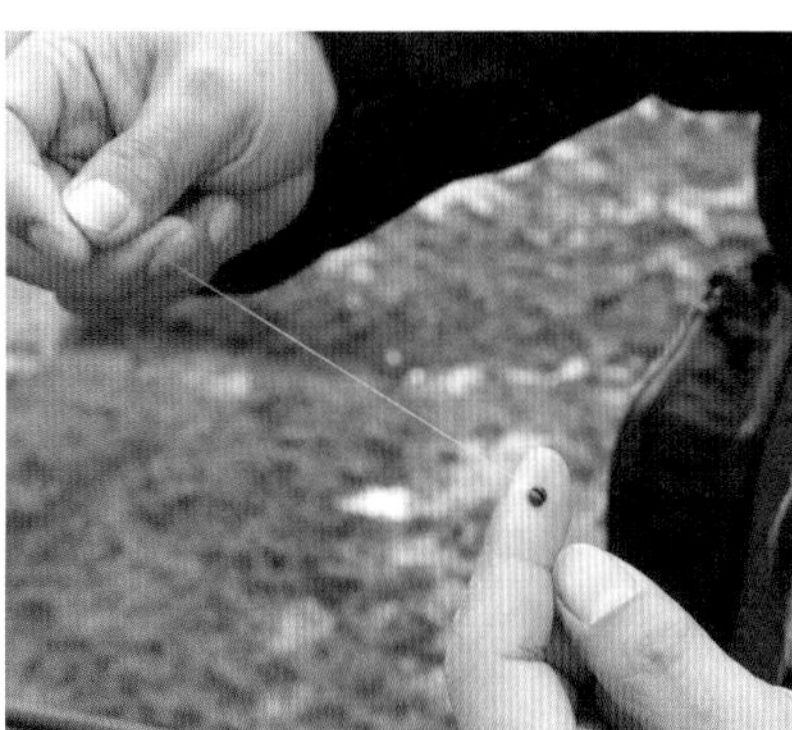
ガン玉は、浮力調整のために道糸に付けることもあるがハリスに付けることが多い。ガン玉を付ける位置によっても仕掛けの性能が変わる。

の沈む角度や速度も調整する。また、オモリはたるみを抑え、アワセの動きを伝達する役割も果たしてくれる。オモリを1個プラスしたことによって仕掛けがどういう状態になるかを想像しながら、オモリを付ける位置やサイズを決めることが大切なのだ。

オモリが仕掛けに命を吹き込むのである。アタリがない時は、とりあえずオモリのサイズや位置を変えてみることをお勧めする。「たかが鉛の塊」などとあなどってはいけない。

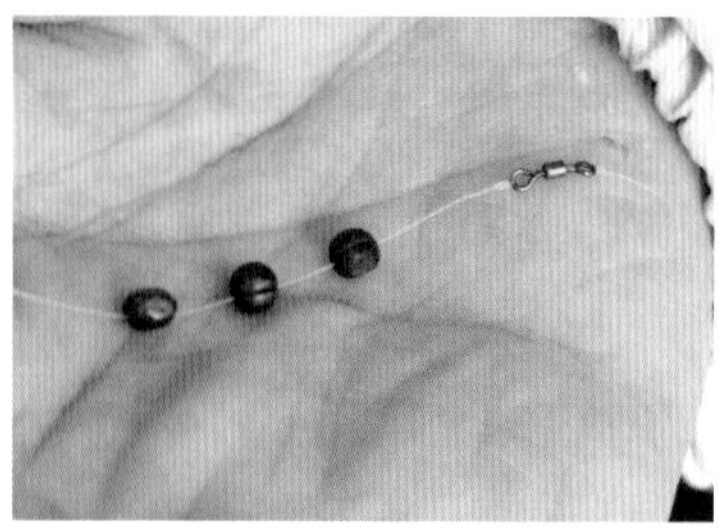
ヨリモドシやサルカンの上に付ける浮力調整用のガン玉。風が強い時はガン玉を２～３個付けてウキを水面ギリギリまで沈むように調整する。これでウキが風の影響を受けにくくなる。これは食い渋りの時にも有効で、微妙なあたりがウキに出やすくなる。

釣り具店には数多くのウキが並んでいる。小さな浮力体だが、カラーリングはもちろん、素材、形状、重心が微妙に異なる。それぞれに状況や条件に合った特性がある。

# 08 結び完全攻略① 糸を金属に結ぶ

**スプールに道糸を結ぶ、サルカンにラインを結ぶ、ハリにハリスを結ぶ。基本中の基本をマスターしておこう。**

## 数ある結びのなかで最初にマスターしたいのは3つの結び

ウキフカセ釣りに限らず、釣りの仕掛けは糸によってタックルやパーツを結ぶことで成り立つ。シンプルに見える延べ竿の仕掛けも道糸を穂先のヘビロに結び、サルカンを使って道糸とハリスを接続したあと、ハリスにハリを結ぶ必要がある。最近はワンタッチでセットできる仕掛けも市販されているが、結びを知らなければ、フグにハリだけを取られるたびに仕掛けを丸ごと交換しなければならない。結びを心得ていれば、ハリスだけを細くしたり、ハリを小さいものに交換したりできるから、経済的で時間のロスも少ない。何よりも「自分の仕掛けで釣った！」という喜びを味わえる。

結びは一見するとややこしいが、そのほとんどは本結び、止め結び、8の字結びの3パターンの応用か組み合わせである。本結びは「かた結び」「真結び」とも呼ばれ、糸と糸を結ぶ基本形だ。釣りではチチワ結びやサージャンズノットに応用されている。

止め結び（ストッパーノット）と8の字結び（フィギュアエイトノット）は糸やロープの端に結びコブを作る基本形で、止め結びは釣りで多用されるユニノットや電車結び（フィッシャーマンズノット）、チチワを作るループノットなどに応用される。道糸とハリスを直結するウィンザーノットも原型は止め結びであり、これにハリを添えると内掛け結びになる。

8の字結びはサルカンを結ぶときのクリンチノットをはじめ、道糸と

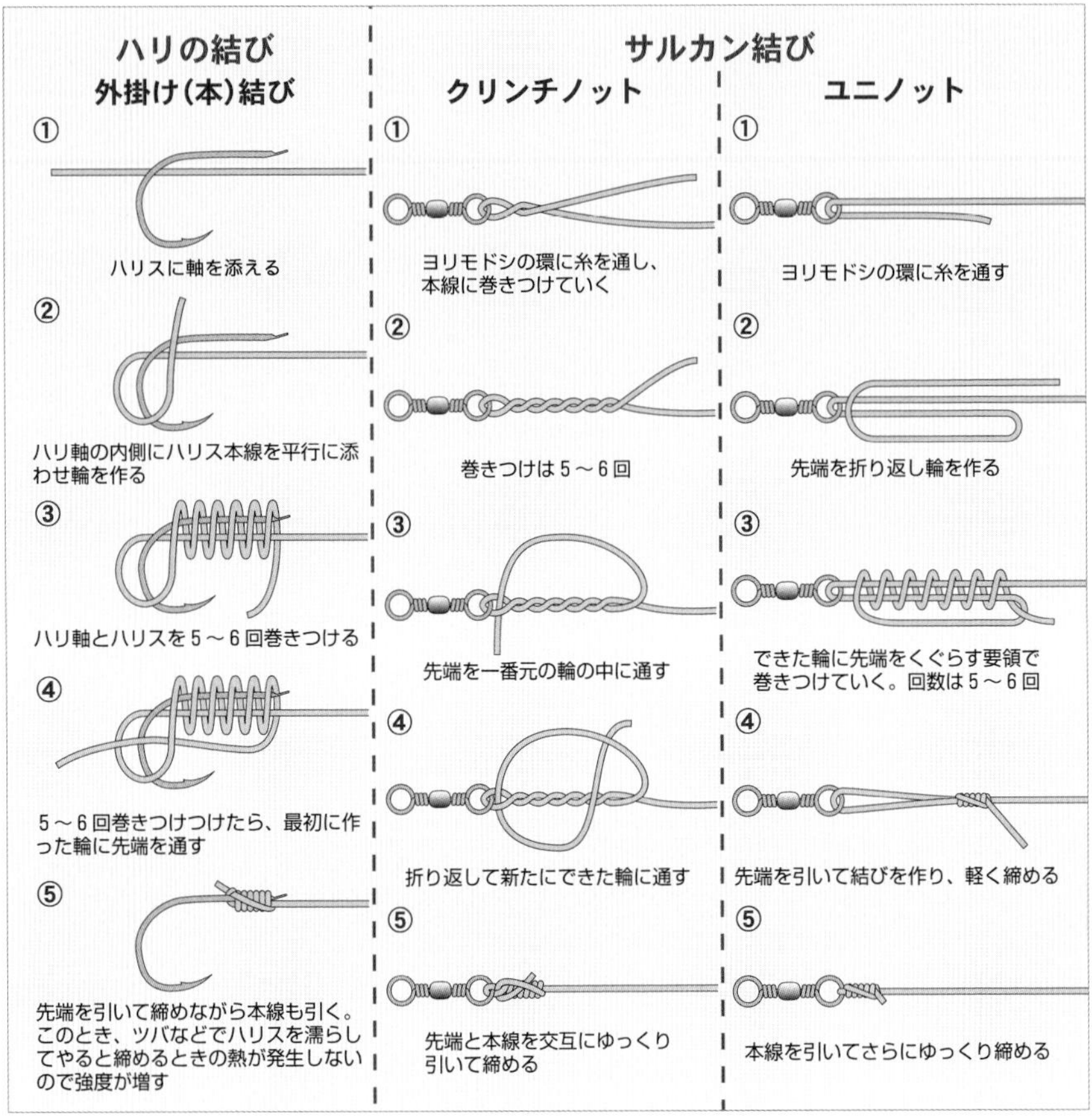

## ハリの結び

### 外掛け(本)結び

①
ハリスに軸を添える

②
ハリ軸の内側にハリス本線を平行に添わせ輪を作る

③
ハリ軸とハリスを５～６回巻きつける

④
５～６回巻きつけつけたら、最初に作った輪に先端を通す

⑤
先端を引いて締めながら本線も引く。このとき、ツバなどでハリスを濡らしてやると締めるときの熱が発生しないので強度が増す

## サルカン結び

### クリンチノット

①
ヨリモドシの環に糸を通し、本線に巻きつけていく

②
巻きつけは５～６回

③
先端を一番元の輪の中に通す

④
折り返して新たにできた輪に通す

⑤
先端と本線を交互にゆっくり引いて締める

### ユニノット

①
ヨリモドシの環に糸を通す

②
先端を折り返し輪を作る

③
できた輪に先端をくぐらす要領で巻きつけていく。回数は５～６回

④
先端を引いて結びを作り、軽く締める

⑤
本線を引いてさらにゆっくり締める

ハリスを直結するダブル８の字結びやブラッドノット、ルアーを結ぶフリーノット（イングリッシュマンズノット）などに応用されている。これにハリを添えたのが外掛け結びである。

つまり、３つの基本形を頭に入れておけば複雑な結びにうろたえる必要はなくなるわけだ。数ある結びのなかで最初にマスターしたいのがユニノットとクリンチノット。これらは道糸をリールのスプールに結んだり、サルカンに結んだりするときに活躍する結びの基本である。

ユニノットはラインをスプールに巻き付け、あるいはサルカンに通してから折り返してループを作り、このループにラインの端を２～４回くぐらせて締め込むだけ。クリンチノットはループにせず、ラインの端を本線に３～４回ほど巻き付けてから、巻き付けた基輪に通して締め込むスタイル。基輪に通した端糸をさらに折り返したループに通してから締め込むとインループドクリンチノットになり、すっぽ抜けなどのトラブルを防止できる。

これだけマスターすればサルカンに道糸とハリスを結ぶところまでは完璧だ。残りはハリだが、ハリスをハリの軸に添わせて折り返したら、そのまま本線と軸に3～5回ほど巻き付け、端糸を折り返したループに通して締め込めばよい。これを「外掛け結び」と呼ぶが、手順はクリンチノットとまったく同じである。1日15分も練習すればすぐに指が覚えてしまう。

## 課外授業

### 魔法のひと舐めで強度アップ!

私が最初にマスターした結びはユニノットとクリンチノットである。この2種類で不自由しなかったが、やがて雑誌に紹介される結びを試したくなり、イラストを見ながらラインと格闘した。結んでは自分なりに強度テストをくり返した。そのうち「結びは巻き付けるかくぐらせるかの2通りしかない」と気づき、ちょうど知恵の輪を解くように結びの構造が自然に見えてきた。

また、ナイロンやフロロカーボンのラインは締め込むときに滑ったり、摩擦熱が発生したりすると強度が低下するということも覚えた。漁師さんやベテランの釣り人は結び目をペロリとひと舐めしてから締め込むが、これは唾液でラインの滑りを軽減すると同時に摩擦熱の発生を抑えるのが目的。ただのおまじないではない。結び目から切れたりすっぽ抜けると悩む人は、結び目を唾液で湿らせてからゆっくりと締め込んでみてほしい。たったそれだけで強度が格段にアップする。それでも結び目のトラブルが起こるならサルカンの傷やラインの劣化を疑ってみよう。サルカンはカンの軸が太いものを選び、道糸は釣行ごとに先端を10mずつ切り捨て、3～4回の釣行で新品に交換するのが基本だ。

道糸やハリスを締め込むときには、結び目をひと舐めする。これだけで熱による結び目の劣化がかなり抑えられる。

**結びの原形**

| 8の字結び | 止め結び | 本結び |
| --- | --- | --- |
| ① ② ③ | ① ② ③ | ① ② ③ ④ |
| 外掛け結び<br>クリンチノット<br>ブラッドノットなど | 内掛け結び<br>ユニノット<br>サージャンスノットなど | サージャンスノット<br>イングリッシュマンズノット<br>トンボ結びなど |

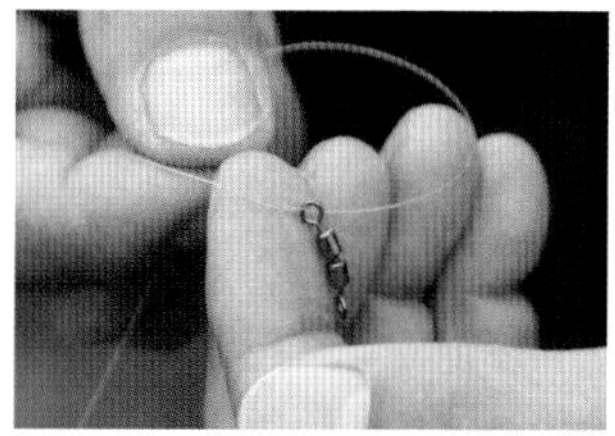

サルカンやヨリモドシにハリスや道糸を結ぶことも多い。クリンチノットやユニノットがよく使われる結び方で、どちらか一つをマスターしておきたい。それほど難しい結び方ではないので、2～3回やってみればマスターできると思う。ハリとハリス、サルカンとライン、この結びを覚えると釣りが一層楽しくなる。

# 09

# 結び完全攻略②
# ラインとラインを結ぶ

**ウキ止めを結ぶ。道糸とハリスを直結する。ここでも基本形はユニノットとクリンチノットだ。これで結びの基本が完結する。**

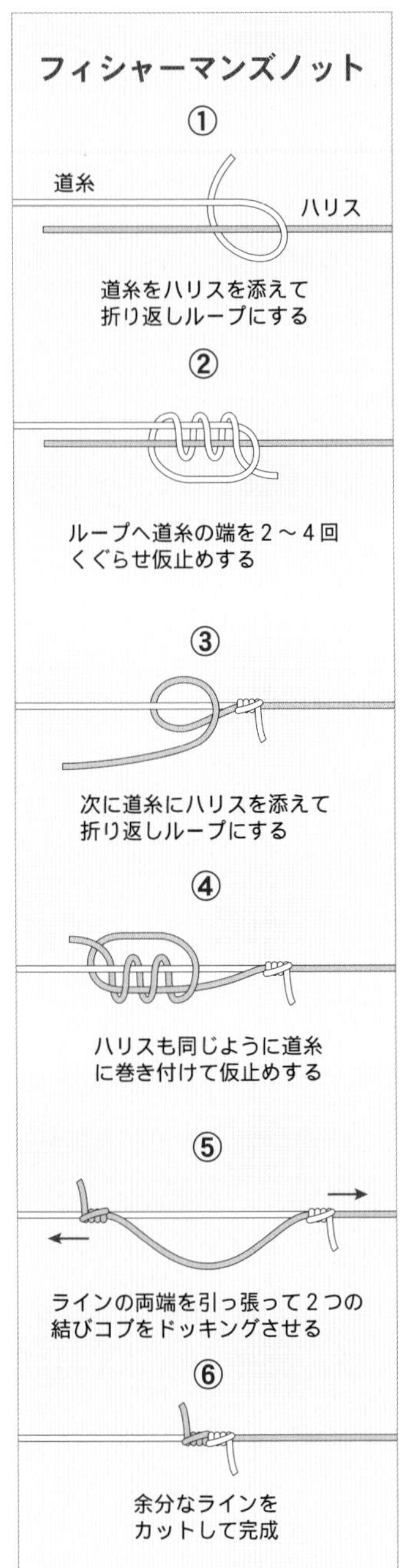


## フィッシャーマンズノット、ブラッドノットダブル8の字結び、ウィンザーノットをマスター

道糸をスプールに結び、道糸とハリスをサルカンに結んで、ハリスにハリを結べば仕掛け作りの結びはほぼ完了する。しかし、ウキフカセ釣りではそれ以外にも様々な結びのテクニックが要求される。

ウキ下を竿1本以上に設定したいときには、道糸にウキ止め糸を結ばなければならない。スプールの糸巻き容量が大きすぎる場合には最初に土台となる糸（下巻き糸）を巻いて、これに道糸を結ぶ必要がある。最近はサルカンを使わず道糸とハリスを直結する人も多く、そのための結び方も覚えておかなければならない。

ここでは糸と糸の結び方を紹介する。

ただ、すでに解説したように基本は同じである。ウキ止め糸を結ぶ電

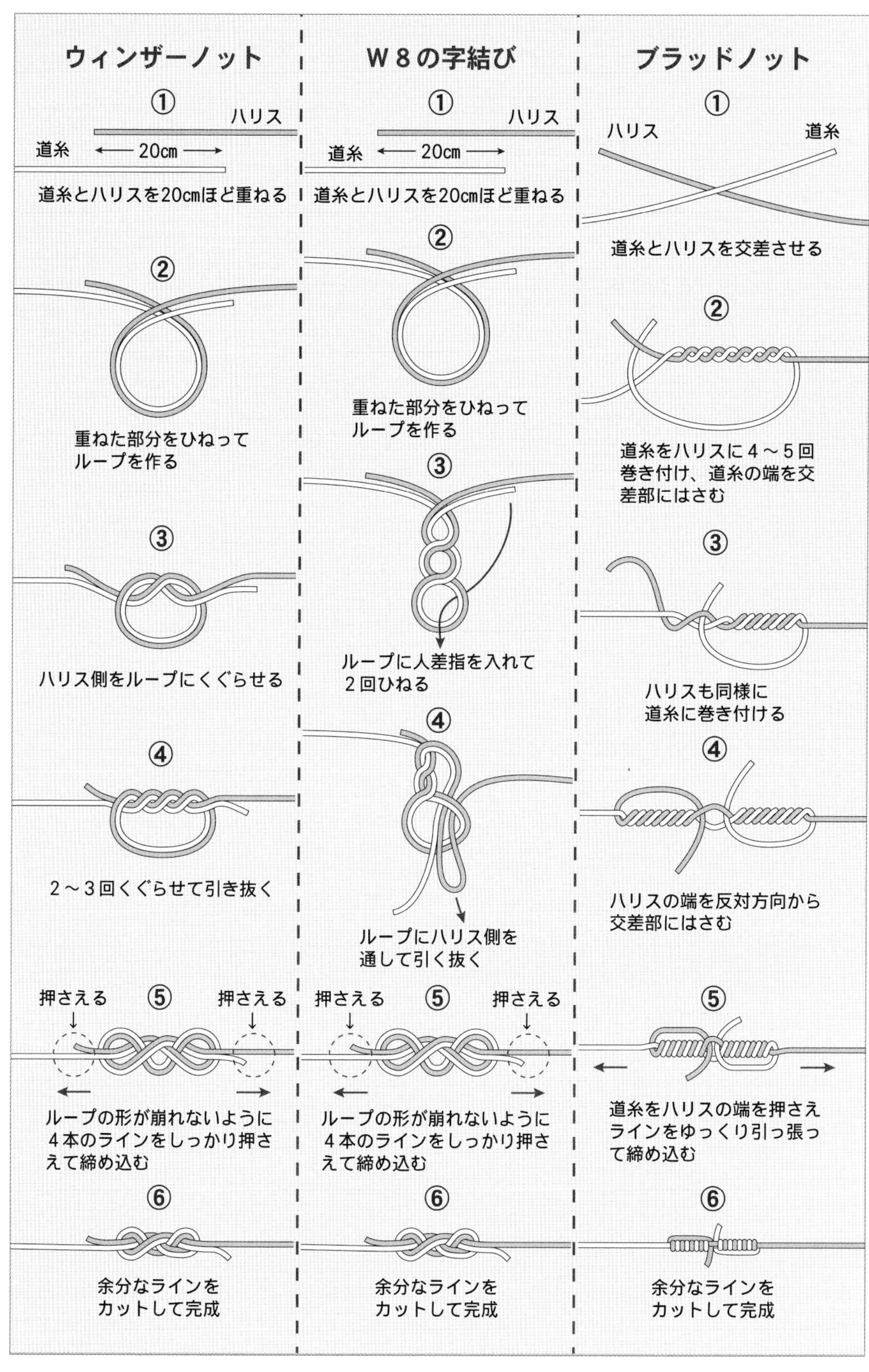
ウィンザーノット
①
ハリス
道糸
20cm
道糸とハリスを20cmほど重ねる
②
重ねた部分をひねって
ループを作る
③
ハリス側をループにくぐらせる
④
2～3回くぐらせて引き抜く
押さえる
⑤
押さえる
ループの形が崩れないように
4本のラインをしっかり押さ
えて締め込む
⑥
余分なラインを
カットして完成
W8の字結び
①
ハリス
道糸
20cm
道糸とハリスを20cmほど重ねる
②
重ねた部分をひねって
ループを作る
③
ループに人差指を入れて
2回ひねる
④
ループにハリス側を
通して引く抜く
押さえる
⑤
押さえる
ループの形が崩れないように
4本のラインをしっかり押さ
えて締め込む
⑥
余分なラインを
カットして完成
ブラッドノット
①
ハリス
道糸
道糸とハリスを交差させる
②
道糸をハリスに4～5回
巻き付け、道糸の端を交
差部にはさむ
③
ハリスも同様に
道糸に巻き付ける
④
ハリスの端を反対方向から
交差部にはさむ
⑤
道糸をハリスの端を押さえ
ラインをゆっくり引っ張っ
て締め込む
⑥
余分なラインを
カットして完成

ウキフカセ釣りでは結びを頻繁に行うことになるので、基本の結びはマスターしておこう。

車結びはユニノットとまったく同じ。ウキ止め糸を道糸に添わせ、折り返したループと本線に端糸を3～4回くぐらせて締め込めばよい。締め込んだ部分の道糸は潰れる危険性があるため、ウキ止めは道糸の端で結んでから上に移動させる。

下巻き糸に道糸を結ぶときもユニノットでOK。まず道糸の端を下巻き糸に添えて折り返し、ループに端糸を2～3回くぐらせて仮締めする。同様に今度は下巻き糸の端を道糸に添えて仮締めする。道糸と下巻き糸を引っ張りながら2つの結び目をドッキングさせ、それぞれの端糸を歯で軽く噛んで締め込み、最後に両方の糸を強く引っ張って本締めする。

ハリスと道糸を直結するときに使われるブラッドノット。

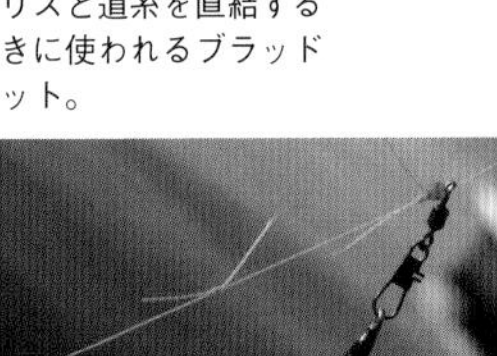
電車結びの応用で簡単にできるウキ止め糸の結び。

これがフィッシャーマンズノット（テグス結び）の手順であり、道糸とハリスを直結するときにも使える基本的な結び方だ。

直結の王道とも言えるブラッドノットはクリンチノットの応用と考えればよい。道糸とハリスの先端をクロスさせて交差部を指で押さえ、ハリスを道糸に4～5回巻き付けたら折り返して交差部に端糸を挟み、つぎに道糸をハリスに反対方向から4～5回巻き付けて折り返し、ハリスとは反対方向から交差部に通してラインの両端を軽く歯で噛み、道糸とハリスを引っ張りながら締め込んでいく。ラインが折れ曲がらず、結び目がスリムに仕上がる。

ダブル8の字結びは道糸とハリスの先端を重ね、折り返して2重のループを作り、ここに人差し指を入れて2回ひねってからハリス側のラインを引き抜き、4本のラインをしっかり押さえながら締め込む方法だ。ハリスは長さを決めてカットしておくほうが結びやすいだろう。

ウィンザーノットも同じように道糸とハリスを重ねてループを作り、ユニノットの手順でハリス側のラインを3回くぐらせて締め込む。手順は異なるが、結び目の形はダブル8の字結びとそっくりになる。

いずれも止め結びと8の字結び、ユニノットとクリンチノットと同じ手順だから、ちょっと練習すれば簡単にマスターできると思う。直結を覚えておけばサルカンの重さが気になるときに役立つし、サルカンの入った小物入れを忘れてもあわてずに済む。

ウキフカセ釣りには欠かせないコマセ。魚を寄せるために撒くエサのことで、コマセの撒き方で釣果が決まることもある。基本はオキアミやアミエビと配合エサを混ぜ合わせたものを使うが、ウミタナゴ狙いでは凍ったアミエビを海水で溶かしたもので十分。

# 10 コマセの役割は寄せることと浮かせること

**コマセワークはコントロールよりもリズムが大切。撒いたコマセが見えなくなったらつぎを撒くペースを崩さないように！**

## 魚を寄せて釣りやすい状況を作るのがコマセの役割

ウキフカセ釣りで使われるエサはコマセと付けエサの2種類。コマセは関東や東北方面で使われる言い方で、関西や九州では撒き餌（マキエ・マキエサ）とか寄せ餌（ヨセエ・ヨセエサ）と呼ばれている。つまり、魚を寄せるために海へ撒くエサ。ウキフカセ釣りは「コマセで魚を寄せながら小さなウキを使った仕掛けで狙いの魚にアプローチする釣り方」だ。コマセがなければこの釣りは成り立たない。付けエサだけでも釣れないことはないが、コマセのないウキフカセ釣りはひたすら付けエサと本命魚との交通事故を待つようなものである。

ウミタナゴもクロダイもメジナも本来は海底の岩場周辺を泳いでいる魚であり、危険が待つ磯際や宙層にまで浮いてくることは少ない。もちろん天然のエサを求めて防波堤や磯際にくることはあるが、条件や魚種も限られてしまう。ウキフカセ釣りはコマセで釣りやすい状況を作り、そこへ仕掛けを流して魚を狙うのが基本だ。ただ、いつでも・どこでもコマセを撒けば本命魚が釣りやすい場所に集まってくるわけではない。ポイントを見極める目や潮を読む目がなければ、コマセを無駄に撒くことになってしまう。すなわち、魚（本命魚）を寄せることのできないコマセは、高価な海洋投棄物と言ってもよいだろう。

コマセは魚を寄せて釣りやすくするためのものだが、実際には、釣りにくくするために撒いている人が多い。釣りやすくするというのは（例

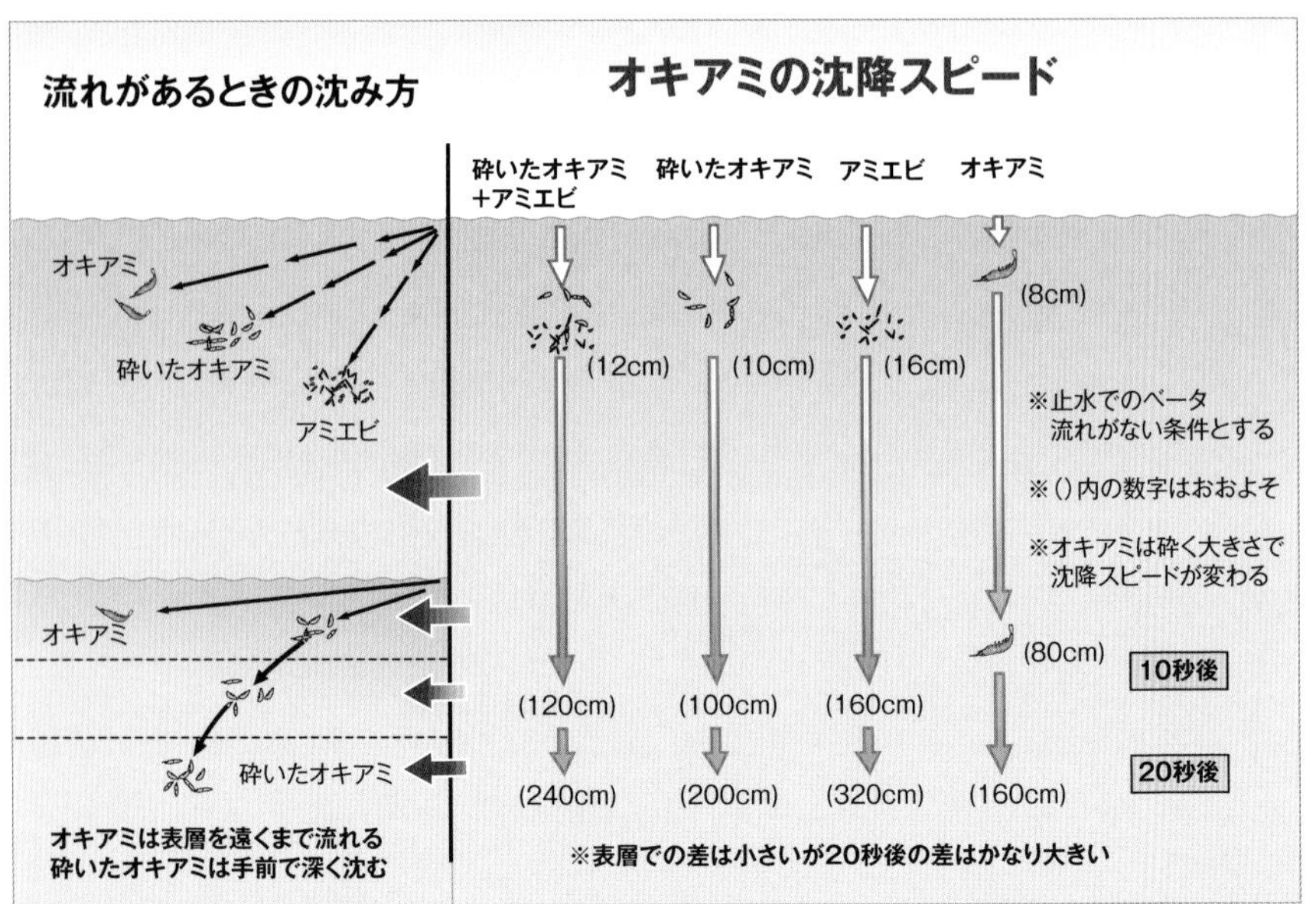

状況に応じてメジナ用の配合エサを加えことで集魚効果がアップする。

アミエビ+海水がウミタナゴ釣りの基本的なコマセ。

バッカンと水汲みバケツ、ミキサーがコマセ作りの必需品。

外はあるが）本命魚を「近く・浅く」集めるということだ。エサ取りの存在を無視すれば、魚の数に対してコマセの量が多すぎると魚のタナは深くなり、逆に1投1投のコマセ量が少なければ魚のタナは次第に浅くなる。ただ、あまり量が少なく間隔が長いと魚の寄りは悪い。魚を浅く浮かせて近くへ集めておくには、1投のコマセ量を少なく、回数を多くすることが必要。投入間隔は偏光グラスをかけて自分の撒いたコマセを目で追い、視界から消えたらつぎを撒くのが基本だ。当然、流れが速ければ間隔は短く、遅ければ長くなる。

ウミタナゴ用のコマセベースはアミエビ。状況に応じてこれに配合エサを加えるのが一般的だが、最初はアミエビ単体で沈み方や流れ方を観察しよう。配合エサにはさまざまな比重と粒子の物質が混入され、それらがバラバラに沈んだり流れたりする。防波堤や小磯ではアミエビ1～2kgに水汲みバケツ1杯の海水を加えたものを少しずつ撒き、配合エサはポイントが遠いときやタナが深いときに活用する。これが基本パターン。

ウミタナゴ釣りの配合エサは比重の小さなメジナ用がお勧めだ。比較的コマセで浅く寄せやすいウミタナゴの場合、配合エサを使って粘りを出して遠投したり、比重をプラスして一気に底層まで沈めるやり方は得策とは言えない。配合エサの使用は「釣れないときの奥の手」と心得てほしい。

## 課外授業

### 6時間で720回って何の数字？

コマセの価値はヒシャクで決まる。どんなに集魚力に優れたコマセを作っても、それが狙った場所へ投入されなければ威力は半減してしまう。それどころかエサ取りを集める結果となるばかりか、投入間隔がいい加減だとコマセは本命魚を遠ざける方向に働く。コマセワークを左右するのはコントロールよりもリズムであり、それを支えるのがヒシャクなのだ。

釣りでもっとも活躍するのは竿でもなければリールでもない。私は仕掛け投入1回に対し平均4回コマセを投入する。仕掛けの投入前に1回、仕掛け投入直後に1回、流しながら1回、仕掛け回収前に1回。ひと流し平均2分とすれば、1時間で120回、実釣時間6時間なら720回もヒシャクを振る計算になるわけだ。当然、疲れないシャフトの長さと硬さ、グリップ素材と形状が必要になる。カップのサイズによって1回に撒くコマセ量も決まるため大小2種類のカップ、遠近や撒き方に合わせてシャフトも最低2パターンの長さはほしいから、これだけでも4本になる。高級品を4本も購入するとかなりの出費だが、腕や手首への負担を和らげ、コマセを有効活用できるなら安い買い物と言える。

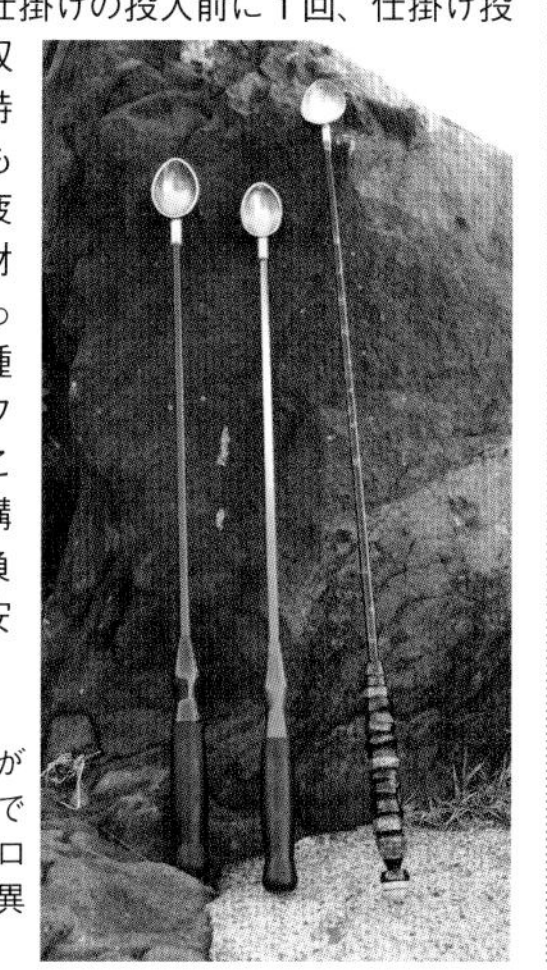

ウキフカセ釣りにおいて比較的使用頻度が高いのがコマセヒシャク。ウミタナゴ狙いでは使い分けの必要はないが、メジナやクロダイなどは釣り場の状況によって形状の異なるコマセヒシャクを使い分けたい。

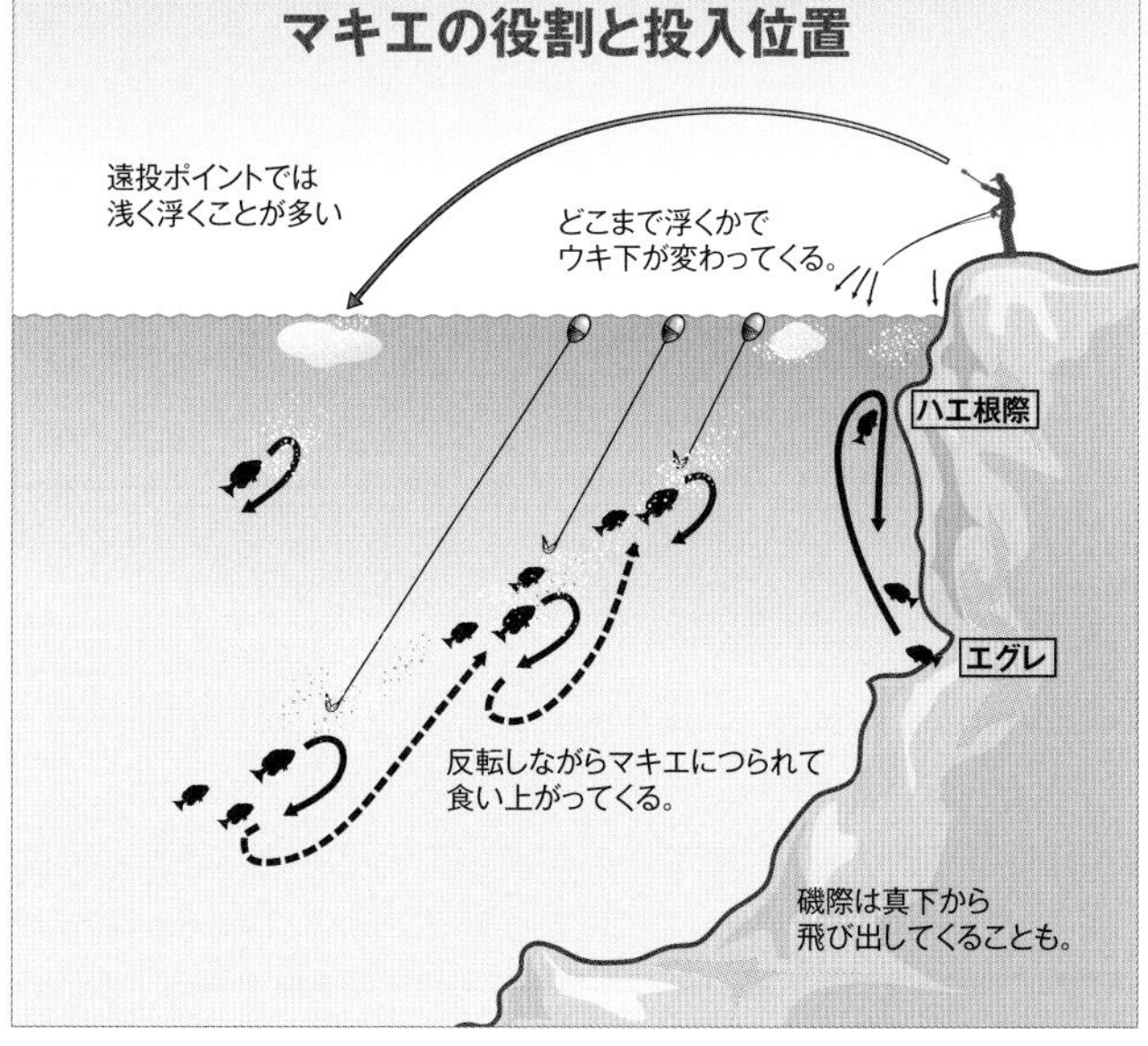

ウミタナゴ釣りでは、Sサイズのオキアミや大粒のアミエビが使われる。活性の低いときはジャリメも有効。

11

# 付けエサの選び方と使い分け

**２～３種類の付けエサを用意するのが釣りを楽しむコツ。状況に応じて種類や大きさ、付け方を工夫するノウハウとは？**

## 食いのよいエサは場所や季節によって変わる

ハリに付けて狙いの魚に食わせるエサを「付けエサ」という。ほかに「刺しエサ」、「食わせエサ」などといった呼び方もある。投げ釣りや落とし込み釣りのようにコマセを使わない釣りの場合、魚がいる場所へ付けエサを届けなければならないが、ウキフカセ釣りはコマセで寄せた魚の口中へ付けエサを紛れ込ませる釣りだ。

そういう意味では付けエサとコマセに同じものを使うのが理想である。しかし、状況によってはコマセよりも目立つエサ、コマセよりも食いのよいエサ、逆に食いの悪いエサを使うほうがよいというケースもある。それと同時にハリに刺しやすく、エサ持ちがよいことも重要。どんなに食いのよいエサでも振り込むたびにハリから外れるようでは釣りにならない。軽く吸い込んだだけでハリから外れるようだと、アタリはあってもハリ掛かりしないことになる。エサ取りが活発な場合は本命魚の口まで届かない。

ウミタナゴ釣りではコマセにアミエビを使うが、これをハリに刺すにはあまりにも小さすぎるため、付けエサ用の大粒アミエビや小粒のオキアミ（Sサイズ）を使うことが多い。食いが悪いときはオキアミの頭と殻を取り除いてムキ身にするが、逆に食いの活発なときはエサ持ちのよいジャリメが有利だ。ジャリメも食いのよいときはしっかりした頭に近いほうを大きめに、食いが悪いときは柔らかい尾側を小さめに刺す。入れ食い状態のときには頭を付けたジャリメでも釣れ、同じ付けエサで３～

## ウミタナゴ釣りの付けエサ使い

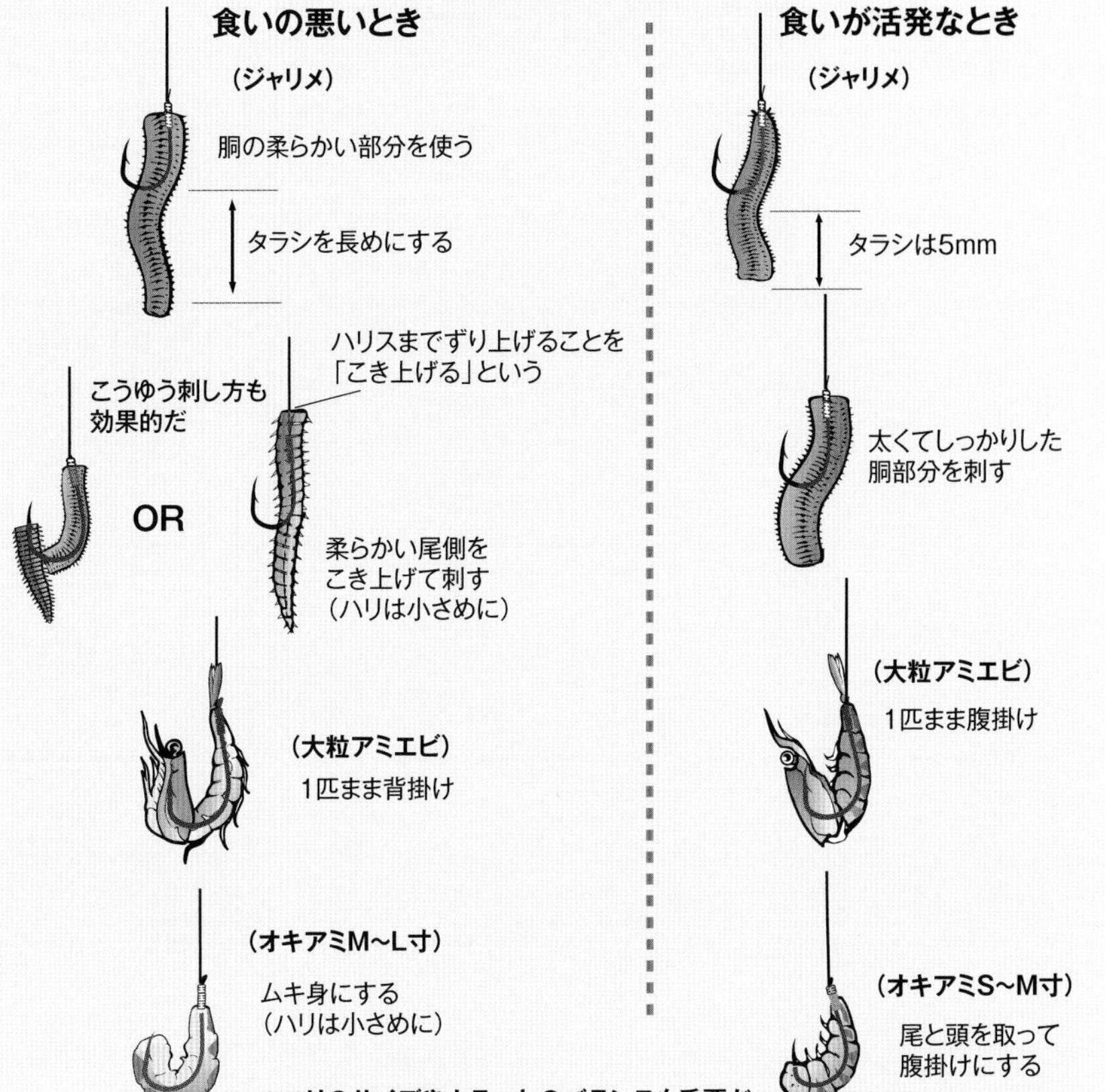

### 食いの悪いとき

（ジャリメ）

胴の柔らかい部分を使う

タラシを長めにする

こうゆう刺し方も効果的だ

OR

ハリスまでずり上げることを「こき上げる」という

柔らかい尾側をこき上げて刺す（ハリは小さめに）

（大粒アミエビ）

1匹まま背掛け

（オキアミM~L寸）

ムキ身にする（ハリは小さめに）

### 食いが活発なとき

（ジャリメ）

タラシは5mm

太くてしっかりした胴部分を刺す

（大粒アミエビ）

1匹まま腹掛け

（オキアミS~M寸）

尾と頭を取って腹掛けにする

※ハリのサイズやカラーとのバランスも重要だ。

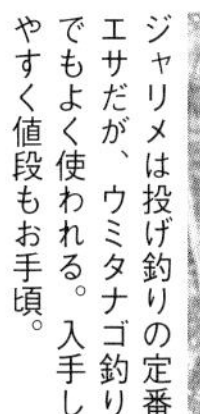

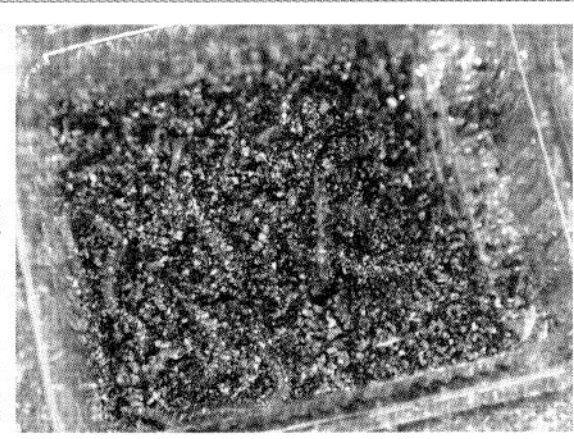

ジャリメは投げ釣りの定番エサだが、ウミタナゴ釣りでもよく使われる。入手しやすく値段もお手頃。

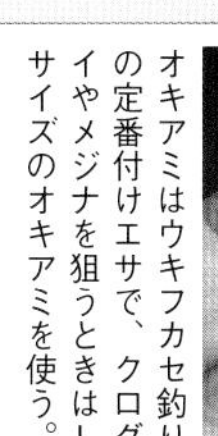

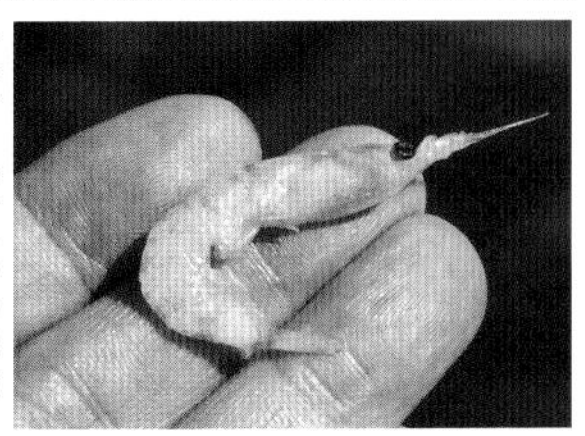

オキアミはウキフカセ釣りの定番付けエサで、クロダイやメジナを狙うときはLサイズのオキアミを使う。

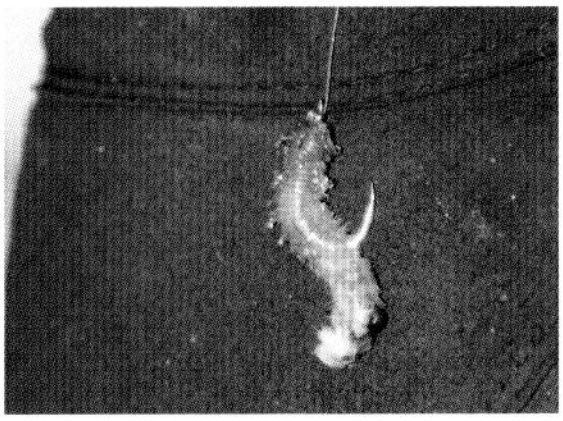

1・5㎝くらいにカットして写真のようにハリを通す。活性が低いときは垂らしを長めにしてアピールする。

尾羽根を取るとハリ付けしやすい。尾羽根をちぎっただけで身崩れするオキアミは刺しエサには向かない

5匹のウミタナゴが釣れることもある。

地域によってはイサザやモエビといった特殊なエサが特効エサになるケースもあり、オキアミでは釣れないのに大粒アミエビを使ったらすぐに釣れたというケースもある。付けエサは2~3種類を用意し、アタリがなければ付け替えてみるほうがよい。魚の活性やエサ取りの状況などに合わせて替えることも大切だ。必要なければ無駄な出費だが、保険と思って購入しておくほうが無難である。

付けエサを購入するときは、釣り具店で「どのエサがよく釣れているか」を聞いて、自分の使い慣れたエサと勧められたエサを買い求めよう。そのためにも、エサはできるだけ釣り場に近い釣り具店で購入し、エサといっしょに最新情報を仕入れるのがコツだ。付けエサは鮮度が食いに影響することも多いので、なるべくクーラーボックスなどに保管し、使用する分を小出しにして使うほうがよい。黒く変色したオキアミや干からびたようなジャリメではソッポを向かれてしまう。

言うまでもなく、釣りは魚にエサを食わせるのが目的ではなく、付けエサに仕込んだハリを食わせるのが目的である。付けエサとハリとのバランスを考えながらハリのサイズやカラーをチョイスし、ときにはハリに合わせてエサの大きさや付け方などを工夫しなければならない。

## 課外授業

### 魚を飽きさせないエサ使い

クロダイ釣りではエサ取り扱いされ、別に釣りたくもないのにハリに掛かってくるウミタナゴだが、いざ狙って釣るとなると難しい。コマセに集まる魚群のなかから良型にターゲットを絞るとなると難易度はさらにアップする。春の地磯で海草の下に湧くウミタナゴを狙ったときのことである。大粒アミエビを使うと食いはよいのだが、なぜか小型ばかりだった。そこで、オキアミの身を絞り出してハリに付けると今度は良型交じりで釣れるようになった。しかし、しばらくすると小型ばかりが飛びつくようになった。つぎに殻を付けたままのオキアミを試したが、さすがに食いが悪い。悩んだ挙げ句にコマセに混ぜた配合エサをまぶすと良型の入れ食い。

ウミタナゴに限った話ではないが、良型はエサに飽きる傾向が強いようだ。数種類の付けエサを用意し、食いが悪くなったら付けエサをローテーションするのも打開策のひとつ。ちなみに、私がウミタナゴ釣りでよく使っているのがオキアミのミリン漬け。頭と尾羽根を取ってミリンに漬け込み、密封容器に入れて持参する。これは良型狙いの特効エサだが、他のエサとローテーションすることによって威力は倍増する。

これがオキアミのミリン付け。オキアミが飴色になればＯＫ。簡単にできるので一度試してみるといい。

# 12 仕掛けの投入①オーバースローの手順

キャスティングの基本となるのがオーバースロー。遠いポイントに仕掛けを投入する際に有効なキャスト。

**仕掛けの投入は力まかせに投げるのではなく、竿のしなりとウキの重さを利用して放り出すようなイメージで。**

## 最初はちょっと重めの仕掛けで練習しよう

ウキフカセ釣りでは仕掛けの投入フォームにいろいろなスタイルがあるが、基本となるのは送り込み、横送り込み、タスキ振り、オーバースローの４パターンだ。これらを地形的条件や風や雨といった気象条件、仕掛けの種類、ポイントまでの距離などに応じて使い分けるのが基本である。

投げ釣りやルアーフィッシングなどに比べ、ウキフカセの振り込みは難しい。最初はちょっと重めの仕掛けではじめるのが上達の秘訣だ。オモリ負荷が1〜3号と表示された竿を使用する場合は1〜3号（3・75〜11・25g）の仕掛け重量がお勧めだが、慣れないうちは3号前後を目安にするとよい。サルカンやハリス、ハリや付けエサの重さを1g前後と仮定し、ウキとガン玉の重さが10g前後になるように組み合わせる。ガン玉の重さは30頁の表を参考にしてほしい。ウキの重さはボディやカタログに表示されている。分からなければ測ってみよう。

リールは中指と薬指でリールフット（脚部）をはさむ。これは2本の指でしっかり固定でき、もっとも活躍する人差し指が自由に動かせるからだ。道糸をこの人差し指に引っ掛け、ベイルを開いて竿を後方へ倒し、片手を竿尻に添えるというのがオーバースローの基本スタイル。ウキをトップガイドぎりぎりに巻き上げるとウキの重さが竿先に乗らず、ウキは足下へボチャンと墜落するかライナー気味に飛んで仕掛けが絡む。トップガイドとウキとの間隔（これ

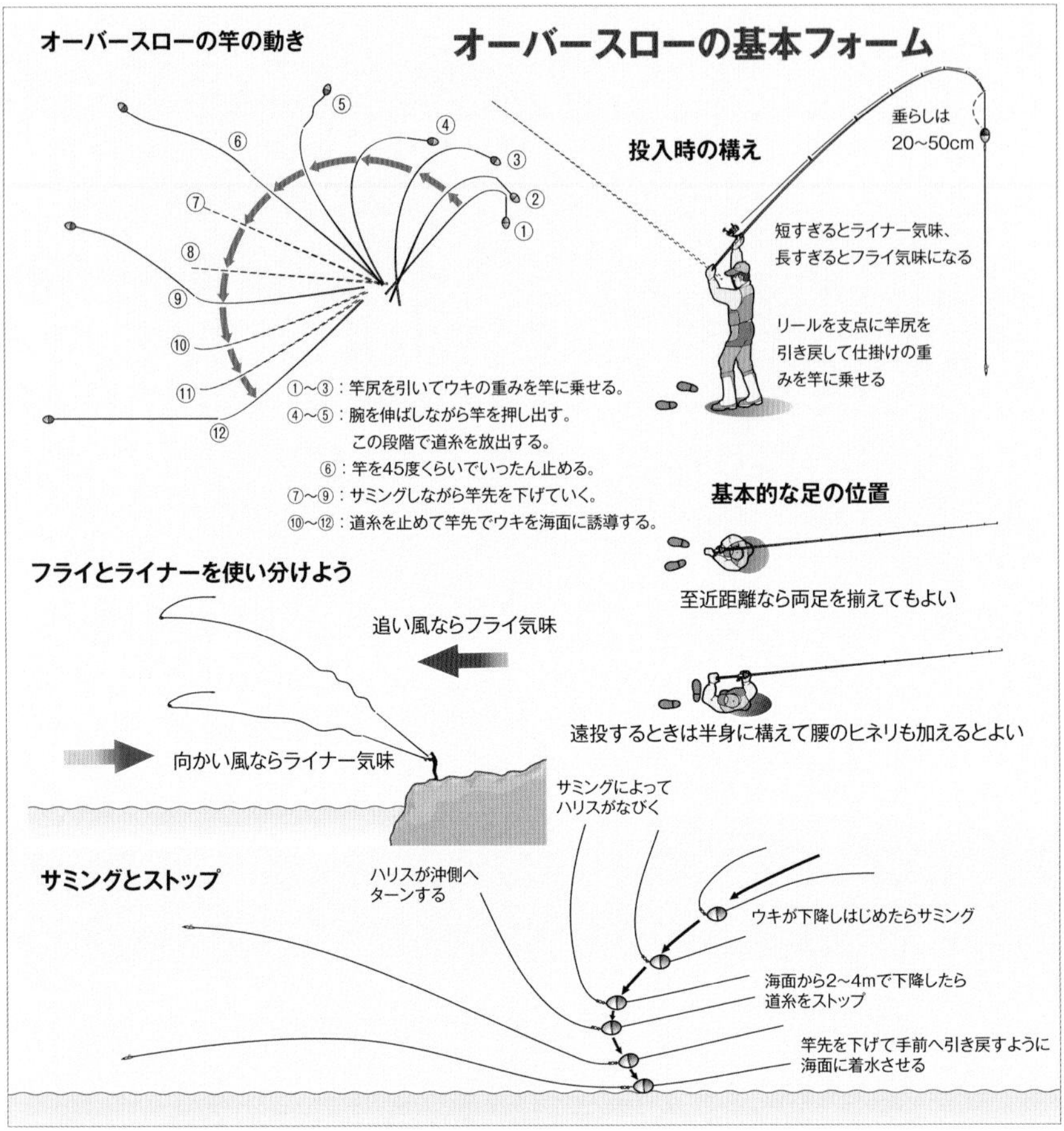

## オーバースローの基本フォーム

### オーバースローの竿の動き

①〜③：竿尻を引いてウキの重みを竿に乗せる。
④〜⑤：腕を伸ばしながら竿を押し出す。
この段階で道糸を放出する。
⑥：竿を45度くらいでいったん止める。
⑦〜⑨：サミングしながら竿先を下げていく。
⑩〜⑫：道糸を止めて竿先でウキを海面に誘導する。

### 投入時の構え

垂らしは
20〜50cm

短すぎるとライナー気味、
長すぎるとフライ気味になる

リールを支点に竿尻を
引き戻して仕掛けの重
みを竿に乗せる

### 基本的な足の位置

至近距離なら両足を揃えてもよい

遠投するときは半身に構えて腰のヒネリも加えるとよい

### フライとライナーを使い分けよう

追い風ならフライ気味

向かい風ならライナー気味

### サミングとストップ

サミングによって
ハリスがなびく

ハリスが沖側へ
ターンする

ウキが下降しはじめたらサミング

海面から2〜4mで下降したら
道糸をストップ

竿先を下げて手前へ引き戻すように
海面に着水させる

**手順3**
45度の位置でいったん竿を止めウキの重さで仕掛けを飛ばす。ウキが落下し始めたらサミングしながら竿先を下げる。

**手順2**
ヒジを伸ばしながら竿を振り上げ、ウキの重みを乗せて竿にしなりを作る。前方へ振り下ろすときに竿尻を手前に引く。

**手順1**
リールを上向きにした状態でヒジを曲げ、竿を後方にして構える。竿尻を持つ手は軽く握り込むように。

を垂らしという）を20～50㎝ほどにすると投入しやすい。

投げ竿と違って磯竿は細くて軟らかい。力いっぱい振り切るよりも、ゆっくり斜め上空へウキを放り上げるように竿を振るのがコツ。竿先はいったん45度で止め、ウキを見ながら着水するちょっと手前でスプールエッヂに指を軽く当ててブレーキをかける。この操作をサミングという。サミングによって仕掛けの飛びすぎが抑えられ、放物線を描いた道糸がまっすぐに伸びて着水後の糸フケを軽減できる。

ウキが海面上２～４ｍまで降下したら人差し指を強く当てて道糸にストップをかけ、竿先を海面近くまで下げていく。この操作で道糸のたるみはさらに取り除かれ、ウキを支点にハリスが沖側へフワリと落ち、仕掛けが絡むトラブルを防ぐことができる。仕掛けが着水したら、ハリスの長さの半分くらいまでウキを引き戻し、ハリスのたるみを取り除くことも忘れずに！

オーバースローにもいろいろなテクニックが必要だが、狙った地点の少し先へウキをフワリと着水させることができればＯＫ。追い風のときはややフライ気味、向かい風や横風ならライナー気味に投入するとよい。通常は正面を向き、遠投したいときは足を前後に開いて構える。超遠投なら半身に構えて上半身のヒネリを加えながら竿を大きく振る。竿を振る角度をやや斜めにしたのがスリークオータースロー。いずれも投入の基本形である。

## 課外授業

### 分かりにくい振り込み用語

ウキフカセ釣りではキャスティング（投入）がきちんと整理されていないため、用語は投げ釣りやルアーフィッシング、ヘラブナ釣りからの借用がほとんど。いまだに用語が統一されていないのが現状だ。オーバースローとオーバーヘッドキャストは同じ。送り込み、横送り込み、タスキ振りなどはヘラブナ釣りの専門用語だ。これらはそれぞれアンダーキャスト、バックハンドサイドキャスト、バックハンドスリークオーターキャストと表現されることもある。

ルアーフィッシングでも用語にはばらつきが多いようだが、テニスのようにフォアハンドとバックハンドに区分けすると分かりやすい。投入方向に手のひらを向けた状態がフォアハンド、手の甲を向けた状態がバックハンドである。両手で投げるとダブルハンド、片手投げはシングルハンド、これにオーバーヘッド、スリークオーター、サイド、アンダーといった振り込み角度を組み合わせて用語が成り立つ。したがって、タスキ振りはシングルハンド・スリークオーター・バックキャストということになる。英語にしてみると竿の持ち方や構え方が理解しやすくなるというのは皮肉な話である。

写真は送り込みのフォーム。ハリ先をつまんで振り子の原理で仕掛けを投入。ウキの重さを利用して竿先へ振り込む。堤防周りや磯際、サラシを狙う時に有効な投入法。

クロダイ、メジナ狙いで磯へ行くようになると、もっとも重宝するのがタスキ振り。何度かやってみるとそれほど難しくない。ノベ竿でウミタナゴを狙う場合は竿下がポイントになるので投入するほどではないが、リール竿で竿先のポイントを狙う場合も有効な投入方である。

# 13 仕掛けの投入②送り込みとタスキ振り

**ウキフカセ釣りのキャスティングでもっとも多用されるのは、コンパクトでトラブルの少ないタスキ振りである。**

## 横送り込みとタスキ振りは送り込みを応用

送り込みは足場の高い堤防、海面までの高さがある磯などで竿先へそっと投入するのに役立つ。この投入方法は竿先の反発力を生かして仕掛けを送り込むため、仕掛けがだらりと垂れ下がっていると弾力が効かない。飛ばそうと竿を振り上げると仕掛けが真上へ飛び上がったり、道糸が穂先に絡んだりする。その名が示す通り、振り込むというよりは送り込むのがコツだ。

ハリ上をつまんだ手を引いて竿先をしならせたら竿を下げ、竿を下から前方へ押し出すように投入する。ようするに、振り子の原理を利用して仕掛けを前方へ送り出すわけだ。竿先を30度まで持ち上げながら指先に掛けた道糸を放す。目標地点の手前でサミングしながら竿を45度くらいまで上げると、ウキはブレーキをかけられながらスッと上空へ舞い上がり、ハリスが前方へターンする。そのまま竿先を下げてウキを着水させる。

送り込みの角度を真横にすると横送り込みになる。振り幅が大きいため竿の弾力をフル活用でき、遠投も可能である。ハリ上をつまんで竿先がしなる程度に道糸を巻いたら竿先を真横に構え、竿先の反発力を利用して仕掛けを前方へ送り込む。ヒジを支点に腕を扇状に広げ、遠投するときは横ではなく下から上へ竿を振り上げるイメージで竿を操作するとよい。

横送り込みの竿の角度を45～60度にしたのがタスキ振りである。竿を持つ腕がタスキをかけるように胸の

## アンダースローの基本動作

道糸を放すタイミングと投入点までの距離に合わせる

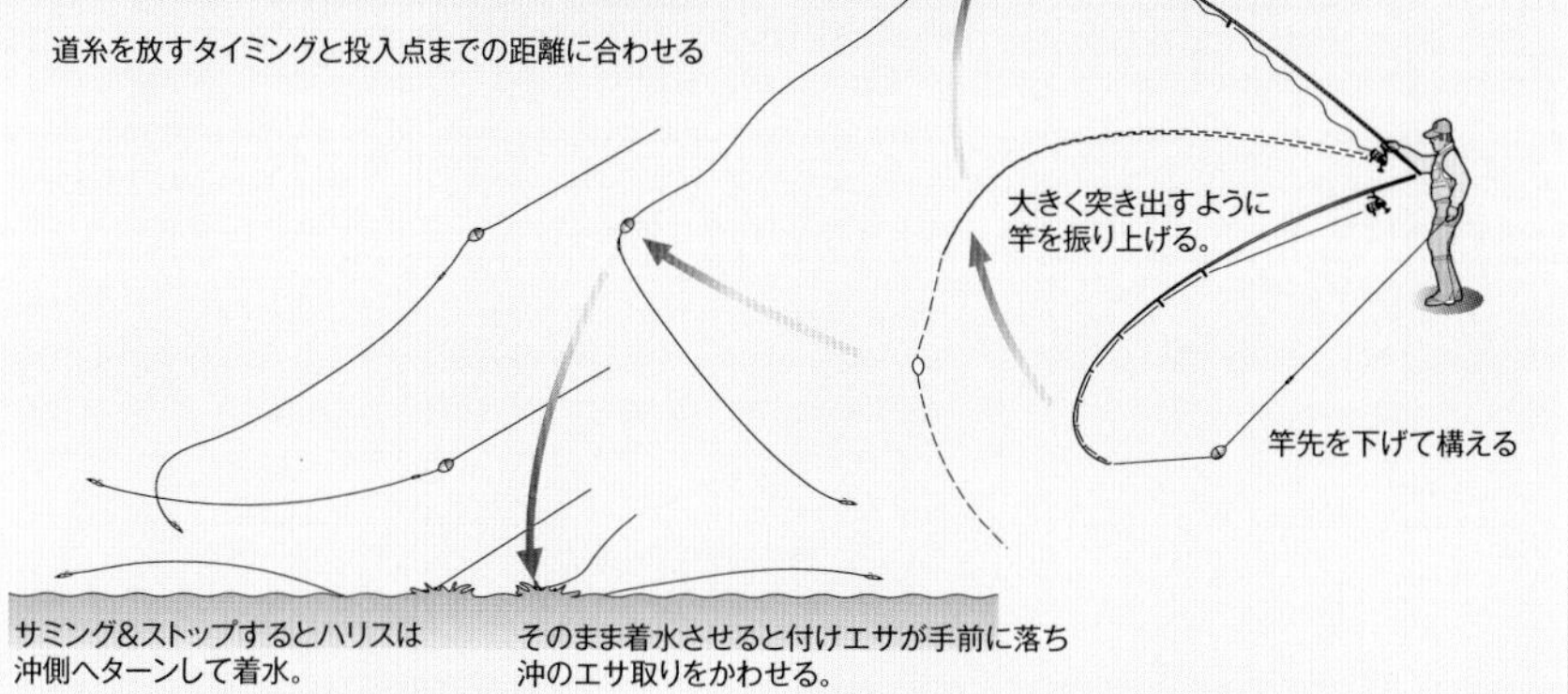

竿を30～40度に立てて
道糸を放出。

大きく突き出すように
竿を振り上げる。

竿先を下げて構える

サミング&ストップするとハリスは
沖側へターンして着水。

そのまま着水させると付けエサが手前に落ち
沖のエサ取りをかわせる。

## 横送り込みの基本動作

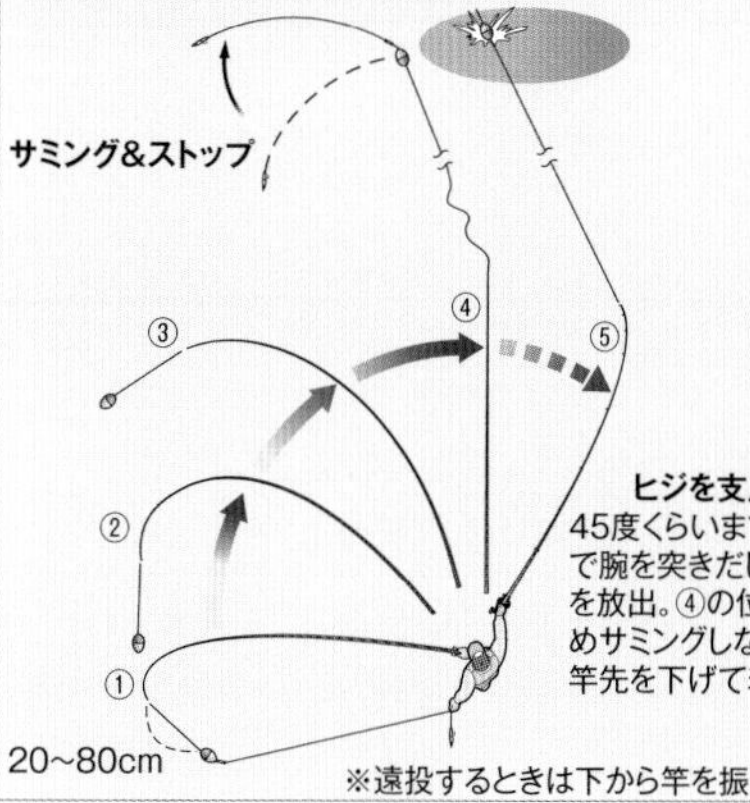

サミング&ストップ

①

②

③

④

⑤

ヒジを支点に
45度くらいまで振った所で腕を突きだしながら道糸を放出。④の位置で竿を止めサミングしながら徐々に竿先を下げて着水させる。

20～80cm

※遠投するときは下から竿を振り上げるイメージで。

## 竿を振る角度と投入スタイル

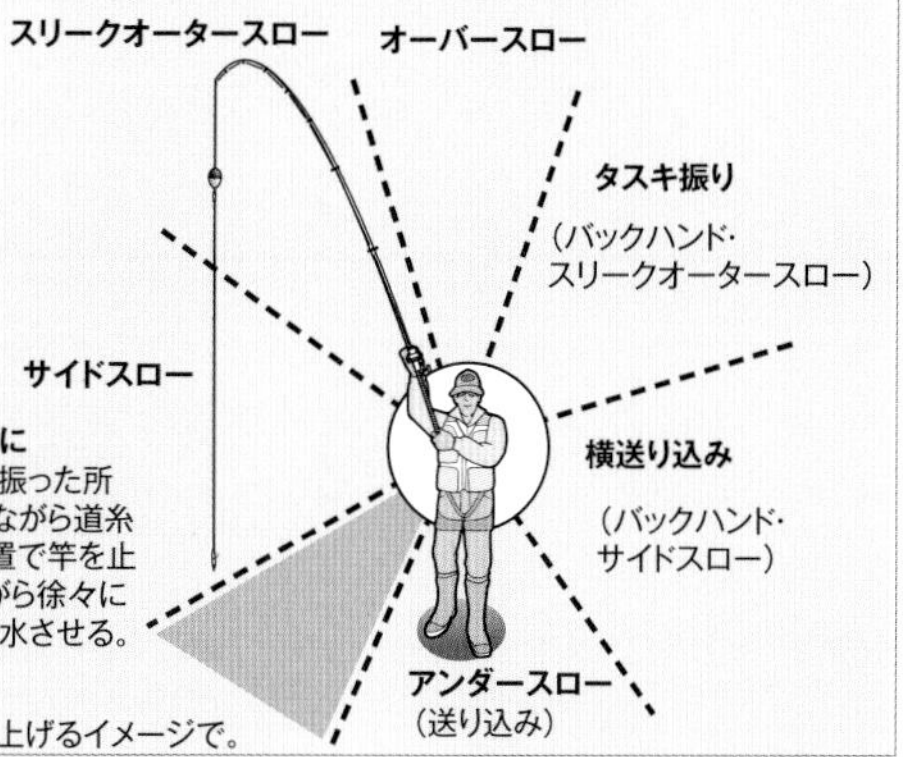

スリークオータースロー

オーバースロー

タスキ振り
（バックハンド・
スリークオータースロー）

サイドスロー

横送り込み
（バックハンド・
サイドスロー）

アンダースロー
（送り込み）

**手順3**
ヒジを支点にして腕を広げるように竿を振り出し、ハリ先が体に引っかからないよう注意してウキの重さで仕掛けをポイントに投入する。

**手順2**
ハリ先をつまんだ手を離し、反発する力を利用して仕掛けを振り込む。このときヒジを支点に竿を振り出すのがコツだ。

**手順1**
ハリ上をつまんだ手はお尻の辺りまで持っていき、竿を湾曲させラインにテンションを加えて構える。

前でクロスするのが特徴。竿を振り下ろすような形になるので横送り込みよりコントロールをつけやすく、遠投能力も高い。向かい風のときは腕だけで竿を振るのではなく、上半身を前方へ倒して体ごと腕と竿を押し出すとよい。至近距離へ正確に投入する場合には腕を縮めてコンパクトに竿を振り、遠投するときはヒジを伸ばして大きく振ること。上半身を傾け、竿を垂直に構えて振り込めばバックハンド・オーバーヘッドキャストになる。

ハリ上をつまんだ体勢で投入動作に移るため、動きに無駄がなく、手返しも格段にアップする。左右や背後に障害物があっても邪魔にならない。これがオーバースローやスリークオータースローと違う点だ。後ろが高い崖でも左右に釣り人がいても投入自体には支障がない。どういう状況であっても自在に振り込めるのがこの投入方法のメリットであり、ウキフカセ釣りでタスキ振りが多用される理由である。

ほかに、ハリ上をつまんだ手を脇の下に入れてフォアハンドで振り込むワンハンド・オーバースロー、ハリスを前方に垂らし、竿を頭上で「の」の字を描くように回転させながらスリークオーバースローで振り込む頭上回し振りというスタイルもある。ただ、最初からすべてのキャスティングを覚える必要はない。オーバースローとスリークオータースロー、送り込み、横送り込み、タスキ振りの5つをマスターすることからはじめよう。

**課外授業**

### 磯際への投入、雨対策の投入

堤防や磯の際は大型が潜む場所である。ポイントは竿先よりも手前だから、仕掛けを振り込むというよりも落とし込むという感じになるが、なかなか狙った場所に仕掛けが入らない。竿を立てたら体を斜めに構え、付けエサを磯際ギリギリに落とし、付けエサの沈む速度に合わせて徐々に竿先を下げていくのがコツ。ただ、風が強いときなどはハリが岩に引っ掛かってしまうトラブルも起こりやすい。そんなときは、ウキがトップガイドにくっつくまで巻き込み、竿先を下げて磯際へウキを置く。スプールから道糸を引き出してつまみ、仕掛けの遊動に合わせて引き出した道糸を送り込んでいくと、竿先を海面近くに下げたまま落とし込める。強風の場合は海面に竿先を入れた状態で行なう。

また、雨の日は道糸が竿にへばりついて思うように振り込めない。ハリ上をつまんでラインを張ったら、竿を小刻みに振って水滴を弾き飛ばしてから振り込むとべたつきを解消できる。それでも振り込みにくいときはワンランク重いウキに交換しよう。仕掛けがポイントに入らなければ、どんなに感度のよいウキも魚の反応を引き出すことはできないのだ。

雨の日は若干比重の思いウキを使うことで投入しやすくなる。こんな時のためにも数種類の円錐ウキがあるといい。

ウキフカセ釣りは縦（タナ）と横（ポイント）、つまり海を3次元にとらえる釣り。それにコマセなど人的要素も加わる推理ゲーム。ウミタナゴ釣りでこれらをしっかり把握しよう。

# 14 ウキ下とタナ その微妙な関係

**水深、タナ、ウキ下を混同すると適切なアプローチができない。タナは常に変化するということも頭に入れておこう。**

## コマセと付けエサは捕食ダナで同調させる

ウキフカセ釣りの用語には曖昧なものが多い。その最たるものが「タナ」という言葉だろう。「ここのタナはいくつですか？」「3ヒロだね」という会話をよく耳にする。タナは魚が泳いでいる深さのことだから、そんなものは魚が釣れるまで誰にも分からないはずだ。この場合、「タナ」という言葉は水深の意味で使われている。

その釣り場の「平均的なタナ」という意味で使われていたとしても、「そうですか」とウキ下を3ヒロに設定するのは間違いだ。タナは海面から垂直に測った魚までの距離であり、仕掛けは斜めに海中を漂うからだ。ウキ下をタナに合わせても付けエサはタナまで届かないのが理屈である。

理屈が分かれば笑い話のような会話だが、実際に釣り場ではそういうやり取りを多く耳にする。原因は用語の曖昧さである。タナは魚の泳層、水深は海面から底までの距離、ウキ下はウキ（あるいはウキ止め）からハリまでの長さ。これらを混同して会話が成り立っているわけだ。

タナは魚の泳層を意味するが、これ自体も曖昧な言葉である。魚は海中を水平に移動しているとは限らない。動きには幅があり、当然、タナにも幅がある。この幅にも規定はなく、50㎝だったり1mだったり、そのときの状況によってまちまちなのだ。さらに細かいことを言えば、釣り人が口にする「タナ」はあくまで本命魚の泳層を意味するが、ウキフカセ釣りでは自然な状態の泳層では

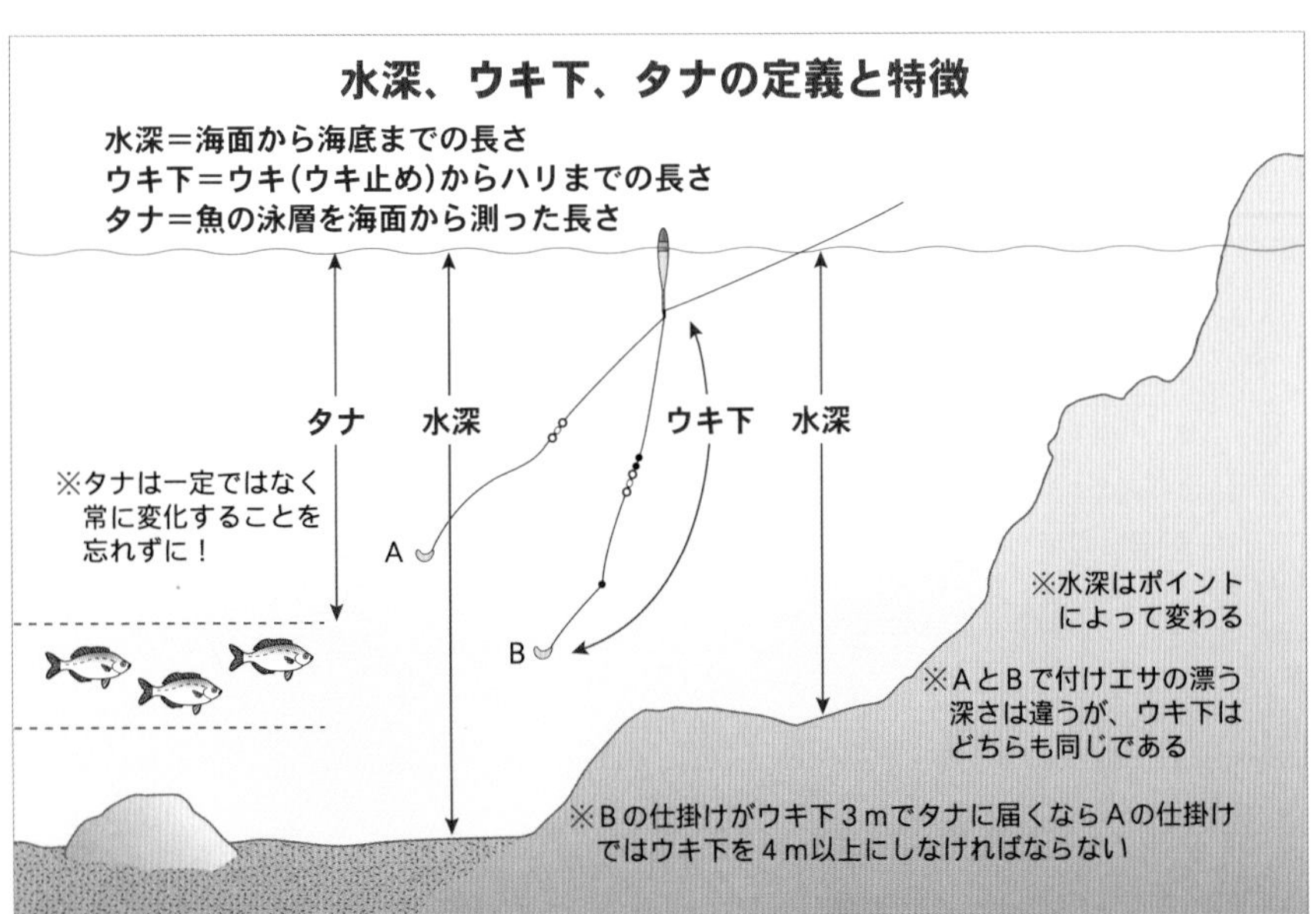

コマセを撒くことで魚を浮かせることができ、浅い層でヒットさせることができる。浅い層でヒットすればウキに明確なアタリが出る。

ウミタナゴ釣りでは感度のよい小型の棒ウキやトウガラシウキ、シモリ玉を使うシモリ仕掛けが最適。しかし、最も大切なのがウキ下である。ウキから付けエサまでの長さは釣果を左右する。

アミエビに配合エサを混ぜることで魚のタナをコントロールすることができる。比重の重い配合エサならタナは深くなり、軽い配合エサを使えばタナは浅くなる。

微妙なウミタナゴのアタリを取ることができるシモリ玉仕掛け。感度は抜群で、魚がいる層に付けエサを届けることができればアタリの数を増やすことができる。

タナを探りながら仕掛けを流せる円錐ウキ。クロダイやメジナを狙う際に有効だが、ウミタナゴ釣りでは円錐ウキの下に仕掛けヨージを刺し固定ウキ仕掛けで狙う。

なく、コマセによって変化する魚の位置のことである。

コマセに飛び出る魚がハリに掛かった場合、タナは飛び出た深さのことにほかならない。つまり、タナは「捕食ダナ」なのである。魚の数が多いときは競い合って反応するため、タナは次第に浅くなる。それと反対に活性が低く、一定の深さでコマセを待ちかまえている場合、待ちかまえる深さがタナということになる。したがって、群れの大きさ、その日の活性、コマセの撒き方、設定ポイントの条件などによってタナは常に変化するわけだ。

コマセを撒きながらポイントとタナを探り、タナへ付けエサを届けるためにウキ下を調整するのがウキフカセ釣りの基本である。コマセと付けエサを合わせるのが「同調」だが、付けエサはウキ下で固定され、コマセは流れに乗ってどんどん沈むから、同調する時間は長くない。同調する場所をどこに設定するかがウキフカセ釣りではもっとも重要な課題である。

流れが速くてタナが深ければ、ポイントは遠くなる。流れが緩やかならタナが深くてもポイントは近い。その代わり、ウキ下を長くしなければタナに入らない。コマセの比重によってタナやポイントは変わり、仕掛けの重さによってタナに入るウキ下の長さは変わる。推理のコツは、海中を断面的に想像しながら平面的な要素をプラスすることである。そういう推理ゲームこそウキフカセ釣りの楽しさである。

## 課外授業

### 見える魚で基本を学ぶ

ウミタナゴ釣りの楽しさは、コマセに寄る魚の姿を見ながらアプローチできるという点である。どこからともなく集まったウミタナゴの様子を偏光グラス越しに観察すると、コマセを拾う動きに一定のパターンがあることに気づく。海面に投入されたコマセにすぐに飛びつくケースもないではないが、多くの場合はコマセがある程度沈んだところへ一斉に浮き上がり、反転をくり返しながらコマセといっしょに沈む。

しばらくは同じ位置まで浮いてくるが、そのうちに浮いてくる位置が深くなり、やや深い位置でコマセを拾うようになる。それに合わせてウキ下を変えなければならない。反応が鈍くなったとき、しばらくコマセを入れずにポイントを休ませてから再開すると、また最初と同じパターンで浮いてくることが多い。半日の釣りを組み立てる場合には、魚の動きを観察しながら緩急をつけたコマセワークで食いを長続きさせ、ウキ下を調整することが大切だ。釣れる人と釣れない人の差はそういう基本的なテクニックの違いである。磯魚の補食パターン、タナとウキ下の関係、時合を生み出すコマセワークなどを理解する上で、ウミタナゴほど便利な魚はいない。

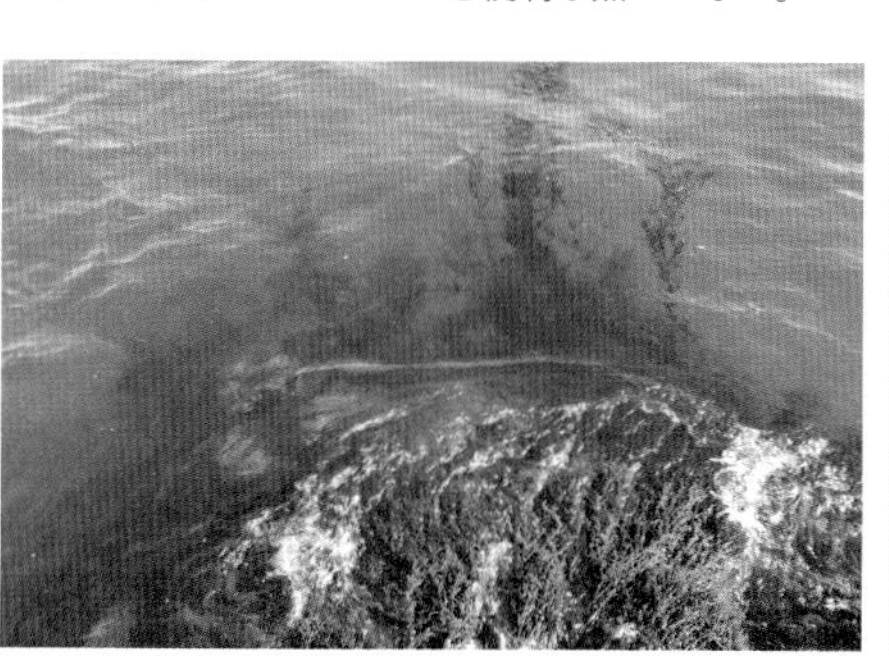

偏光グラスで磯際を覗くとコマセに集まってきたウミタナゴの様子を観察することができる。

# 15 ウミタナゴのポイントを探す

**ウミタナゴは堤防周りや磯周りで釣ることができる。ここからエサ場、隠れ場、通り道を探すのが釣果への第一歩。**

## 堤防は捨て石周りや船道　磯は沈み根や海藻周り、カケアガリなど

### 堤防のポイント

道具を揃えてエサを購入したらいよいよ釣り場へ向かうが、最初はどこで竿を出したらいいのか分からない。ベテランの釣り人に教わるのが近道だが、釣行のたびに親切そうなベテラン釣り師に出会えるとは限らない。頼りは釣り場ガイド。釣り場ガイドにはポイントが×印で示されている。しかし、×印は過去に釣れた場所であり、釣れる確率が高いと思われる場所にすぎない。

現実のポイントは季節、天候、潮回り、時間、潮の流れ、濁り、水温などで常に変化する。我々にとって肝心なのは「いま・これから」釣れるであろうポイントを探すことだ。

砂浜に突き出た堤防のポイントは堤壁周辺や捨て石周り、岩礁帯に造られた堤防なら沈み根や海溝、ゴロタ浜に造られた堤防なら付け根に広がるゴロタ場がポイントになる。

**堤防のポイントを探し出す**

**①ケーソンの継ぎ目**＝堤防にはいろいろな構造と様式があるが、長さ10～20ｍ幅5mほどのケーソンを並べたものが多い。ケーソンとケーソンの隙間は細い水路となって海水が出入りして小さなサラシが生じ、酸素が海中に供給され、イガイやフジツボ、カニやエビなども生息する。

**②捨て石周り**＝捨て石というのは堤防を造る（ケーソンを乗せる）ために海底へ沈めた石のことで、貝類や海藻類が付着し、隙間にカニやエビが生息して恰好のエサ場となる。捨て石と砂地の境目も見逃せない。

**③船道**＝港の出入り口にある船の通り道。船底をこすらないように深く掘られていて、そのカケアガリは流れに変化が生じやすく、エサがたまりやすい。身を隠せるスペースもあり、魚のエサ場や通り道となる。

**④消波ブロック**＝外洋に面した堤防などは力のある波に叩かれることが多いため、その勢いを軽減する目的で消波ブロック（テトラポッドなど）を入れている。この消波ブロックが魚たちの漁礁となっている。

**⑤船揚げ場**＝船を陸へ揚げるために造られた斜面のことで、枕木には稚貝や海藻が付着し、船を洗う時に船底に付着した稚貝などもこぼれ落ちる。船揚げ場の先は深く落ち込み、水深は浅いが、大型のクロダイやスズキなども釣れる意外性の場所。

**⑥排水口周辺**＝漁港内には市場や加工工場からの排水が流れ込み、ここから流れ込む魚肉やワタなどがコマセとなる。外海が荒れているとき、夜釣りでは要チェックの場所だ。

**⑦イケス跡**＝漁港は港内に養殖イケスや古いイケス跡が残っていることが多い。イケスは魚たちのエサ場、イケス跡は遊び場となっている。水深は浅くても狙う価値のあるポイントだ。

**⑧曲がり角**＝堤防がカーブする場所は潮の流れが変化しやすく、岩礁に造られた堤防の場合、曲がり角の周辺に岩礁が広がっていることが多い。

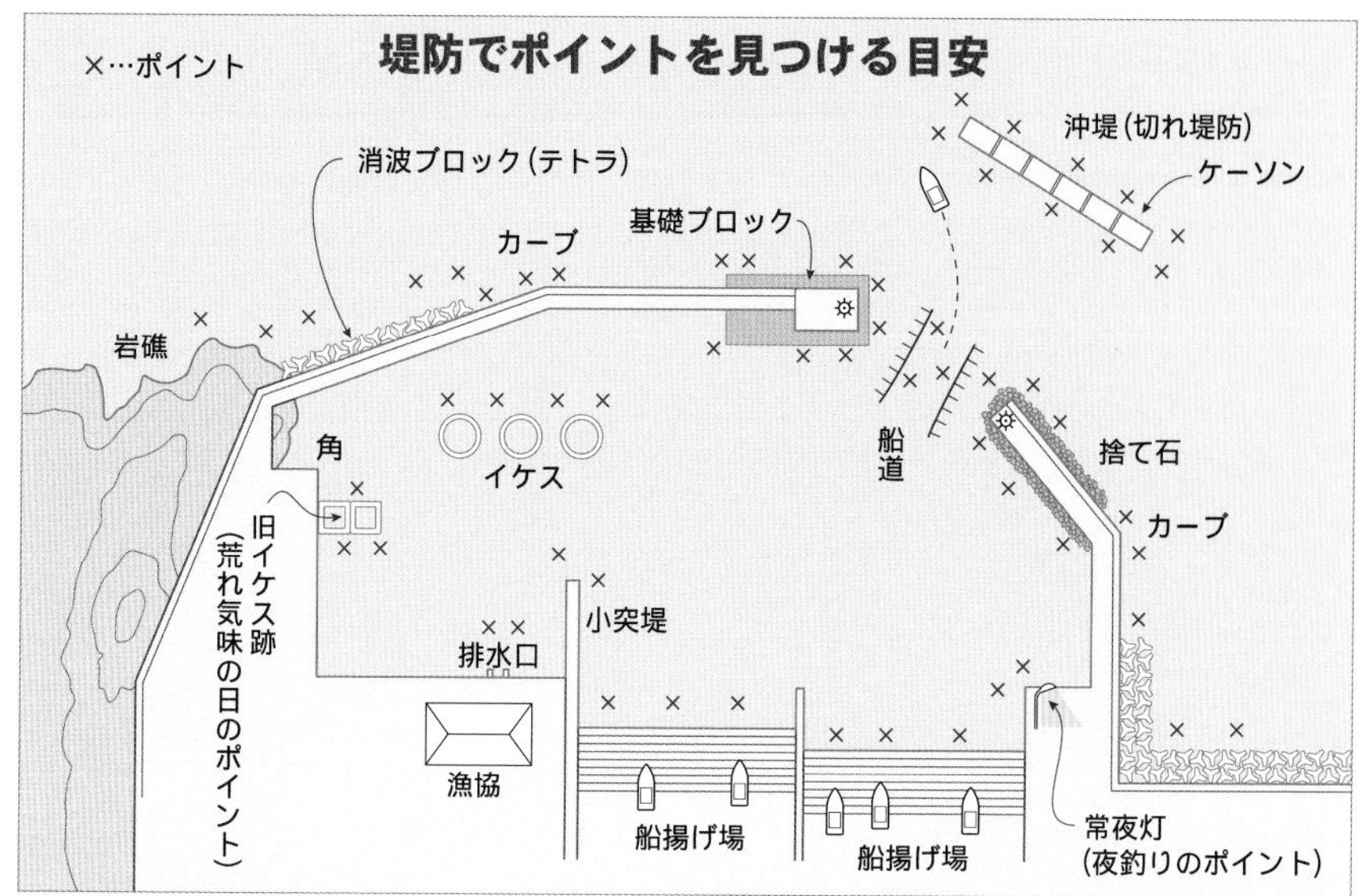


## 課外授業

### 偏光グラスでポイントチェック!

堤防で釣りをしていたときのこと。隣にいた釣り人が「ウミタナゴの下にメジナが寄ってきたね」と声をかけてくれた。えっ？　私には何も見えない。「ほら、ウキの下。今のは30㎝ありそうだよ」と私のウキを指さす。やっぱり何も見えない。「あ、食った」と言われた瞬間にウキが沈んだ。釣れたのは30㎝のメジナ。さすがにベテランは違うなぁと感心したが、それは偏光グラスを掛けているかどうかの違いだったのである。

偏光グラスをサングラスと同じだろうと思い込んでいた私は、バッグに仕舞い込んだままだった。サングラスは直射日光や紫外線から目を保護するために色を付けたメガネである。それに対して偏光グラスは様々な光で構成される自然光のなかから一定方向の光だけを通過させる特殊なメガネだ。詳しい説明は省くが、それによって海面で乱反射する光が遮断されてギラつきが抑えられるため、海中の様子が見やすくなる。最近はさらに細かく光を選別し、ウキの赤いヘッドカラーを強調する釣り専用の偏光グラスもある。晴天用や曇天用もあり、それらを使い分ければかなりの精度で海中の地形やエサ取りの動きをキャッチすることができるわけだ。

ポイントを見極める上で欠かせない偏光グラス。偏光グラスがあると海底の様子がよくわかる。

港やその周辺は好ポイントが点在している。週末は人が多く狙った場所に入れないこともある。そんなときはぐるっと港をひと周りしてみよう。

堤防の先端付近は潮通しがよくウミタナゴに限らず多彩な魚の好ポイント。船道は浚渫され一部が深くなっており、その両サイドがカケアガリになっている。このカケアガリは魚の通り道にもなっている。

## 磯のポイント

人工構築物である堤防と違って磯のポイントは見つけにくい。釣り場ガイドに記された釣り座マークやポイントを示す×印がないと、どこで竿を出したらいいか見当もつかないと思う。

堤防のようにある程度形が決まっているわけではなく、船揚げ場や消波ブロック、船道といったひと目で分かるポイントの目安がないためだが、磯の地形にもパターンがあり、それらを観察することでポイントの目安を見つけることができる。

これらの地形的要素は単独に存在するのではなく、いくつかの要素が組み合わさっていることが多い。沈み根の隙間に海溝が延び、ハエ根の先にカケアガリやエグレがあり、春には海藻が繁茂する。

そんな場所を見つけるのがポイント選びの第一歩で、ウミタナゴに限らず多くの魚がこうした場所に潜んでおり、ポイントは多くの魚に共通することが多い。これに風向きや濁り、潮による流れの変化という要素が加わってはじめてポイント設定が可能になる。

ウミタナゴのポイントは沈み根周りや海藻周りで、偏光グラスで海の中を覗いてみるとよくわかる。ウミタナゴに限らず多くの魚がこうした場所に」潜んでいる。

### 磯のポイントを探し出す

**①海溝**＝読んで字のごとく海底にある溝のこと。岩のもろい部分が波の浸食によって削られ、内湾の小磯ではその部分に砂がたまるケースが多い。偏光グラスで見ると白っぽい溝が沖に向かって延びていたり、それが途中で枝分かれしたり、さらに大きな溝と合流していたりするのが分かる。魚はこの海溝を伝って沖から入ってくるが、とくに枝分かれやカーブしている場所は底潮が変化し、コマセもたまりやすい。身を隠すこともできる。

**②沈み根**＝海底にある岩盤や大きな石で、底潮が変化しやすく、カジメやアラメなどの海藻類も生えるので魚の寄り場となる。潮が澄んでいるときは沈み根の陰がポイントになりやすい。海底に変化の少ないところでは沈み根方向へ潮が流れる場所に釣り座を構えるのが基本だ。細長い沈み根があれば沈み根沿いに海溝が走っていることが多い。

**③ハエ根**＝磯際から海中に張り出した岩棚のこと。ハエ根の下はコマセも溜まりやすく天然のエサも豊富で、下がえぐれたハエ根は魚たちの通り道になる。途中がV字に切れ込んだハエ根はサラシがまとまって、最高のポイントを形成する。

**④海藻**＝水深の浅い穏やかな内湾の磯には、初冬から初夏にかけてカジメやホンダワラが繁茂する。これらの海藻類は磯魚たちに天然のエサと産卵場を提供する。海面近くを漂う海藻は釣りにはやっかいな代物だが、ブラインドとなって釣り人の気配を消してくれるため、春は海藻が繁茂する場所にポイントを設定するのがコツだ。

**⑤カケアガリ**＝海底が深場から浅場へと駆け上がっている斜面。身を隠せるだけのスペース（段差）があり、エサも豊富なため、魚たちはカケアガリに沿って移動する。一気に深みへと落ち込んでいる規模の大きなカケアガリもあるが、ハエ根から海溝への落ち込み、沈み根から砂地へ続く傾斜も一種のカケアガリである。海底のわずかな段差が底潮の流れを変化させてコマセが滞留するスペースを作る。

磯で釣りをするときには必ずスパイクブーツを履こう。フラットな磯でもノリがついていたらかなり滑りやすくなる。

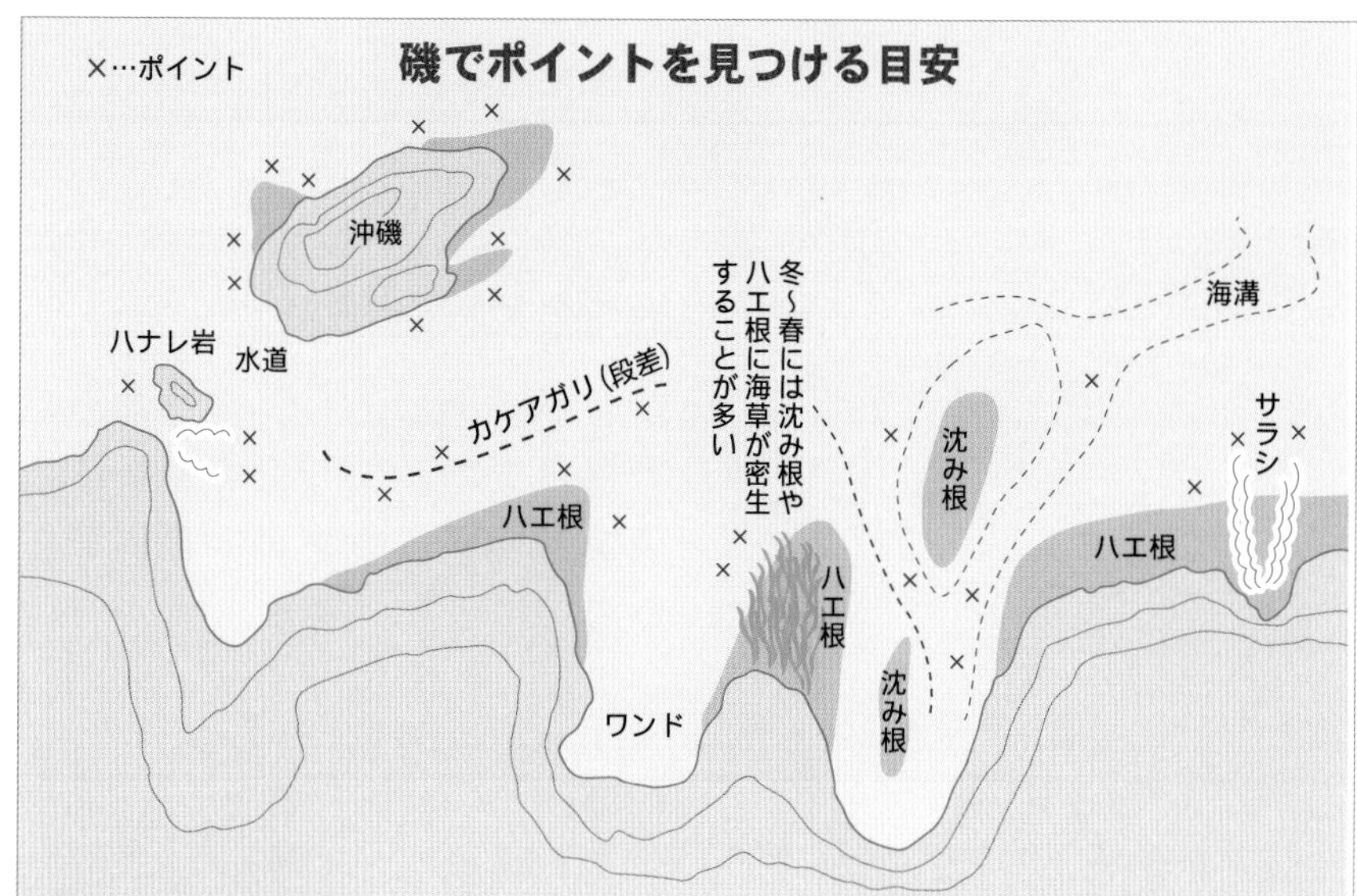


## 課外授業

### 地形や岩質からポイントを読む

地学は苦手だった。測量技師になる予定はなかったから授業をサボることも多かったが、ウキフカセ釣りをするようになってからそのことを悔やんだ。地質学、岩石学、鉱物学、海洋学、気象学、自然地理学は、どれも釣りをする上で重要な知識ばかりである。なかでも地質学や自然地理学はポイントを見つける際に役立つ。自然地理学は海岸線の特徴を把握するのに、岩石学や地質学は岩質などから海底の地形や底質を予測するのに欠かせないのだ。

ある程度経験を積むと、磯の地形や岩質から海底の起伏や傾斜、海溝の延び方や方向、潮の流れなどを読み取ることができる。ただ、それには長い経験の積み重ねが必要で、地学の知識を応用できればより簡単に、より正確に読み取ることが可能だと思う。基本的には陸上の地形がそのまま海中へ続いていると思えばいい。傾斜が緩い岩場ならカケアガリもなだらか、切り立った崖の下は水深があって磯際がえぐれていることが多いが、より細かい推理には専門知識が欠かせない。これからウキフカセ釣りをはじめようと考えている青少年には地学の授業をおろそかにしないようアドバイスしたい。

磯で竿を出すときはまず地形を観察してみよう。平坦な磯は海の中も傾斜が緩くなだらかなカケアガリが続いていると想像できる。

釣り場周辺の地形から海底の様子をある程度想像することができる。

切り立った崖の下や海の中も急に深くなり、磯際がえぐれていることが多い。こうしたポイントは水深が深いため、それに合わせた仕掛けが必要になる。

ウミタナゴは微妙なアタリが多く、ウキに対しても明確に表れることが少ない。この微妙なアタリを見極めながら数釣りを楽しむのがウミタナゴ釣りの魅力である。ハリに掛けることができれば、やり取りはそれほど難しくない。魚を浮かせたら竿の弾力に合わせて抜き上げればいい。

# 16 アタリから合わせ取り込みまで

**ウキが一気に消し込むアタリから微妙なアタリまで、アワセのタイミングと魚を浮かせるまでのやり取りを解説する。**

## 微妙なアタリは素早く小さく、明確なアタリはゆっくり大きく竿を立てることでハリ掛かりする

ちょこんと付き出たスポイト状に伸び縮みする小さな口で、エサを吸い込むように補食する。そのため、ウキに出るアタリは小さいことが多い。活性が高く、コマセに対して斜めに上下する動きをする場合は、ウキを勢いよく消し込んでくれる。しかしながら、活性が高すぎてもアタリは小さくなることがある。それは、大きな群れを作ってコマセで浮いてくるケースで、この場合は上下動ではなく横移動でエサを補食するため、ウキは消し込まれず、浅い角度でわずかに動くだけ。

入れ食いのときによく釣る人とあまり釣れない人がハッキリするのは、こんなときである。よく釣る人はアタリが分かりやすい仕掛けに交換する。玉ウキ1個だと小さな変化を見落としがちだが、玉ウキの先にもう1個、浮力をギリギリに設定したひと回り小さなウキをセットするとアタリが見やすくなる。2個のウキが離れたり、先ウキだけがツンと沈んだりするものアタリ。ウミタナゴ釣りではシモリ玉仕掛けもよく使う。サイズを変えた中通しのシモリウキを4〜6個ほど等間隔でセットし、2個めのウキが海面ギリギリに浮くようにオモリを付け、先端の2〜4個を海中に沈めた状態で釣る仕掛けだ（P19の仕掛け図参照）。魚の動きが小さいときは海中の玉ウキだけが横に動いたり、海面ギリギリに浮く2個目のウキだけが沈んだりする。

もちろん、水温低下や潮が澄んだりしてウミタナゴの活性が低下したときも、ウキに対する反応は鈍く微

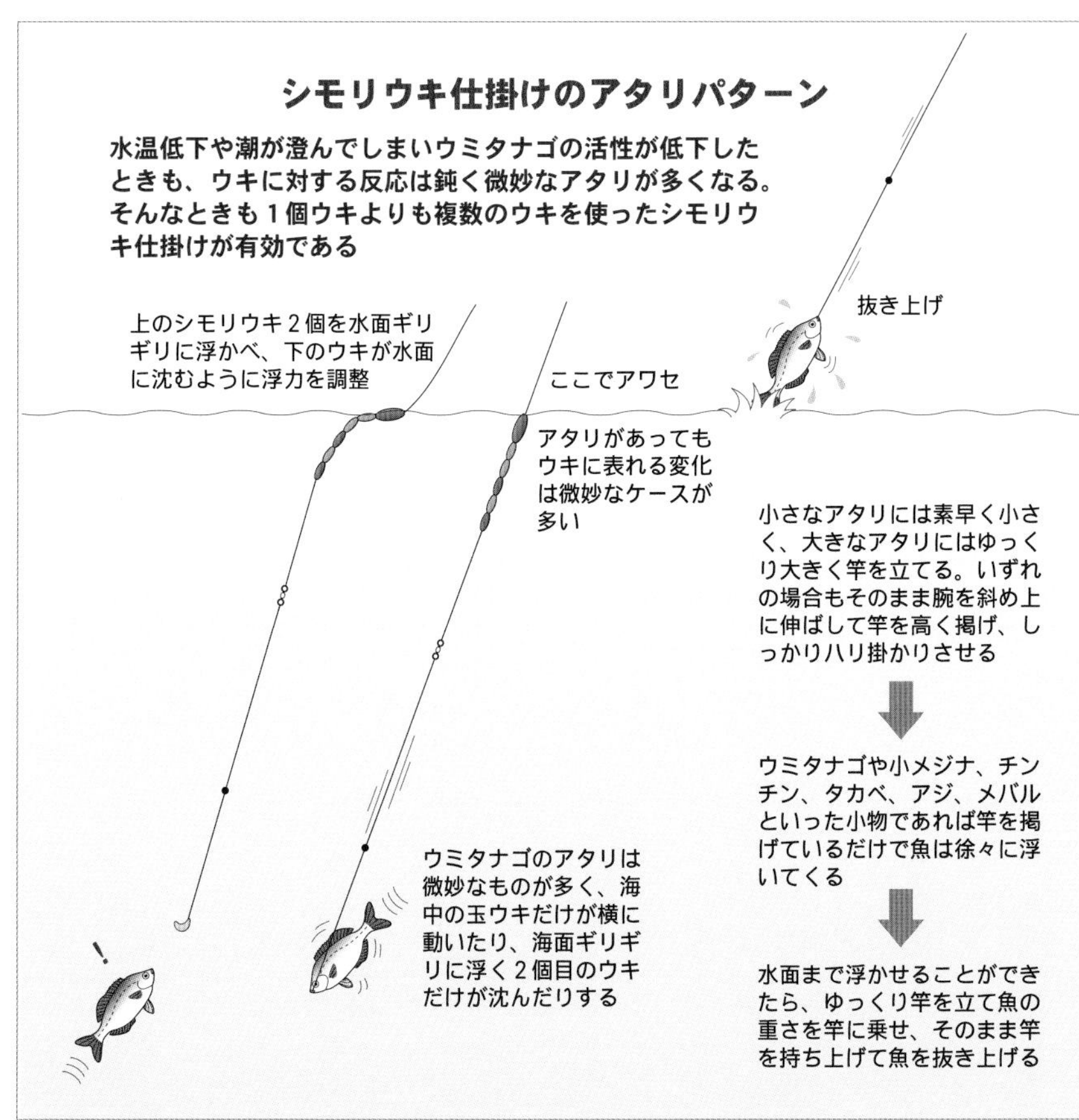


妙なアタリが多くなりがちだ。そんなときも1個ウキよりも複数のウキを使った「分散型」の仕掛けが有効である。同時にハリスに打つガン玉の位置もハリに近づけたり、離したりしてみよう。

コマセは同じ位置に同じリズムで撒くのが基本だが、活性が低いときは1回の量を少なくして回数を多く撒き、活性が高すぎて群れ全体が浮いてしまうような場合は、1回の量を多くして撒く回数を減らしてみるとよい。こういうタナの変化はウキへのアタリの出方から判断することができる。

合わせのタイミングと強さもアタリによって変化をつける。基本的には、小さなアタリには素早く小さく、大きなアタリにはゆっくり大きく竿を立てるのがベスト。いずれの場合もそのまま腕を斜め上に伸ばして竿を高く掲げ、しっかりハリ掛かりさせると同時に魚のサイズを確認する。ウミタナゴや小メジナ、チンチン、タカベ、アジ、メバルといった小物であれば竿を掲げているだけで魚は徐々に浮いてくる。予想以上に引きが強いときも竿はつねに60度～90度の角度を保つ。45度以下まで寝かせてしまうと竿の弾力が失われてハリスに負荷が集中し、切られることもある。魚が海面に浮いてヒラを打つ（横になる）状態になったらゆっくりと竿を立てながら魚の重さを竿に乗せ、そのまま竿を左右どちらかへ持ち上げて魚を抜き上げる。これが小物の取り込み。

**小物基本仕掛けの応用**

風や波があるとき、遠投したいときは飛ばしと魚信伝達の機能を分散

繊細なウキ
小型棒ウキ
極小玉ウキ
ハリスウキなど

飛ばし機能、抑え機能で風や波に対処

アタリが鈍かったら繊細なウキと交換する

ウキ下

ガン玉

サルカン

沈めオモリ（極小ガン玉）

ハリ

**ウキにあらわれるアタリのいろいろ**

沈む

ゆれる

離れる

戻る

消し込む

## 課外授業

### 小物狙いでも玉網は必携品

ウミタナゴを釣るつもりでも、意外な大物がハリに掛かったりすることがある。想定以上の大物はハリスを切られることが多いが、そこそこのサイズなら上手くやり取りできれば海面まで浮かせることはできる。ただ、サイズが大きくなれば魚の重量も増すため、そのまま「抜き上げ」で取り込むことはできない。

せっかくの大物を浮かせても取り込めないのは悔しいので、たとえ小物釣りでも取り込み用の玉網を携帯することをおすすめしたい。これもステップアップへの重要な準備と言えるだろう。

玉網は柄の長さが４～５ｍ、玉枠は直径40cmを持ち歩くとほとんどの大物は取り込めるはず。ボラ、イナダ、カイズ、メジナ、良型のカワハギやメバルなども玉網でランディングしたほうが取り込み率は高くなる。ただ、いきなり玉網を使うのは難しいので、最初のうちは相手が小物であってもできるだけ玉網を使って取り込むように「練習」することが大切である。手順をマスターし、できるだけ体で覚えることが大切だ。これがウキフカセ釣り上達のコツ。玉網を使った取り込みの基本はのちほど紹介することにしよう。

たとえウミタナゴ釣りとはいっても大型のクロダイやメジナが掛かることもある。大物が掛かったときに悔しい思いをしないためにも玉網は常時携帯しておきたい。

STEP 2

# 計算しやすいメジナでウキフカセ釣りのテクニックを学ぶ

ウキフカセ釣りの醍醐味はメジナ釣りにあり

近代のウキフカセ釣りを支えてきたのはメジナである。メジナはコマセに反応しやすく、計算が成り立ちやすい。だからこそウキフカセ釣りが持つ豊かなゲーム性を引き出してくれる。ここでは潮の読み方、コマセワーク、ウキの使い分け、ハリ選びやガン玉使い、ライン操作、やり取りのテクニックを紹介する。繊細魚族相手のスリリングな釣りを楽しむ。

ステップ２のメインターゲットは口太メジナ（くちぶとめじな）。標準和名はメジナ。関西ではグレ、九州ではクロと呼ばれる魚。かつては磯臭い魚とされていたが、今はオキアミの影響か臭みが少なく美味な磯魚の代表格だ。

# 01
# 計算が通じるメジナとはどんな相手

**ウミタナゴ釣りで覚えたウキフカセの基本を、計算が通じるメジナ相手にフル活用して次の段階へステップアップ！**

## まずは内湾の堤防や小磯で、さらに半島周りの磯でテクニックをマスター

ステップ1ではウミタナゴを教材にウキフカセ釣りの基本を解説した。ここではメジナにアプローチすることにしよう。ウキフカセ釣りの入門書はウミタナゴ→クロダイ→メジナの順にステップアップするのが一般的だが、私は個人的に、ウミタナゴからメジナへステップアップしていくほうが上達は早いと思っている。

クロダイは内湾の小磯で釣れるがメジナは荒磯がメインフィールド、釣りの難易度や危険度を考えたらメジナをあとにすべきかもしれないが、メジナがある程度計算可能な魚であるのに対し、クロダイは計算が通じにくい不確実性の高い相手だ。ウキフカセ釣り入門者にとってどちらが釣りやすいか、釣りをしていて実になる部分が大きいかと言えば、理屈が通じやすいメジナのほうではないかと思う。やり取りなどはクロダイよりメジナのほうが難しいが、小メジナを相手にするならさほど悩む必要はない。大型にハリスを切られてもそれは経験を積めば解決できる問題である。

クロダイはあまりにも例外的なパターンが多く、釣り方が多彩すぎる。付けエサひとつを見ても、サナギやスイカといった特殊なエサがあり、練りエサ、カニ類、貝類、スイートコーンなどもあるため、入門者は何を準備したらいいのか戸惑ってしまう。フィールドや地域によって仕掛けや釣り方も違うし、ダンゴ釣りやブッコミ釣り、イカダ釣りや落とし込み釣りといったウキフカセ釣り以外の釣法も多彩だ。

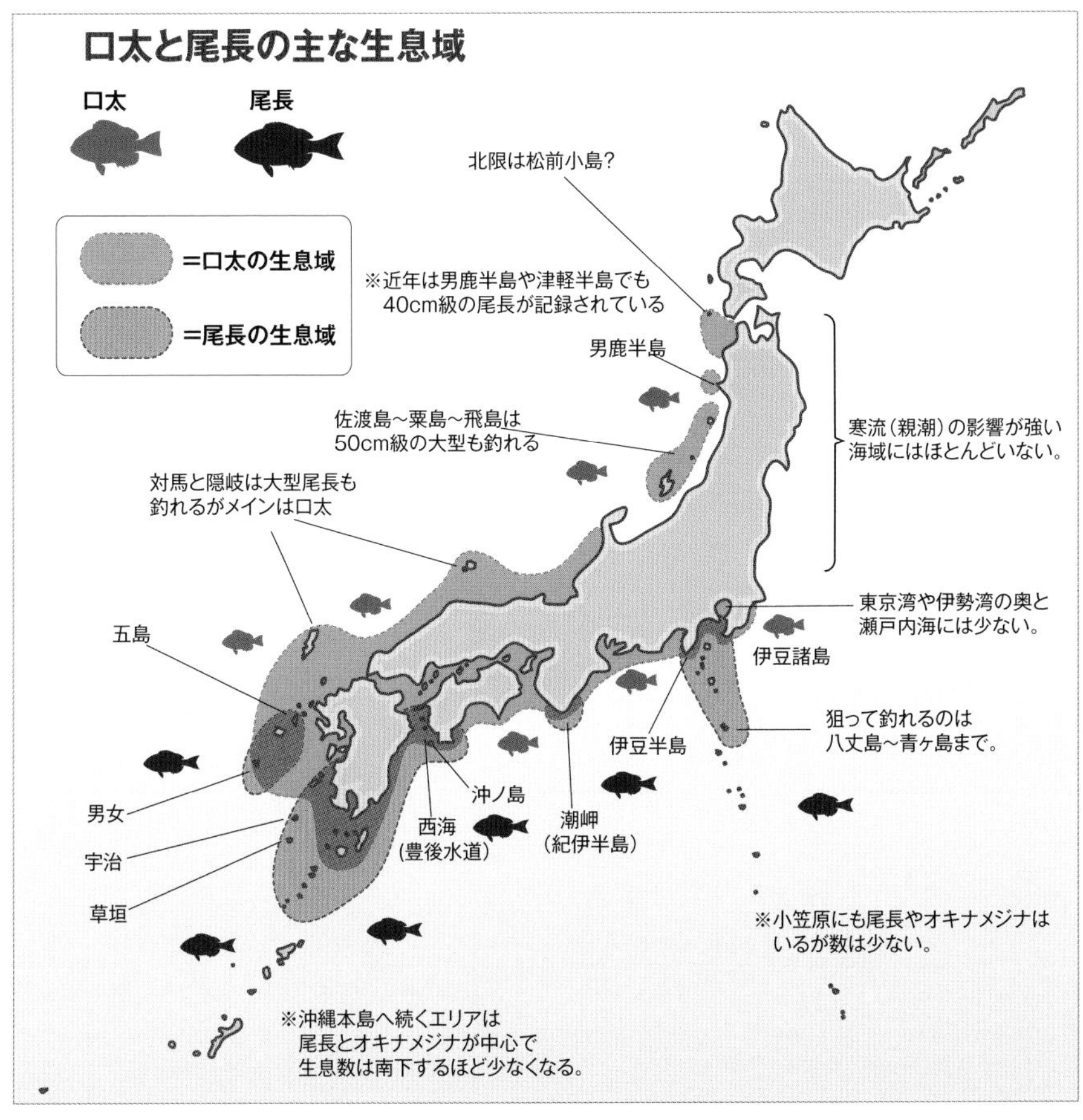


それに対して、メジナはウキフカセ釣り以外の釣法というのがほとんど見当たらず、付けエサや仕掛けに多少のバリエーションはあるにせよ、クロダイほど特殊ではない。ポイントの見つけ方もマニュアル通りというパターンが多く、例外は少ないと言える。この計算できるところ、理詰めでアタック可能なところがメジナ釣りの面白さであり、だからこそメジナをターゲットにしたトーナメントも成り立つ。メジナはウキフカセ釣りのなかでもっとも腕の差が出るターゲットだとも言えるだろう。

ウミタナゴで覚えたウキフカセ釣りを試すのに、メジナほどの格好の相手はいない。メジナには小磯にも生息する口太と荒磯や離島を主なフィールドとする尾長がいる。もちろん、最初から離島へ出かけて尾長を相手にしたってかまわないが、物事には適切な順序がある。毎週のよ

## 課外授業

### メジナの素性を知る

メジナには口太（メジナ）と尾長（クロメジナ）とオキナメジナの3種類がいる。オキナメジナは数が少なく生息域も限られているため、釣りのターゲットになるのは口太と尾長の2種類だ。口太は北海道南部以南の日本各地や東シナ海、韓国沿岸、台湾沿岸に広く分布し、琉球列島には生息しないとされている。尾長は房総半島以南の太平洋沿岸を中心に広く分布しており、琉球列島や韓国の済州島周辺などにも生息している。地球温暖化の影響か、近年は東北の日本海沿岸で40㎝級がハリに掛かっている。

脳の構造からメジナという魚にアプローチすると、視覚機能を司る視葉と運動機能を司る小脳冠が大きく、視覚が発達し、動きが素早く、泳ぐスピードも速いことが分かる。ウミタナゴやクロダイとの大きな違いはこのスピードであり、「クロダイは食わせるまでが勝負、メジナはハリに掛けてからが勝負」などと言われる理由もここにある。

スズキ目スズキ亜目メジナ科メジナ属の魚で、口太メジナの標準和名はメジナであるのに対し、尾長メジナの標準和名はクロメジナである。海洋性の強い尾長メジナは口太メジナと比べるとさらにパワフルな引き味を見せてくれる。写真は尾長メジナ。

**口太メジナ**
北海道以南の潮通しのよい岩礁域に生息し、ほぼ周年釣ることができる。扁平な卵型で、灰色がかった青緑色で60㎝近くまで成長する。

**尾長メジナ**
口太メジナと比べると外洋性が強く70㎝まで成長する。口太メジナとの大きな違いはエラブタの縁が黒く、尾ビレの切れ込みが深い。

**オキナメジナ**
ぶ厚い上唇が特徴のオキナメジナ。他の2種よりやや南方系のメジナ。紀伊半島ではウシグレ、伊豆諸島ではスカエースと呼ばれる。

うに離島へ通ったり離島に住み着いたりするなら話は別だが、そうでない限り、釣りは一段一段堅実にステップを踏んでチャレンジするほうが楽しい。

最初は内湾の堤防や小磯で小メジナをターゲットに基本をおさらいし、つぎに半島周りの地磯や沖磯へ出かけて大型を狙う。ここで口太に交じって釣れる中型までの尾長を相手にスリリングなやり取りをマスターしよう。離島の尾長はその延長線上にいる。

泳ぐスピードが速く、ヒットした瞬間の引き込みは他の魚を圧倒するメジナ。磯釣りの定番ターゲットだが、堤防周りでも釣ることができる。サイズによって難易度が変わり、25㎝前後のサイズはウミタナゴからのステップアップに最適。

中小型のメジナ狙いなら磯竿１号にレバーブレーキ（LB）タイプのスピニングリールの組み合わせがベストなので、本格的にウキフカセ釣りを始めるならLBタイプのスピニングリールを最初に購入したい。タックルバランスの取れたグレ竿（メジナ竿）とLBタイプのスピニングリールの組み合わせは、大物の激しい突っ込みにも素早く対応できる。

# 02 メジナ狙いに最適なグレ竿とLBリール

**竿は腕の延長である。長すぎても短すぎても、細すぎても太すぎても釣りづらい。では、ウキフカセ釣りに最適な竿とは？**

## 素早いメジナの動きは竿の操作で封じ込める

湾内や湾口の堤防や小磯から釣れるメジナの平均サイズを20～30㎝とすると、ウミタナゴ釣りで紹介した1号の磯竿がベストだろう。ステップ1でも解説したように、竿は使用するハリスに合わせて選ぶことが大切だ。

３号ハリスを結んだとき、５号竿では胴まで曲がらないうちにハリスが切れる恐れがある。０号竿ではハリスの強度を最大限に引き出すまえに竿に負荷が掛かり折れることがある。20～30㎝クラスのメジナ相手で多用する１・５号ハリスを結んだ場合、適合ハリス表示が０・８～２・５号くらいの竿であればハリスに負荷が集中するまえに竿が胴までしなり、竿の弾力がハリスの強度をサポートしてくれる。

０号竿でもかまわないが、メジナはウミタナゴに比べて泳ぐスピードが速く、ハエ根や沈み根などの障害物へ逃げ込む習性がある。全体がムチのようにしなやかな調子の０号竿は、時間をかけて魚を寄せたり浮かせたりするのは得意だが、メジナの素早い動きを止めたり、竿の操作で磯際への突っ込みをかわしたりするのは苦手。胴が軟らかいため竿を立てても穂先の位置はさほど変わらず、メジナの動きに振り回されてしまうのである。

メジナ用に設計された「グレ竿」には張りのある弾力と操作性に優れた先調子タイプが多い。これがクロダイ用の「チヌ竿」と決定的に異なる点であり、メジナのサイズが大きくなればなるほど竿の性質がやり取

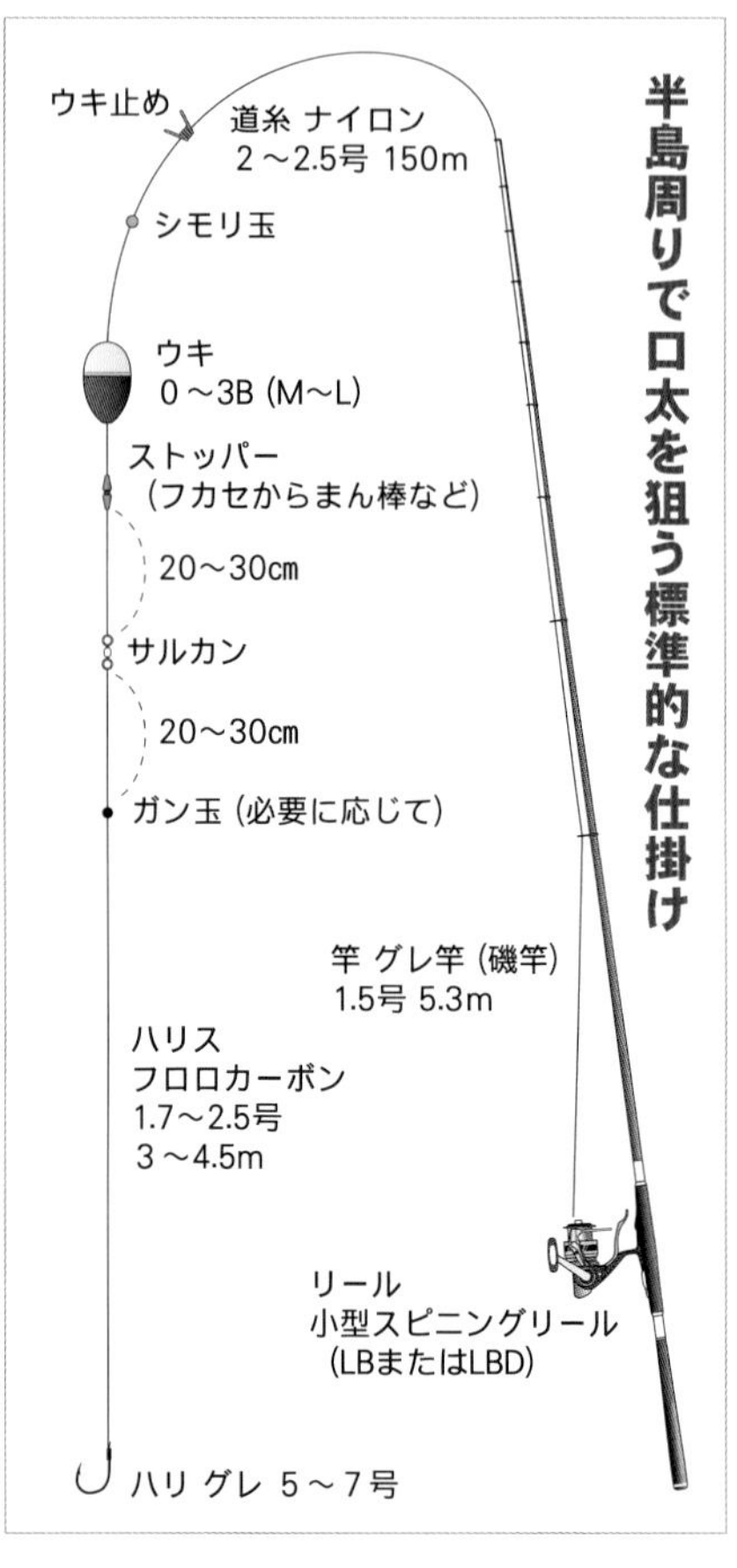


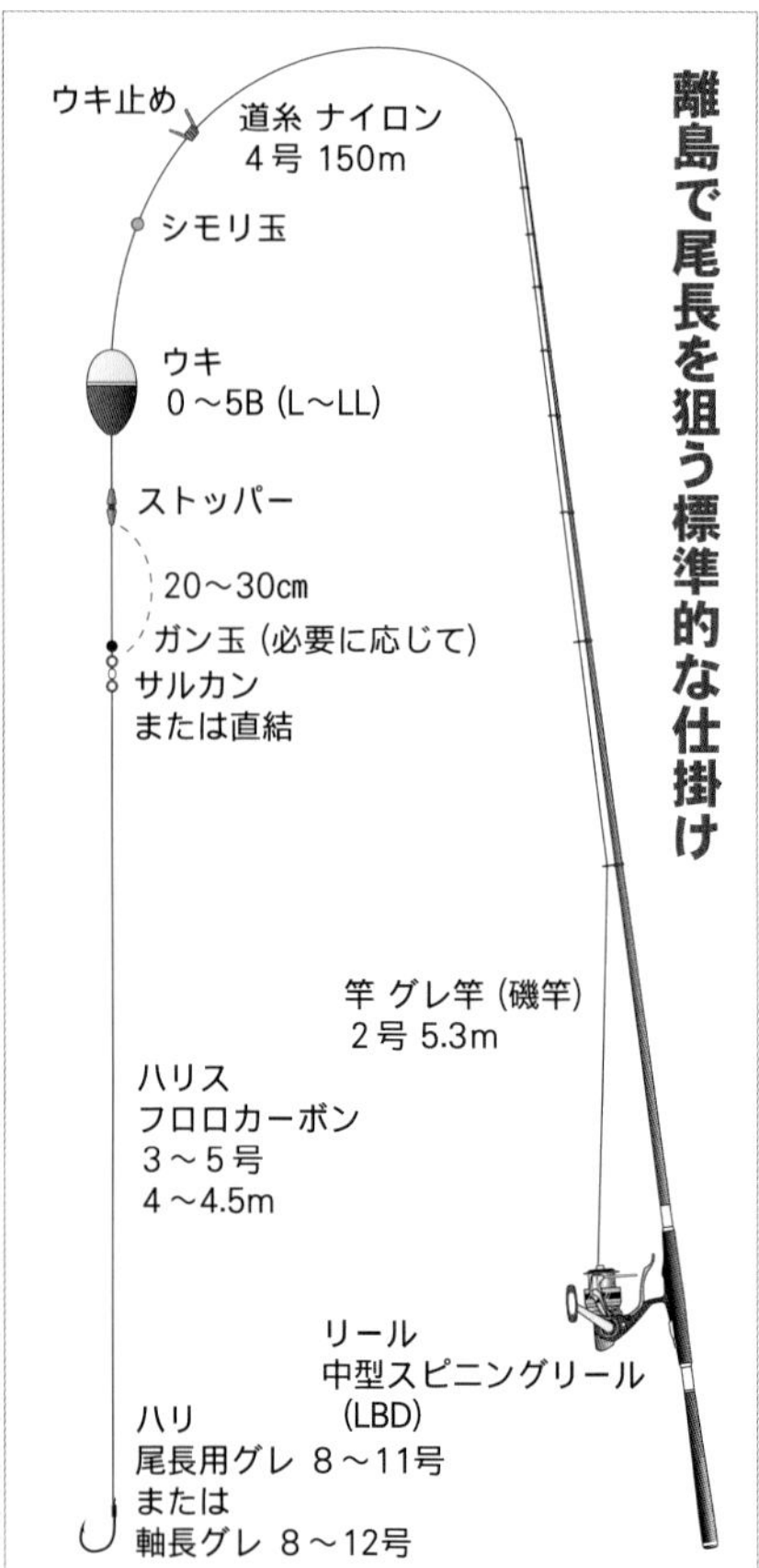


りにも影響を与える。20㎝前後の小メジナでは感じられない竿の調子が、30㎝以上のメジナを相手にしたとたん、理解できるようになる。

湾内の堤防や小磯で20～30㎝級を相手にするなら0・8～1号、湾口や半島周りの地磯で30～35㎝級を釣るなら1・2号、半島の沖磯などで35～40㎝級を狙うなら1・5号というのが目安。離島で尾長にチャレンジするには2号の磯竿が必要になる。小磯から始めて半島の沖磯までステップアップすることを考えれば、1号と1・5号の2本を購入するのがベストだと思う。余裕があればサブロッドとして1・2号を購入し、中型尾長や回遊魚の可能性もある沖磯へ通うようになったら1・7号を竿ケースに入れておくとよいだろう。1・7号は離島用のサブロッドにもなる。

リールはウミタナゴ釣りで紹介し

た小型スピニング。3号の道糸を100〜150m巻けるサイズのLBかLBDタイプがあれば小磯から沖磯まで使える。リールのトラブルで釣りを続けられない事態もあるから、予備リールを持ち歩くほうが無難だろう。その場合、スプールに互換性のある機種を購入しておけば、リールにトラブルが起こったときに本体だけを交換すればよい。離島の釣りでは道糸4号を150〜200m巻けるサイズがベスト。予備も含めて竿は2〜3本、リールは2台。ちょっと出費はかさむが、本格的にウキフカセ釣りを始めるならこれだけは準備しておきたい。

## 課外授業

### 良型を釣り上げる楽しみ

釣り人は魚のサイズごとに小型、良型、大型と呼び分けるが、区分けの目安は魚種によって異なる。メジナの場合は30cmまでを小型、30〜40cmを良型、40〜50cmを大型と呼ぶことが多い。50cm以上は超大型、20cm前後は小メジナなどと呼ばれ、小メジナは俗に「コッパ」「コッパグレ」という言い方をされる。コッパというのは「木っ端役人」の木っ端であり、「取るに足りないサイズ」といったニュアンスが込められている。

良型は中型の同義語だが、20cm前後の小メジナが主体の釣り場で25cmが釣れると良型と呼ばれることもある。逆に離島では45〜50cmが良型で、40cm以下は小型に分類されてしまう。魚の価値は魚種だけではなくフィールドや状況によって変わるわけだ。

20cmが平均サイズなら25cmを、40cmが平均サイズなら45cmを、その場にいる魚のなかから少しでも大きい「良型サイズ」を狙うのがウキフカセ釣りの楽しさでもある。

木っ端メジナの中から少しでも型のいいメジナを釣り上げる。これもメジナ釣りの楽しみ方。

ベイルはオープンにして小指をスプールに当て糸の放出をコントロールしながらアタリを待つ。

リールにセットされたレバー操作でラインの放出をコントロールできるLBタイプのスピニングリール。レバーの形状はメーカーによって異なる。

道糸は釣り人の思惑をウキや仕掛けに伝える重要なタックル。その日の状況にマッチしたラインを選ぶことが、自分の釣りをスムーズに反映させるコツである。

# 03 道糸とハリスは消耗品と心得よ

**軽い仕掛けを使うメジナ釣りは、厄介な風や表層流の影響を受けやすい。こうした状況で道糸とハリスを決める目安とは。**

## 見やすいラインで糸フケの状態をチェック！

ウキフカセ釣りのタックルは、まず使用ハリスを決め、全体のバランスを考えながら組み合わせていくのが基本である。メジナ釣りの場合、ターゲットが30㎝未満なら最初にチョイスするハリスは1・5号、30～40㎝なら1・7～2号、40㎝以上なら2～2・5号というのが目安。これを基準にしてタックルを組み合わせるわけだ。

ステップ1ではハリスと道糸の号数差を0・5～1号にすることをお勧めしたが、メジナ釣りでは0～0・5号にするほうがよい。というのは、メジナ釣りでは主に中層域を探ることが多くなるため根掛かりの心配は少なく、道糸が細いほどウキと仕掛けの流れや動きが自然になるからだ。したがって、ハリスが1・5～2号なら道糸は1・7～2号、ハリスを2～2・5号にするなら道糸も2～2・5号を使う。

1・7号のハリスに2号の道糸という組み合わせは不安だが、結びさえきちんとしていれば、メジナとのやり取りで道糸から切れる可能性は少ないはずだ。ただ、ハリスよりも細い道糸を使うときは頻繁に結び直し、やり取りなどで傷ついた先端5mほどは3～4時間に1回の割合でカットする。釣りを終えた時点では10mくらい短くなっているから、2～3回の釣行ごとに新品と巻き替えなければならない計算になる。

そこまで神経を使いながら細い道糸にこだわるのは、道糸に及ぼす風や表層の流れの影響が大きく、ライン操作に不慣れな入門者ほど細い道

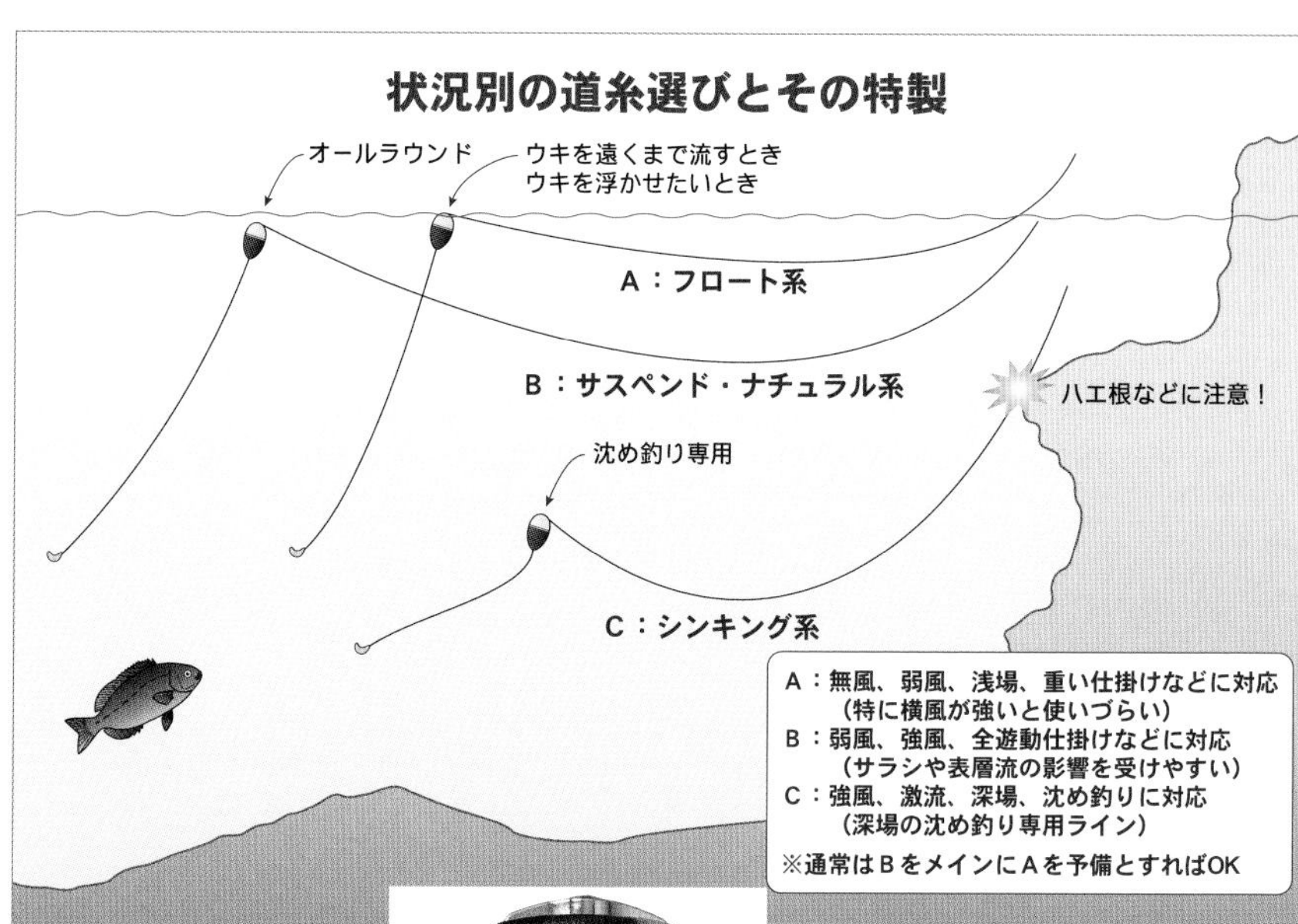


ちょうどよいラインの巻量。巻きすぎると投入時に糸絡みしかねない。逆に少なすぎるとライン放出時にスプールエッジに引っ掛かり、思い通りの操作ができなくなる。

## ナイロンラインの号数とポンドテストの対応表

| 号数 | ポンドテスト | キロ換算 | 標準直径 | PEライン |
|---|---|---|---|---|
| 0.6号 | 2lb. | 約1kg | 0.128mm | |
| 0.8号 | 3lb. | 1.5kg | 0.148mm | |
| 1号 | 4lb. | 2kg | 0.165mm | 0.4号 |
| 1.2号 | 5lb. | 2.5kg | 0.185mm | |
| 1.5号 | 6lb. | 3kg | 0.205mm | 0.6号 |
| 1.75号 | 7lb. | 3.5kg | 0.218mm | |
| 2号 | 8lb. | 4kg | 0.235mm | 0.8号 |
| 2.5号 | 10lb. | 5kg | 0.260mm | 1号 |
| 3号 | 12lb. | 6kg | 0.285mm | 1.2号 |
| 4号 | 16lb. | 8kg | 0.330mm | 1.5号 |
| 5号 | 20lb. | 9kg | 0.370mm | 2号 |
| 6号 | 24lb. | 10kg | 0.405mm | 2.5号 |

※上のキロ換算、ポンドテストやＰＥラインとの対応数字はあくまでも目安。製品によっても異なる
※ほとんどの場合は号数を４倍することによってポンドテストの数値を求ることができる

替えスプールには号数の異なる道糸を巻いて釣り場の状況やハリスの太さに合わせて変えられるようにしておく。

スプールにも道糸にも傷を付けないよう、替えスプールは専用ケースに入れておくとよい。

糸を使うほうが釣りやすいからだ。メジナ釣りには風やサラシが付きものので、現場ではライン操作でそれらをかわしながらウキを流さなければ、仕掛けはポイントに入らず、付けエサはメジナの口に届かない。

道糸にはナイロンラインとPEラインがあるが、最初は適度な伸びがあって操作しやすいナイロンラインがお勧め。ナイロンラインは比重によってフロート系とサスペンド系に大きく分けられ、それぞれ用途が異なる。フロート系は根の多い浅場で遠いポイントを流すときに便利だが、風や表層の流れに影響されやすいのが弱点。最初はサスペンド系のナイロンラインを使うとよいだろう。

道糸のカラーが食いに影響することもあるが、ライン操作をマスターするまでは見やすい蛍光カラーでラインの状態をチェックするほうがよい。イエロー、オレンジ、ピンクなどが見やすいと思う。最近は5mごとにマーキングされた道糸もあって、ポイントまでの距離や遊動状態などを推理するのに役立つ。先端を5mずつ切り捨てるときの目印にもなる。

ハリスはシャキッとしたコシがあって水切れがよく、たるみの生じにくいフロロカーボンが最適だ。ハリスは頻繁に交換しなければならない消耗品だが、入門者は意外と長持ちしがち。2～3回の釣行で50m巻きのスプールを使い切るように意識しよう。

## 課外授業

### 号数表記とポンドテスト表記

日本ではラインが号数で表示され、欧米ではポンドテストで表示される。ポンドテストとは、ラインを引っ張ったときにどれだけの負荷で切れるのかをポンド（lb）単位で示したものだ。1ポンドは約453.6ｇ。四捨五入して500ｇとすれば、8ポンドテストのラインの耐用強度は4kgになり、これに相当する号数は2号。

この「号」は日本特有の表記。5尺（約1.5ｍ）の天然テグス1000本を束ねた重量を1分、1厘、1毛という単位で売買した名残で、メートル法が採用されたときに1厘を号と改めたのである。1.5号のラインは「厘半」だが、これでは太さや強度にばらつきが生じて分かりづらいため、釣り糸メーカー間で号数ごとの直径を取り決めた。ところが、直径には許容範囲があって、同じ号数でも太さが微妙に異なる。「このラインは強いよね」と思ったら直径が若干太かったという例もある。ややこしい。

ポンドテスト表示の道糸と号数表示の道糸。

ウキ選びは仕掛け作りに欠かせないが、ベストのウキを選ぶのは意外と難しい。釣り場や狙うポイントの状況に合わせて選ぶのが最適だが、海の状況は刻々と変わるので状況に合わせてウキを交換することも必要だ。

# 04 ウキ選びの基準はサイズと浮力

**ポイントまでの距離、風、ラインの太さでサイズを選び、狙うタナの深さに応じて浮力を使い分けるのが基本。**

## メジナ釣りには中通しタイプの円錐ウキが最適

ウミタナゴ釣りでは玉ウキとトウガラシウキを紹介しながら、ウキの持つ役割や選び方などの基本について解説した。ウキフカセ釣りで使われるウキには玉ウキから発展した円錐ウキ、トウガラシウキなどから発展した棒ウキや立ちウキがあり、ボディの底に取り付けたカンで道糸に接続するカン付きタイプ、ウキの中心に設けたパイプに道糸を通す中通しタイプに区分けされることもある。メジナ釣りでは中通し円錐ウキをメインで使う。

カン付きタイプのメリットはスナップサルカンなどでワンタッチ交換できること、道糸が海中にあるため風の影響が少ないことである。中通しタイプは交換するたびに道糸を切らねばならず、道糸が海面を漂うために風の影響を受けやすいのが弱点だが、そうしたデメリットを補って余りあるメリットが、ライン操作しやすい点なのだ。

メジナ釣りではサラシや潮目を狙うことが多く、狙ったポイントでラインを張ってウキを止める誘いのテクニックが多用される。カン付きタイプは道糸をサラシや流れに取られやすく、ラインを張るとどうしても流れに押されて潜り込んでしまう。中通しタイプは海面にある道糸を持ち上げて潜り込みを防ぎ、張り具合で微妙なテンションの変化を与えることができる。もちろん、メジナ釣りにカン付きタイプの円錐ウキや棒ウキが使われることも少なくないが、ここでは中通し円錐ウキを中心に解説したいと思う。

## ポイントまでの距離と狙うタナによる標準的なウキのサイズ&浮力の使い分け

30m
20m
10m
L (5B~1号)
L (3B~5B)
L~LL (G2~B)
L (3B~1号)
M~L (B~3B)
M (0~B)
M (3B~5B)
M (G2~B)
S~M (0~G2)
S~M (B~3B)
S (0~B)
SS~S (0~G2)
−5m
−10m
−15m
※最初にそろえたいウキの目安（●は必要アイテム）
S= 0、G2、B
M= 0、G2、B、3B、5B
L= G2、B、3B、5B、1号

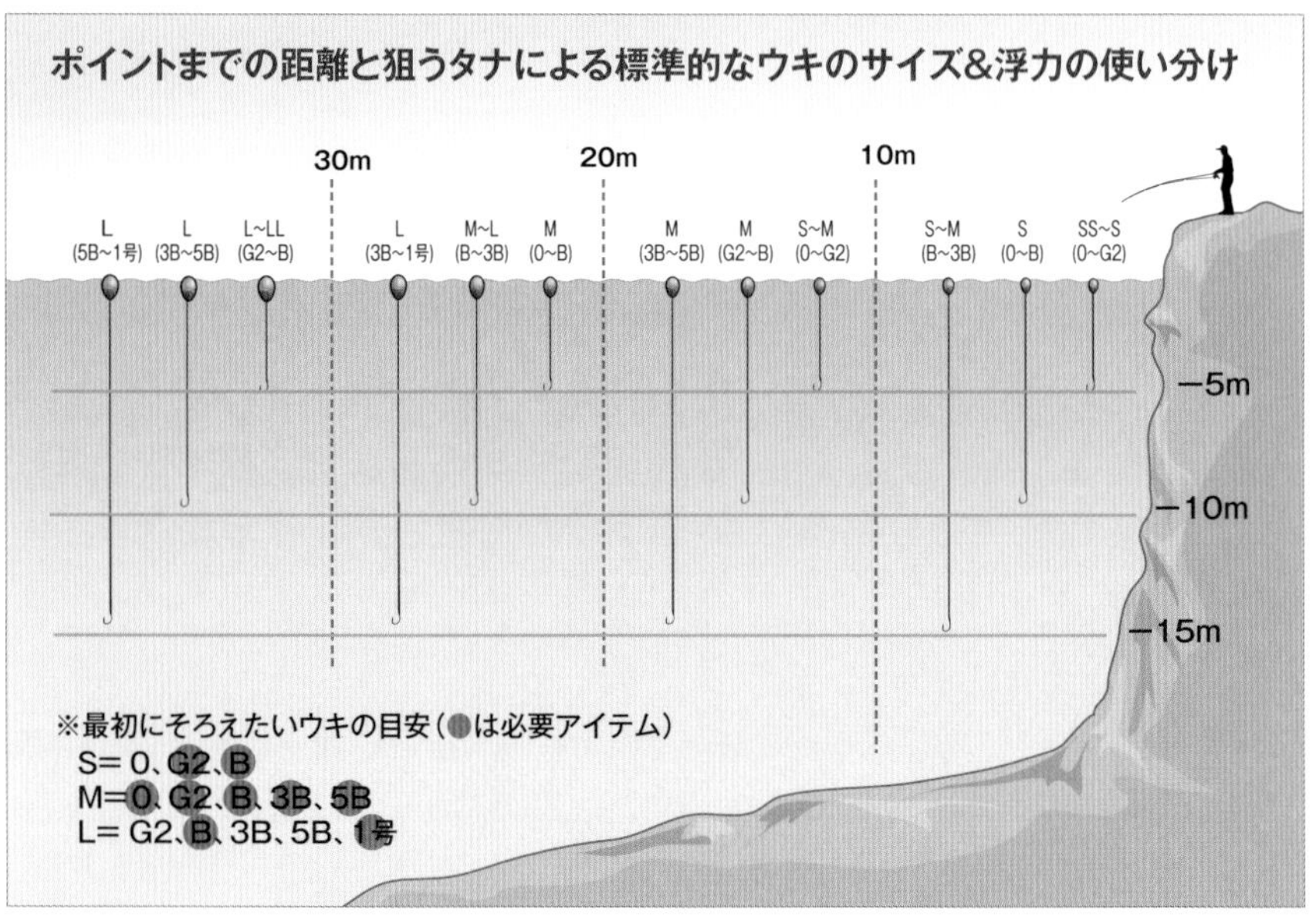

## 円錐ウキの基本構造と各部の名称

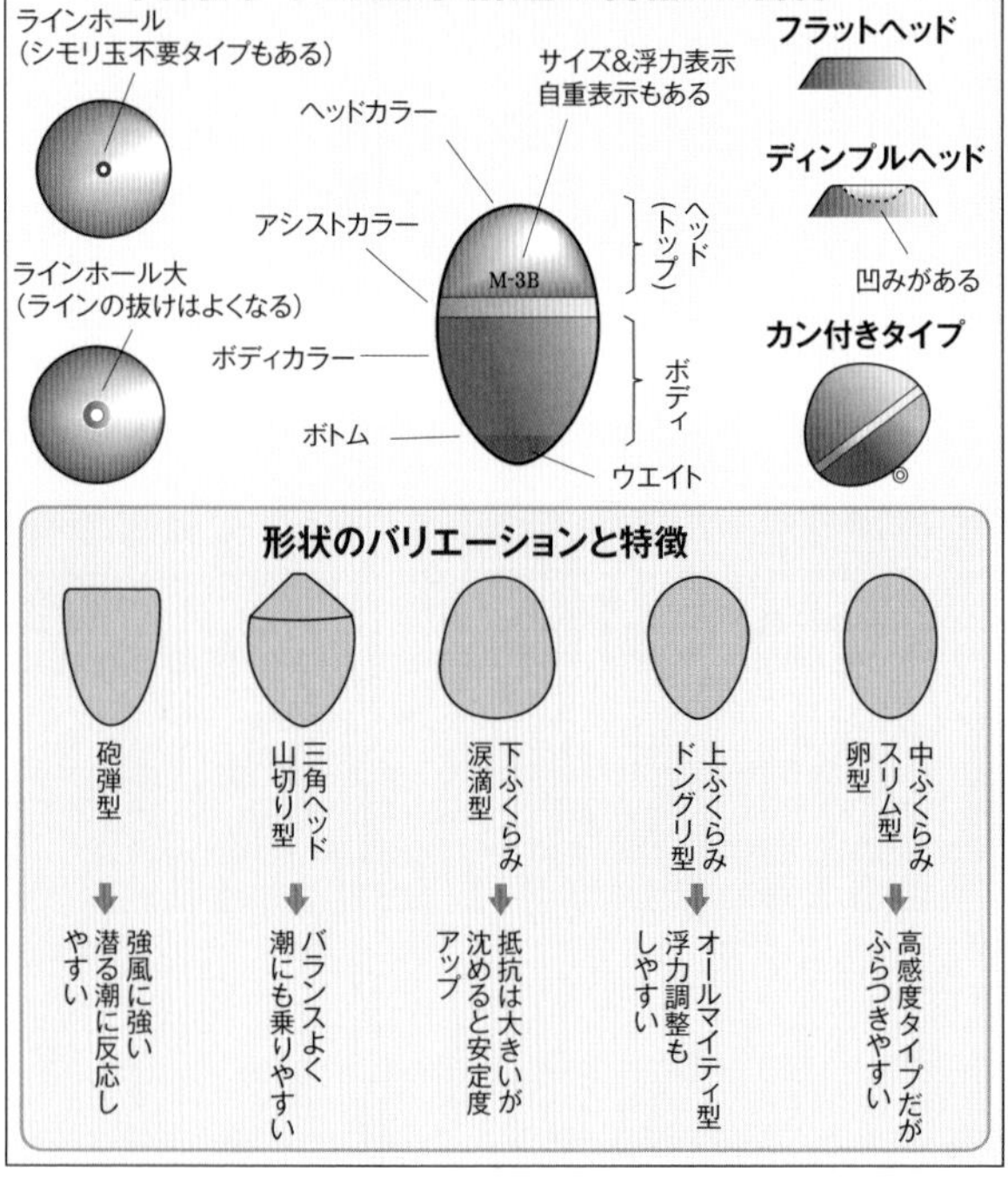

ラインホール（シモリ玉不要タイプもある）
ラインホール大（ラインの抜けはよくなる）
ヘッドカラー
サイズ&浮力表示 自重表示もある
アシストカラー
M-3B
ボディカラー
ボトム
ウエイト
ヘッド（トップ）
ボディ
フラットヘッド
ディンプルヘッド
凹みがある
カン付きタイプ
形状のバリエーションと特徴
砲弾型 → 強風に強い 潜る潮に反応しやすい
三角ヘッド 山切り型 → バランスよく潮にも乗りやすい
下ふくらみ 涙滴型 → 抵抗は大きいが沈めると安定度アップ
上ふくらみ ドングリ型 → オールマイティ型 浮力調整もしやすい
中ふくらみ スリム型 卵型 → 高感度タイプだがふらつきやすい


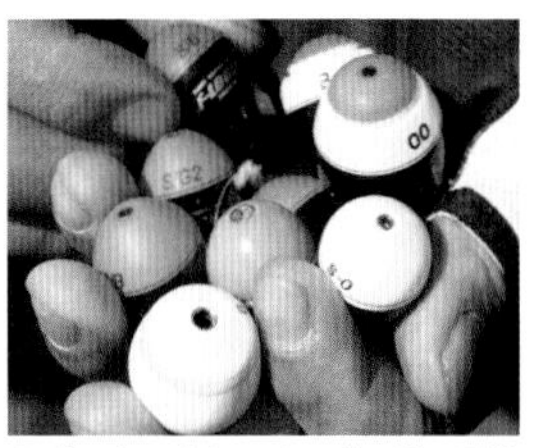

まずは上ぶくれのドングリ型の円錐ウキをそろえよう。一度にすべてのウキを揃える必要はない。普段出かける釣り場を想定して最初の1個を買えばいい。ヘッドカラーはオレンジかイエローがお勧めだ。

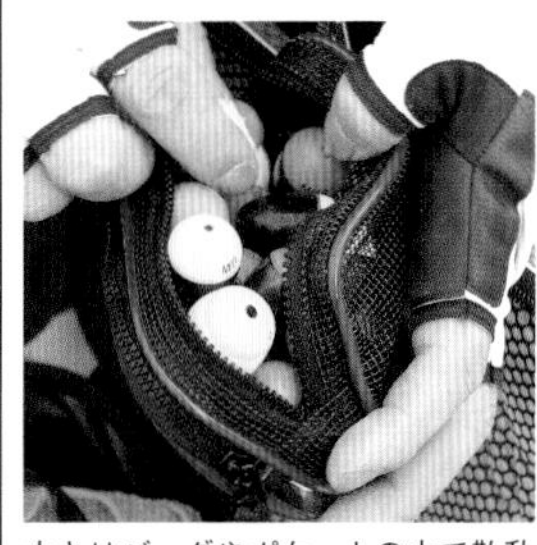

ウキはバッグやポケットの中で散乱しないよう小型のポーチに入れておくと便利。専用のポーチもさまざまなメーカーから発売されている。

円錐ウキを形状から分類すると上ぶくれ、中ぶくれ、下ぶくれの3パターンになる。上ぶくれはドングリ型などとも呼ばれており、ヘッド面が大きいので見やすく、余浮力の微調整もしやすいオールラウンドタイプ。中ぶくれは浮力をギリギリに調整すると海中に入る部分が多いため、視認性は落ちるが感度と潮への馴染みは抜群だ。下ぶくれは涙滴型とも呼ばれ、海中での安定に優れる。ただ、中ぶくれと下ぶくれは個性が強く、使いこなすまでに時間がかかる。最初は扱いやすい上ぶくれタイプでそろえるとよいだろう。

サイズと浮力に関しては表に示した通り、釣り場で遭遇するあらゆる状況を想定すれば、最低9個のウキが必要という計算になる。これに0号浮力と超遠投用のLLサイズ2個をプラスすれば12個。上ぶくれタイプ1種類でもこれだけの数が必要だから、ウキの数は次第に増えていく。釣り場で実際に使うウキは1回の釣行で2～3個としても、向かい風で40m沖のポイントへダイレクトに仕掛けを投入するときは、滅多に使わないLLサイズが必要になるケースも考えられる。

ヘッドカラーはオールラウンドなオレンジ系がお勧め。サラシ場や逆光ではレッド系やピンク系、海中へ沈めるときはイエロー系が見やすいが、最初はオレンジ系、イエロー系をそろえるとよい。余裕があればイエロー系をそろえるとよい。数を持ち歩くだけではなく、状況によってそれらを使い分けるまめさが必要である。

## 課外授業

### 優しいウキ扱いが上達の秘訣

岩にぶつけても傷つかない。最近はそんなスーパーハードコーティングが施されたウキが主流である。表面の傷や凹みはウキの浮力にも影響してしまうから、ハードコーティングされたウキは便利なタックルである。桐以外の丈夫な素材も多く、だからこそ製造過程における厳密な浮力管理も可能になったわけだが、そのせいか、釣り人のウキ扱いが雑になっているような気がする。

以前は岩にぶつけないように投入し、アワセもウキの破損を意識しながらできるだけソフトに行なった。面倒ではあったが、そのことが投入やアワセといった動作をマスターするのに役立ったのも事実である。「ぶつけても大丈夫」ではなく、「ぶつけないように」という意識を持ってウキを扱うと体から無駄な力が抜け、動作も自然にきれいになる。美しい投入やアワセのフォームは余計な疲労を蓄積しないリズムと、ベストなタイミングを教えてくれる。

ウキを傷つけるのは仕掛け投入や回収のときで、岩にぶつけることが大きな原因。ウキを岩にぶつけないように注意しよう。

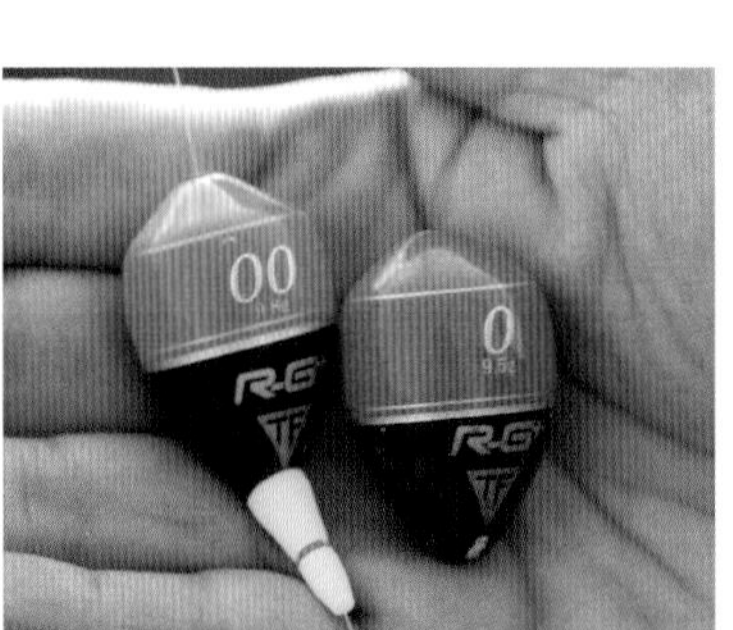

メジナ釣りでは欠かせないアイテムとなった0浮力と00浮力の円錐ウキ。スレたメジナを狙うにはできる限り抵抗の少ない仕掛け作りを心がけることが大切だ。

05

# 0浮力と00浮力を使いこなす

**メリットとデメリット、浮力と余浮力の関係をしっかり理解することが、ウキを使いこなすためのキーポイントになる。**

## 海水で浮き、真水で浮力0になるのが0浮力

浮力とは水などの流体のなかにある物体が重力と反対方向へ受ける圧力のことであり、その大きさは物体が押しのけた流体の重力に等しい。ウキの浮力は、浮力をプラスマイナスゼロにするのに必要なオモリで表示される。3Bは3Bのガン玉を付けることが可能という意味になる。オモリ負荷とも呼ばれるのはこのためだが、厳密にはゼロになるわけではない。

3Bのガン玉を付けてプラスマイナスゼロだと、サルカンやハリス、ハリ、付けエサの重みが加わると沈んでしまうからだ。そこで、通常のウキは浮力を若干残した設定になっている。これを「余浮力」「残浮力」などというが、余浮力の設定はメーカーや製作者によって異なる。ウキが漂う海は一様でなく、風や波や流れ、ポイントまでの距離、使用する道糸やハリスの太さ、ハリや付けエサの重さなどによって微妙に負荷が違い、さらに突き詰めれば塩分濃度、水温による海水の比重差によっても余浮力設定にはズレが生じる。すべての状況に適応する余浮力設定は不可能なのだ。

したがって、釣り人は自分の感覚でベストな余浮力に調整しなければならない。そのためのガン玉を「浮力調整オモリ」というが、より正確には「余浮力微調整オモリ」である。ガン玉を付けない状態で余浮力を限りなくゼロに近づけたのが0浮力だ。海水では浮き、真水では浮力がゼロになるという設定で、このわずかな浮力差がハリスとハリと付けエサを

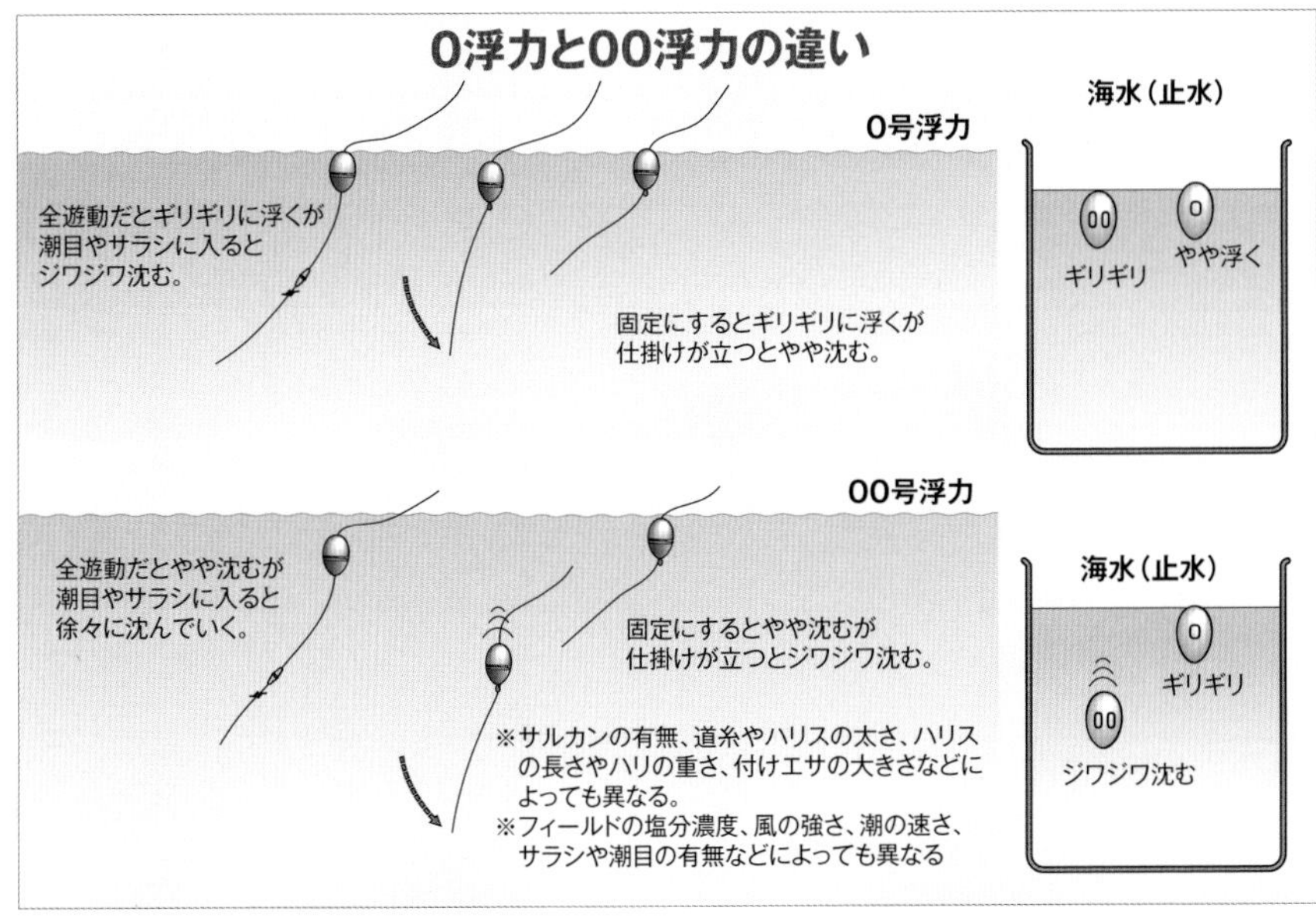


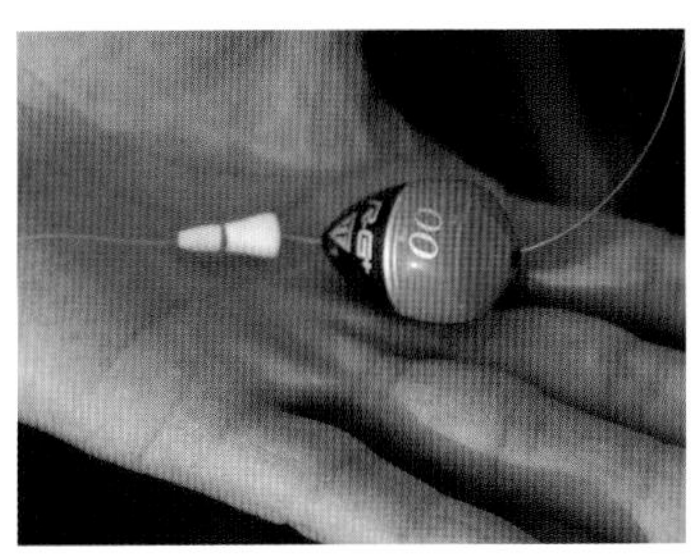

メジナ狙いのウキフカセ釣りでは0浮力や00浮力を使う0釣法が主流になりつつある。抵抗が少ない0浮力や00浮力のウキを使いこなすことで一段と釣果が向上する。

支える。

ウキを固定しても、ウキ止めを付けない全遊動スタイルであっても海面ギリギリに漂うのが0浮力。それに対して、固定ではゆっくりと沈み、全遊動では海面ギリギリをキープするというのが00浮力。海水では水面ギリギリに浮き、真水に入れるとジワジワ沈み始める絶妙な浮力設定である。

理屈上は固定やウキ止めを付けた仕掛けなら0浮力、全遊動なら00浮力という使い分けが基本だが、海の状況によって浮力の状態は微妙に変化するため、仕掛けが馴染んだときにウキが海面直下をサスペンドする浮力をチョイスするとよい。塩分濃度が濃い外海の海域なら00浮力、内湾部の塩分濃度が薄い汽水海域なら0浮力という使い分けをする釣り人もいる。

こうした0浮力の特徴はウキの抵

抗が小さく、ウキ止めを付けなくても引き込まれる道糸の抵抗でウキが沈むところだ。違和感がないために食い込みがよくなり、途中でハリを吐き出される確率も低くなる。その反面、ウキが沈んで見えない、アタリが分かりづらいといったデメリットもあるため、特殊な浮力と言えるだろう。

付けエサは取られるのにアタリが出ないとき、0浮力のウキに交換するとラインを引き込むアタリが出ることがある。現代のメジナ釣りで0浮力は必携アイテムになっている。食い渋りの常備薬として、ウキケースに何個か忍ばせておくとよい。

## 課外授業

### 00浮力のウキに3Bのガン玉？

ウキに記された浮力表示は風も波も流れもない止水でチェックされたものであり、実際の海とは条件が異なる。以前、伊豆諸島の神津島で尾長を狙っていたときは0浮力でもウキが沈まず、00浮力に交換してもウキは浮いたままズンズン流れ、狙いの潮目を通過していった。潮を横方向から受けることでウキの比重が軽減されたのである。

そこで、ハリスにガン玉を付け足しながらウキが潮目に沈む浮力を探ってみた。結果的にはトータル３Ｂ前後のガン玉を付けた状態で、00浮力のウキがやっと潮目にジワジワと沈むようになった。逆に３Ｂのウキがガン玉を付けない状態で沈むこともある。肝心なのはその場の条件にマッチした余浮力ゼロの状態を探すことだ。0浮力のウキにガン玉を付けてはいけない規則はなく、３Ｂのウキには３Ｂのガン玉を付けなければならない規則もない。ウキの浮力設定は、自分が釣りやすい状態を作るために行なうものなのだ。

微妙に浮力が異なる0浮力と00浮力のウキ。この微妙な浮力の違いが状況の変化に幅広く対応してくれる。

0浮力や00浮力のウキを使うとウキよりも目印兼用のウキ止めがアタリを伝えてくれるケースも少なくない。

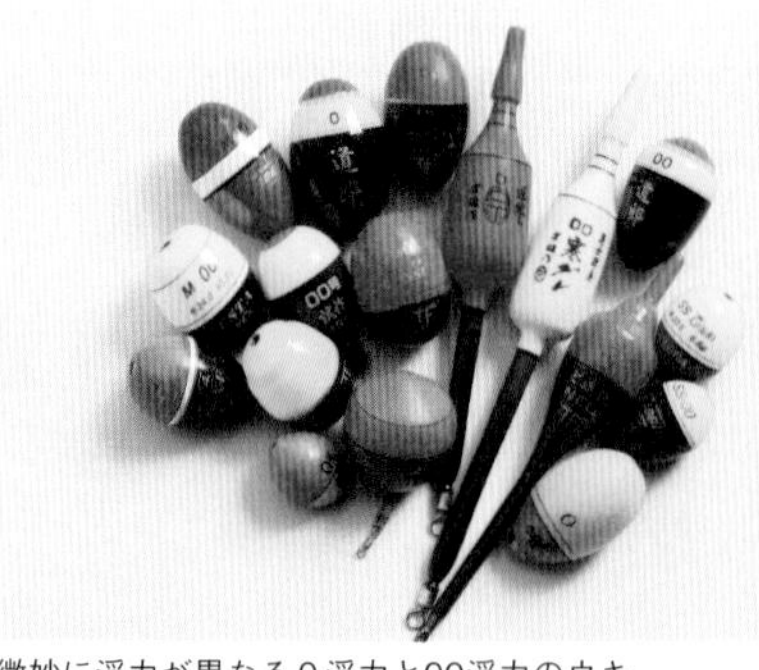
微妙に浮力が異なる0浮力と00浮力のウキ。この微妙な浮力の違いが状況の変化に幅広く対応してくれる。

# 06

# 小さなパーツが仕掛けの性能を左右する

**シモリ玉、ストッパー、サルカン、クッションなどは廉価品を使い捨てにするよりも高級品を大切に扱うことを心がけよう。**

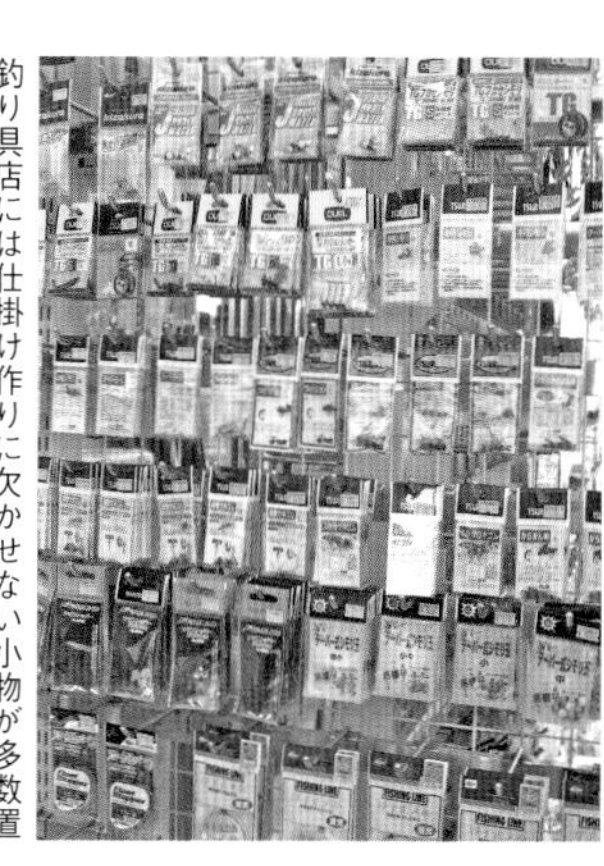

釣り具店には仕掛け作りに欠かせない小物が多数置いてある。これに合わせた小さなパーツ類を収納する専用ケースも用意されている。

## 大事な小物類は薄型でかさばらない専用ケースに収納し底面に弱粘性両面テープを貼って取り出しやすくする

道糸とハリスを接続するためのサルカン、ウキ止めとウキとのあいだに入れるシモリ玉、ウキがサルカンやオモリなどとぶつかって破損するのを防ぐクッション、道糸にウキを固定するためのヨージやゴム管、遊動幅を制限すると同時に高切れしたときの流失を防ぐストッパーなど、ウキフカセ釣りの仕掛けには様々な小物が使われる。

シモリ玉が大きいと風の影響を受けやすく、スムーズに仕掛けが遊動しない。ラインでシモリ玉にミゾができるとまったく遊動しないこともある。ウキを固定するためのヨージが道糸を押し潰して、そこから簡単に切れてしまう可能性だってある。ストッパーが緩すぎてはストッパーにならない。サルカンの傷がラインの結節力を半減させていることも少なくない。

小さい小物類が仕掛けの性能を左右する重要な役割を担っているのだ。仕掛け作りでもっとも重要なのは小物類の選択と使い分けであり、ときには小物類の工夫が新たな釣法を生み出すことさえある。数多く市販されているウキフカセ釣り専用の小物から、自分の釣り方や仕掛けにマッチした製品を探し出すのは時間がかかる作業だ。

だからこそ、気に入った小物は大切に扱おう。廉価品を使い捨てにするよりも、高級品（といっても価格は数百円単位だが）でそろえたほうが精度の高い仕掛け作りができる。使い終わった小物は帰宅後、ぬるま湯に浸して塩抜きし、傷などをチェッ

## ストッパー活用のバリエーション

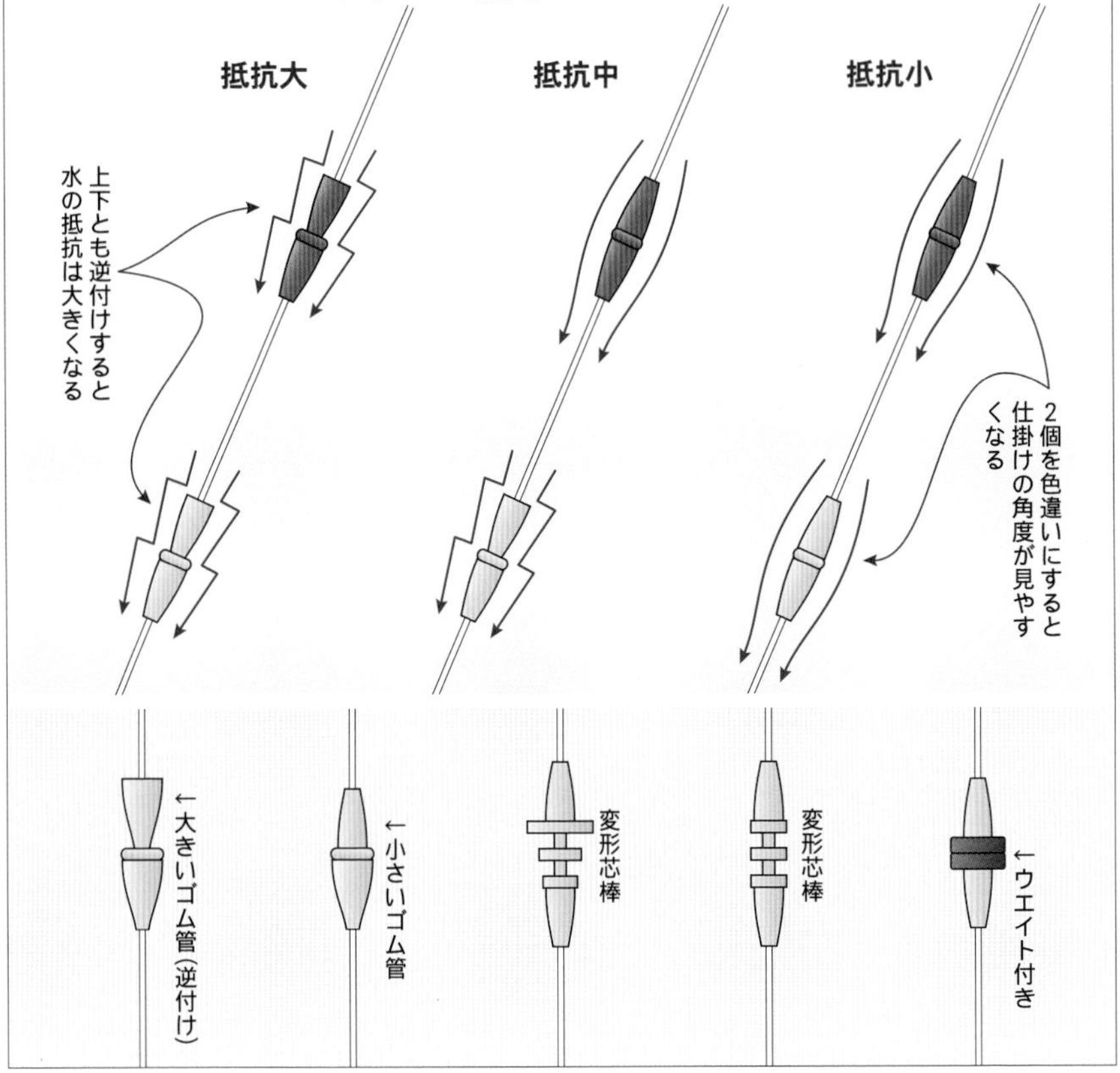

クしてからパーツケースへ戻す。

パーツケースは取り出しやすいライフジャケットの胸ポケットなどに収納するため、かさばらない薄型のケースがお勧めである。必要な分だけを入れて、風やちょっとしたショックで飛び出ないよう、底面に弱粘性のポスター用両面テープを貼っておくとよい。磯バッグに予備のパーツケースを入れておけば完璧だ。釣行まえには不足がないかどうかもチェックしよう。

ウキフカセ釣り専用小物のなかで画期的だったのが、釣研から発売された小型ストッパー「フカセからまん棒」だ。以前はゴム管にヨージを差し込んでストッパーにしたが、ゴム管は抵抗が大きく、道糸がセンターからずれるというのが悩みのタネだった。フカセからまん棒はソフトなプラスチック心棒を、テーパーを付けた特殊なカラーゴム管に差し込むことで、水中抵抗を軽減すると同時にセンターずれを防ぎ、さらに水中での視認性を持たせるというプラス効果も生み出した逸品。

また、同じ釣研から発売された「半円シモリ」は、シモリ玉を半分にカットすることによってウキとの一体化を可能にした。以来、シモリ玉は扁平形状が主流となっている。ほかにも様々なアイデアを盛り込んだ小物類が数多く市販され、繊細なウキフカセの仕掛け作りをサポートしている。ときにウキの性能を左右する小物類だからこそ、意味のある選択、意味のある使い方を心がけてほしいものだ。

## 課外授業

### ストッパー逆付けという発想

釣研が開発した小型ストッパー（フカセからまん棒）はウキフカセ釣りの仕掛け作りに欠かせないパーツである。本来は水中での抵抗を軽減するためにコンパクトサイズにし、テーパーを付けた特殊ゴム管を使用したわけだが、上のゴム管を上下逆さまにセットすると平らな面と段差が潜り込む潮を捉え、仕掛けの馴染みがスムーズになることに気づいた。これは偶然の産物で、今では「逆付け」というセットスタイルとして定着している。

さらに私は2個の小型ストッパーを20～30㎝離して逆付けでセットし、水中での潮センサー能力を高め、同時に視認性をアップして仕掛けの角度を見やすくするアイディアを思いついた。これならラインを張ったときに上の小型ストッパーがウキと一体化しても、下は必ず水中に残って仕掛けの浮きすぎをセーブしてくれる。潮受け機能をプラスした大きなゴム管、凹凸を付けた心棒はそのアイデアを推し進めたものである。

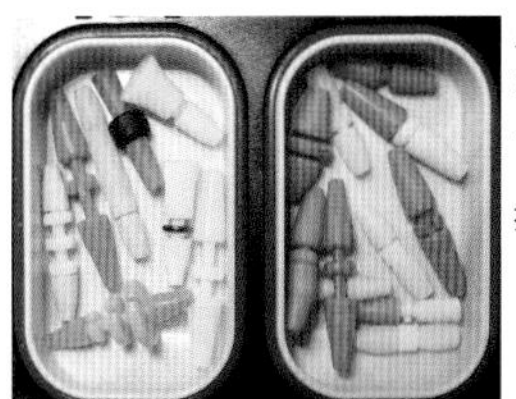

九州のウキメーカーである釣研が開発したウキ釣り専用の小型ストッパー。現在は各社で販売されているが、これによって仕掛けの性能が向上した。

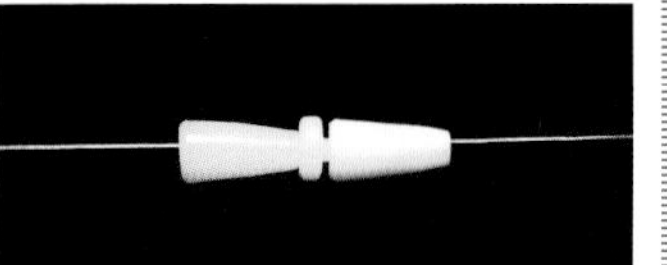

これが小型ストッパー逆付け。小さな仕掛け小物だが、これを応用することでさまざまな海の状況に対応する。

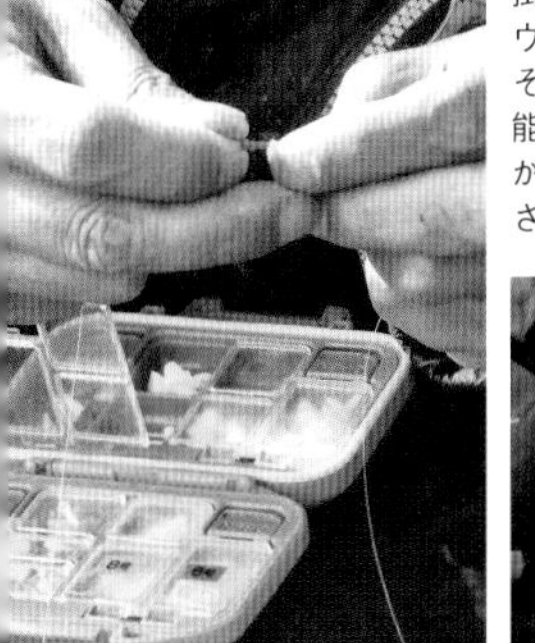

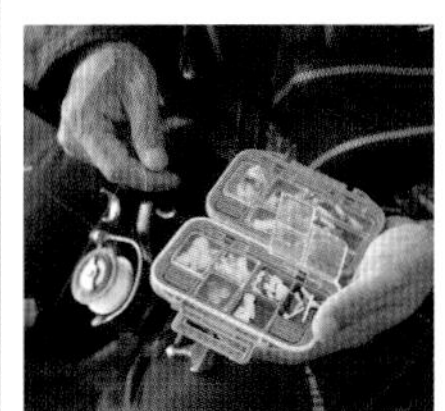

釣り場では刻々と変わる海の状況に合わせて何度も仕掛けを変える必要がある。ウキやハリ、ハリスなどはその典型だが、これらの性能をより発揮してくれるのが仕掛け小物と呼ばれる小さなパーツである。

ガン玉やシモリ玉、ストッパーなど仕掛け作りに欠かせない小さなパーツ類はそれぞれ小物ケースに入れ分けておくと便利。

ウキとウキ止めの間に入れてウキ止めの通り抜けを防止する小さな玉。シモリ玉とも呼ばれ楕円タイプや半円タイプ、サイズもカラーもさまざまだ。

07

# 潮と潮目①干満による潮流

海は黒潮や親潮など規模の大きな海流だけでなく、干潮や満潮の繰り返しによって大きく動いている。この潮の動きを見極めることがメジナ狙いには重要である。

**潮が発生する原理とメカニズムを理解しておけば、眼前に展開される複雑な潮流の変化に惑わされることはない。**

## 潮に合わせて釣りをするのではなく潮を利用して釣る

ウキフカセ釣りが海に生息する魚をターゲットにしている以上、潮の知識は欠かせない。とりわけメジナは潮の変化に敏感な魚だから、ポイントやタナ、時合は潮によって左右されることが多い。

一般に潮流と呼ばれる現象は「月および太陽の引力、地球の遠心力によって周期的に引き起こされる海面の昇降」を意味する。潮流とは干満が引き起こす海水の動きにほかならない。ただ、黒潮や親潮のような規模の大きい海流が含まれることもあり、釣りの場合にはフィールド周辺に発生する小規模な海水の流れを意味することもある。

「潮を読む」とは、それらすべてを総合して眼前に広がる海の流れを観察することであり、今後の動きを予測することだ。潮の干満は月と太陽と地球が一列に並んだ新月と満月のときにもっとも大きくなる。これが大潮。月の位置がずれるとともに昇降幅は小さくなって中潮から小潮へ、長潮から若潮へ移り、再び中潮を経て大潮へ向かう。このサイクルを潮回りと呼ぶ。

メジナには流れの速い潮回りが適しているが、場所や地形によっては大潮よりも中潮で動きが活発になることもある。また、干満による流速は一定ではなく、最満潮と最干潮ではいったん流れがストップし、上げ下げ3分から7分にかけてもっとも速く流れ、メジナの時合もこの間に訪れるケースが多いようだ。潮の動きが速いとコマセや仕掛けが落ち着かないため、潮止まり寸前や動き初めに時

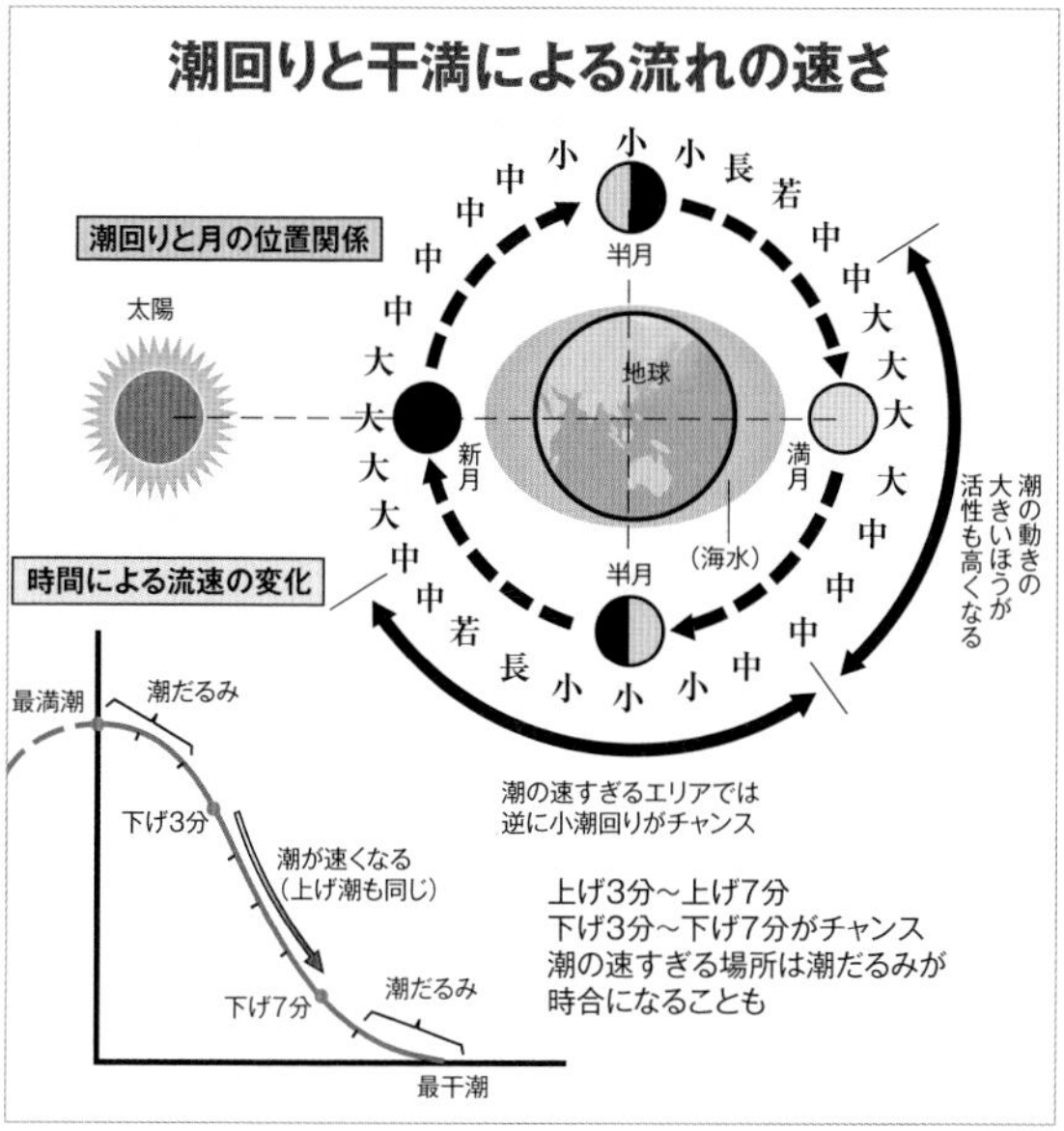

合が集中するパターンも少なくない。

通常、潮の方向は干満によって逆転するわけだが、黒潮のように一定方向へ向かう潮がかすめる海域では潮の方向が変わらないこともある。これに黒潮から分かれた分岐流、海を移動する高気圧や低気圧のような渦が作用して全体の流れは複雑な構造になる。潮流のなかで生計を立ててきた漁師さんたちは、海域に特有の潮を様々な言葉で表現してきた。真潮、逆潮、上り潮、下り潮、新潮といった表現は各地にあって釣りにも活用されている。

したがって、我々は釣行するフィールドの潮の特性を知り、どの潮でメジナが活性化するか、水温がどう変化するのかをチェックする必要があるだろう。ただ、それはデータ化されていない部分なので、通い慣れたベテランや渡船の船長との会

## 潮回りと干満による流れの速さ

潮回りと月の位置関係

太陽　地球　新月　半月　満月　(海水)

潮の動きの大きいほうが活性も高くなる

時間による流速の変化

最満潮　潮だるみ　下げ3分　潮が速くなる（上げ潮も同じ）　下げ7分　潮だるみ　最干潮

潮の速すぎるエリアでは逆に小潮回りがチャンス

上げ3分～上げ7分
下げ3分～下げ7分がチャンス
潮の速すぎる場所は潮だるみが時合になることも

一般に潮流と呼ばれる現象は、月および太陽の引力、地球の遠心力によって周期的に引き起こされる海面の昇降のことである。潮流とは潮の干満が引き起こす海水の動きのことである。

潮の干満は月と太陽と地球が一列に並んだ新月と満月のときにもっとも大きくなり、これが大潮。月の位置がずれるとともに昇降幅は小さくなって中潮から小潮へ、長潮から若潮へ移り、再び中潮を経て大潮へ向かう。このサイクルを潮回りと呼ぶ。

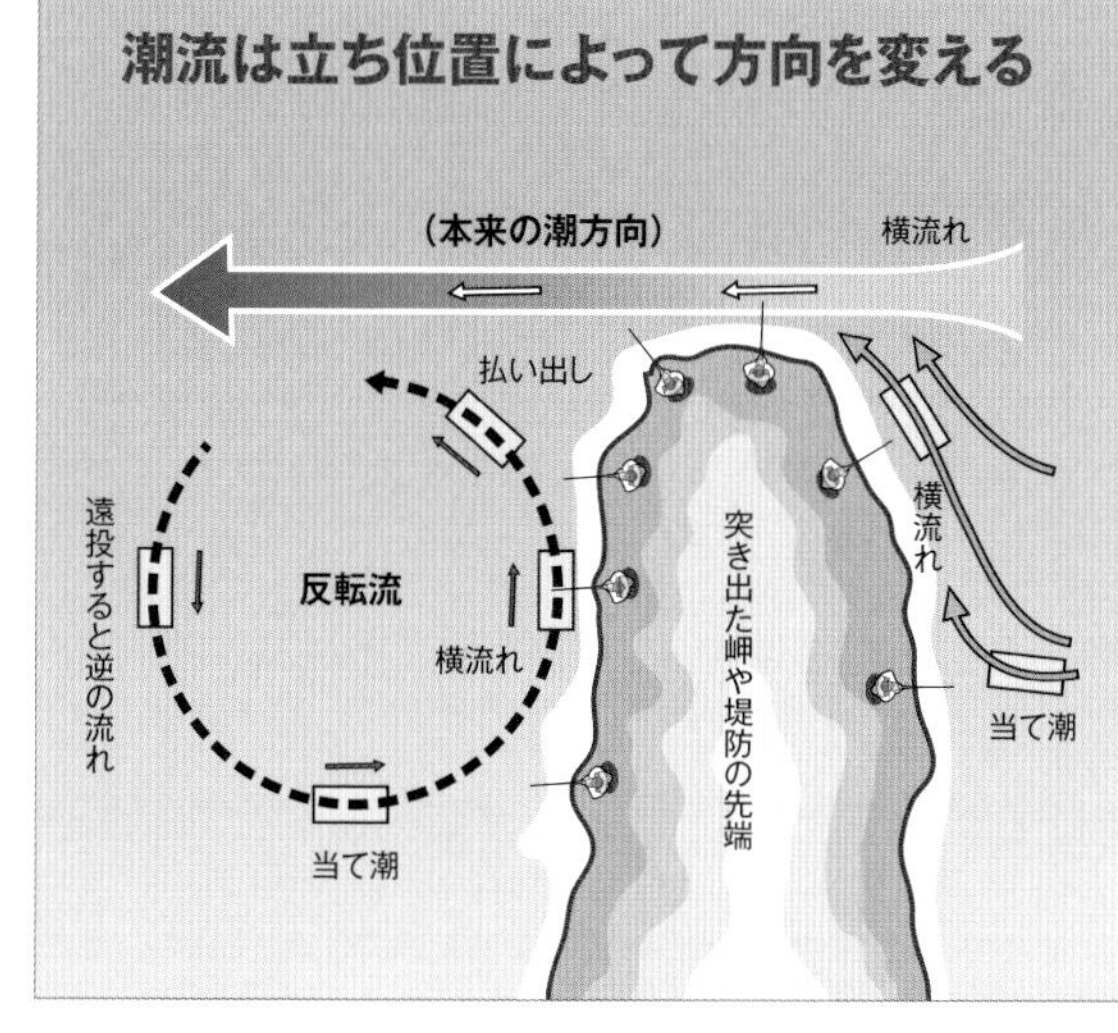

話のなかから少しずつ覚えていくしかない。「ここ数日はずっと上りだから○○島の西向きがチャンスだよ」といったアドバイスを聞き逃さないようにしよう。

ただし、潮を読むことが潮に振り回されることになってはいけない。大潮の上げ3分でしかメジナの活性が高くならないということはなく、船長の読みが外れることだってあるのだ。休日釣行が中心の人は潮回りを選ぶことはできないし、必ずしも有利な場所で竿を出せるわけではない。大切なのは潮に合わせて釣りをすることではなく、潮を利用することなのだ。

## 課外授業

### 厄介な回り潮と反転流

釣り場では、沖と手前の潮が逆方向に流れているケースに遭遇することがある。沖磯なら沖側と陸向きで流れの向きが正反対ということもあって戸惑う。これはどういう現象なのだろう。黒潮が蛇行するように、潮流は周辺の水温分布や地形などで方向を変える習性があり、蛇行した内側に渦が発生する。この渦が俗に「回り潮」と呼ばれる現象を引き起こすのである。

沖に突き出た岬や堤防の先端を速い潮がかすめると、潮裏に大きな反転流が発生し、沖では陸向きに流れ、手前では沖向きに流れるというケースも少なくない。その場合、自分が竿を出す立ち位置や狙うポイントの位置により、潮の方向が違うという理屈を頭に入れておくこと。つまり、釣りにくいと思われる潮に遭遇しても、自分が立ち位置やポイントを替えるだけで潮の状況が一変する可能性があるのだ。これも「潮に振り回されず、潮を利用する」テクニックである。

沖に突き出た岬や磯の先端は潮の動きによって有利な立ち位置が変わってしまう。逆に言えば潮の動きによって有利な立ち位置は異なると言うこと。

メジナは潮の動きに敏感な魚で、潮の見極めが釣果を左右するターゲットである。

潮の動きは刻々と変化し、潮の動きが緩いときと速いときでは付けエサの位置や動きが変わってくる。ウキの状態や反応も変わるので、これに合わせて仕掛けを変えることも重要だ。これがメジナは潮を釣ると言われる所以である。

潮の動きに敏感なのはメジナだけでなく、大半の魚が潮の動きとともに活性が高まる。潮が動き始めると海釣りにおいてはウキフカセ釣りに限らず多彩な魚がヒットしてくる。写真はナンヨウカイワリ。

複数の潮がぶつかり合う所やすれ違う場所には「潮目」が発生する。潮目とは潮の境目で、海面をよく観察するとそういう場所ではシワが寄ったように波立ち、気泡やゴミが溜まり、それが帯状に流れる。こうした場所に仕掛けを投入するか、仕掛けを流すことで効率よくメジナを狙うことができる。

# 08 潮と潮目②
# 潮目はポイントの目印

**地形と風と波が潮流を変化させて複数の流れを作る。複数の流れがぶつかり、潮が合流する場所に潮目が発生する。**

## メジナはコマセ密度の高い潮目に集まってくる

ウキフカセ釣りは「潮を読む釣り」である。干満、黒潮などの海流、海中に生じる渦によって発生するマクロ規模の潮についてはすでに解説した通りだが、メジナ釣りのフィールドにはミクロ規模の潮もある。それらは地形と風と波によって引き起こされる潮の変化であり、実際の釣りではむしろこちらのほうが重要な意味を持つ。

まず、フィールドの地形パターンによる潮の変化を観察してみよう。図では突き出た岬、ワンド、島、水道にぶつかった潮がどう変化するのかを示したが、よく似た地形は堤防や磯でも数多く見受けられるはずだ。潮流が流れてくる側を潮表、流れていく側を潮裏と呼ぶが、ウキフカセ釣りでは流れが押し当てる「当て潮」となる潮表は釣りづらいことが多い。コマセが押し戻され、沖から魚を呼び込むことができないからだ。ポイントも磯際のみに限定されてしまう。

ウキフカセ釣りでは潮裏がポイントになりやすい。突き出た陸地にぶつかった潮は先端に集まり、スピードを上げて駆け抜ける。潮裏に発生した反転流が合流すると流速はさらに勢いを増す。当然、コマセも集められ、潮筋に沿って帯状に流れる。コマセ密度は高くなり、メジナたちも潮筋に集まるという仕組みだ。したがって、ポイントを見つけるコツは「潮の集まる場所」を探すことである。

潮がぶつかり、集まり、すれ違う場所には「潮目」が発生する。潮目

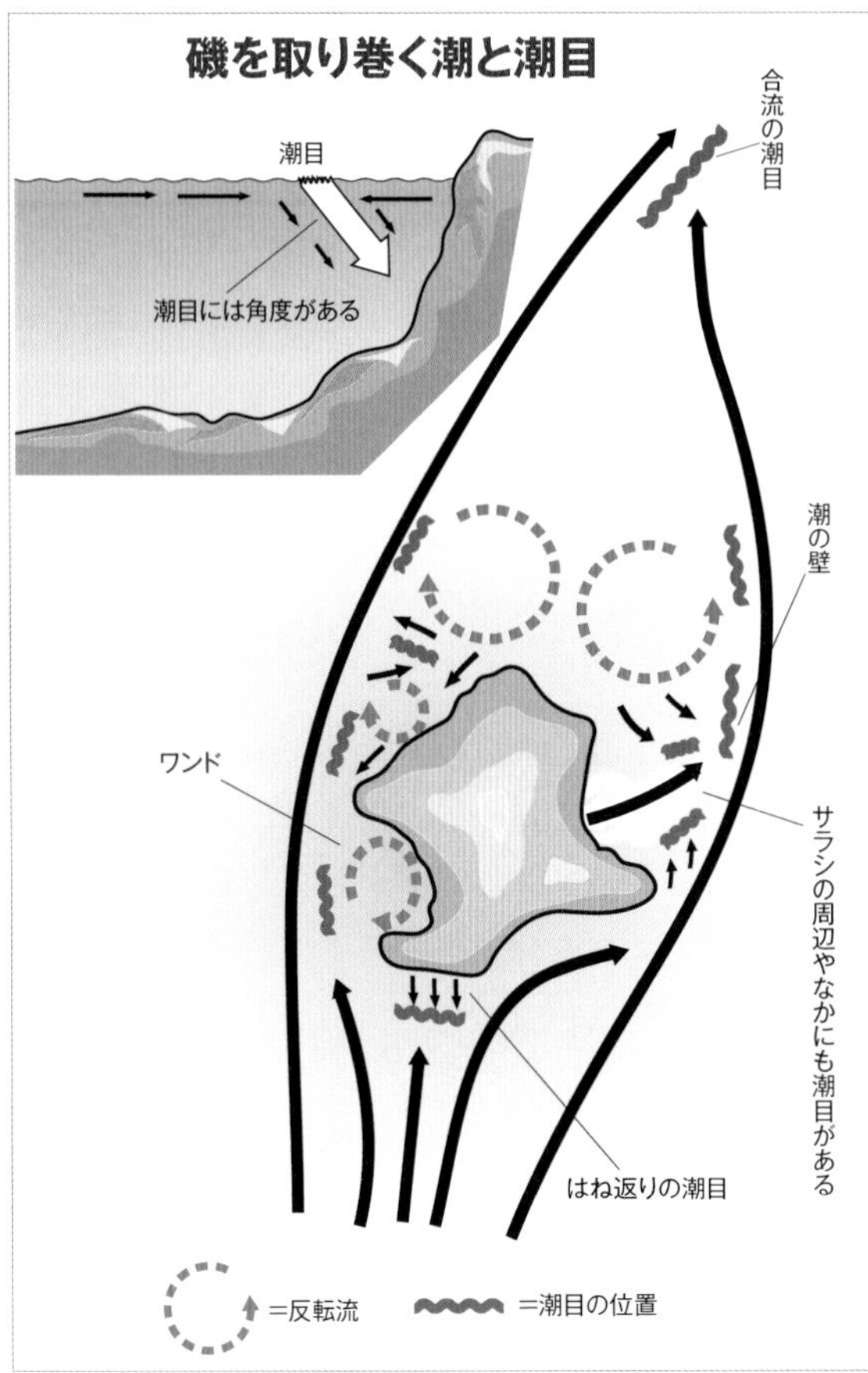


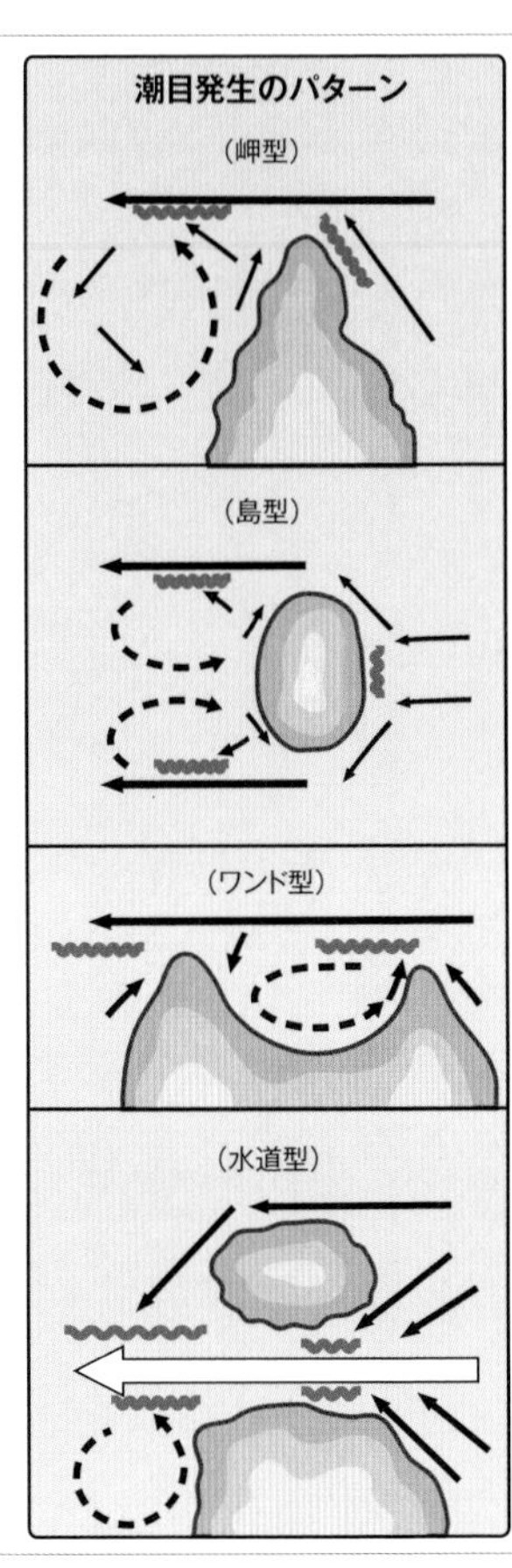


とは潮の境目である。海面をよく観察するとそういう場所ではシワが寄ったように波立ち、気泡やゴミが溜まり、そこから帯状に流れる。投入したウキも潮目に吸い寄せられていく。ぶつかり合った潮は行き場を失って底へ潜り込む流れを生み、プランクトンやコマセも中層まで潜り込んでしばし滞留し、メジナにとってはエサを捕食しやすい環境を作り出す。

磯や堤防にぶつかった波が跳ね返ると、沖から押し寄せる潮とぶつかって潮目を作り、帯状の気泡が磯際や堤防の壁際に並ぶことが多い。V字に切れ込んだ場所やハエ根があると、波は砕けてサラシとなり、泡立ちながら沖へ払い出す。サラシ自体も一種の潮目だが、このサラシが沖の潮と合流する場所には「潮の壁」と呼ばれる潮目が発生する。ただ、潮が動いていないときのサラシは扇状に広がり、明確な潮目を形成しないため、ポイントとしてのレベルは低くなってしまう。

潮の方向はコマセやウキの流れから判断できるが、これでは遅い。釣り場に立ったらサラシから延びる白い泡立ちがどちらへ流れているのかを観察しよう。泡立ちが細長く延びているほど潮は速いことになる。ただ、気泡が風によって一直線に並ぶこともある。そんなときは風が弱まると同時に気泡もばらけるため、観察して潮目かどうかを見極めることが必要だ。渡船利用の場合は磯付けする船の艫がどちらへ流されるかをチェックするとよい。

## 課外授業

### 宇田道隆博士の潮目理論

ウキフカセ釣りに欠かせない潮目を理論づけたのは、日本を代表する海洋学者の宇田道隆博士である。博士が潮目の研究を開始したのは 1927 年だが、それによって日本の漁業は飛躍的に進歩したと言われている。発見は海辺の子どもたちによってもたらされたという。ある秋の日、海岸近くの山に登った博士は海上に油を流したような線が延びていることに気づいた。すると、子どもたちが「あそこに魚がいるよ」と教えてくれたのだそうである。

潮目は「海の中の一種の不連続線である」と博士は定義づけた。複数の性質の異なる流れがぶつかると、すぐには混ざり合わず、動きを止め、または混ざり合わない部分が帯状に延びていく。これが不連続線。性質の異なる流れとは塩分濃度の違い、水温の違い、流速の違いなどである。大規模な潮目は漁場の目印。釣り場周辺に発生する小さな潮目はポイントの目印。探し当てよう。

撒いたコマセは潮目に溜まるとも言われ、ウキフカセ釣りを極めるにはこの潮目を見極めることが大切である。

なかなか初心者が潮目を見極めるのは難しい。しかし、潮目には気泡やゴミが溜まり、それが帯状に流れるので目で確認することができる。空から海を俯瞰するとそれがよくわかる。ゴミや小さな気泡が帯状に漂う様子をはっきりと確認することができる。磯で砕けた波はその場で消えるものもあるが、小さな気泡となって沖へ延びるものもある。これをサラシと呼び、サラシの際や沖にできた潮目は絶好のポイントとなる。

ウキフカセ釣りでは重要な役割を担うコマセ。基本はオキアミ3kgに配合エサ1袋を混ぜ合わせる。配合エサは主にクロダイ用とメジナ用がある。クロダイ用の配合エサは比重が高く沈んでしまうため浮かせて釣るメジナには不向き。メジナ用の配合エサは浮かせて釣るため比重が軽いものが多い。

# 09 コマセの効果はブレンドで決まる

**コマセのベースとなるオキアミの購入方法と崩し方の手順。配合エサの選び方とブレンドパターンを紹介。**

## 口太は細かく、尾長は粗くオキアミを崩すのがコツ コマセの使用量は釣行場所やシーズンによって違ってくる

メジナ釣りに使われるコマセは、オキアミと配合エサをブレンドしたものが一般的だ。九州ではパン粉をコマセにする釣り方があり、関東では刻んだノリに貝殻砂をまぶしたコマセやサナギミンチでメジナを狙うスタイルもあるが、オキアミと配合エサは全国共通の基本形と言ってよいだろう。

オキアミは冷凍した状態で販売されているため、釣行前日に釣り具店へ連絡を入れて解凍予約すること。週末などは半解凍したオキアミを用意している釣り具店もあるが、数に限りがあるので予約しておくほうが無難。カチンカチンに凍ったオキアミは専用ミキサーやナイフでも歯が立たないから、ある程度解凍するまで釣り場でボンヤリするハメになってしまう。

近場の堤防や小磯で半日釣りをするなら、オキアミ3kgに配合エサ1袋でも間に合うが、外海に面した荒磯や沖磯へ釣行するときはオキアミ6kgと配合エサ2袋は準備したい。エサ取りが多い時期ならオキアミ9kgと配合エサ3袋くらいは必要だ。気温の高い夏場は半解凍状態のオキアミを6kg、凍ったままのオキアミを3kg購入すると鮮度を保つことができる。離島のように潮が速い釣り場はオキアミ9〜12kgが一般的な量となる。

コマセの作り方は、まず半解凍のオキアミをバッカンに入れてカッターで砕く。吸い込み魚族の口太は3分の2をスライスするように細かく砕き、残りは粗めに砕く。海中で

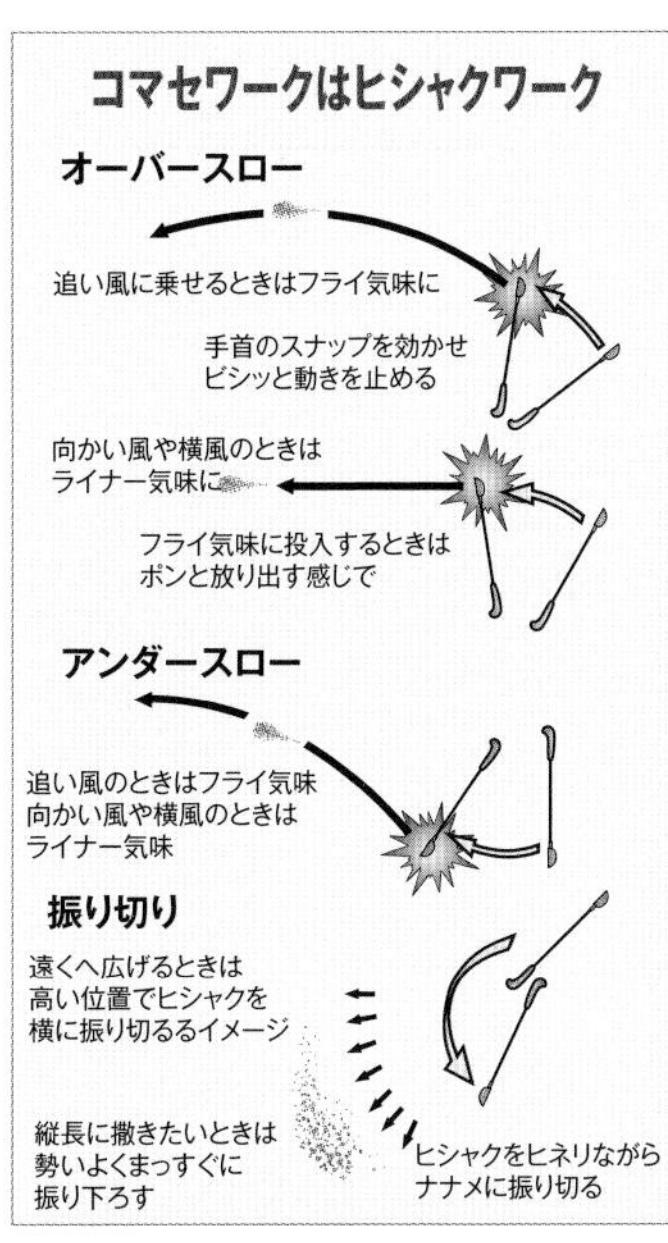

オキアミ3kgに効果の異なる配合エサを2袋用意し半分ずつブレンド。

海水を加えてコマセミキサーでオキアミブロックを細かく砕く。

粒子の粗い配合エサを半袋入れ、コマセミキサーで混ぜ合わせる。

海水を注ぎながら、さらにムラがなくなるように混ぜ合わせる。

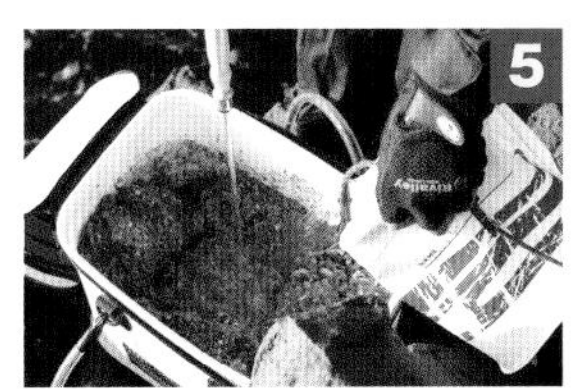

ここではビチャビチャになるくらいに混ぜ合わせるのがベストだ。

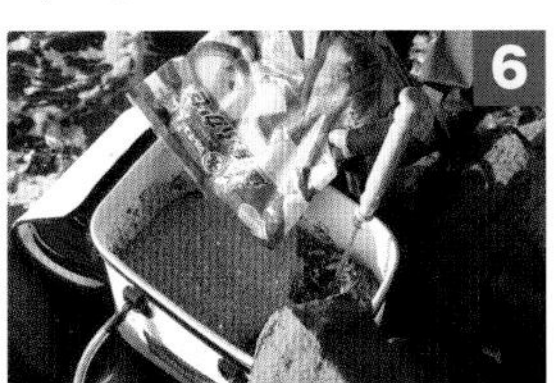

最初の半袋に加え、効果の異なる配合エサを半袋加えて混ぜ合わせる。

海水を加えながら粘りが出すぎないような硬さに仕上げる。

全体がしっとりとなるように配合エサと海水の加減を調整。

未解凍のオキアミブロックを半分に切り、コマセの上に乗せて完成。

目立つエサに反応する尾長の場合は半分だけを粗めに砕き、残りは大雑把に崩す程度に留めておこう。6kgのうち1kgくらいを最初に取り分けておき、コマセの上に載せて粒（姿形が残ったオキアミ）のまま撒くときに使うとよい。付けエサにもでき、コマセに混ぜ込んで変化を付けるのにも役立つ。

崩し終わったらヒタヒタになる程度に海水を注ぎ、ミキサーの刃を直角にして全体を押し潰し、オキアミのエキスが海水に溶け込むようにする。配合エサは「グレ用」を使うが、フィールド条件や季節などに合わせて比重と拡散性、まとまり（粘り）と集魚効果などをチョイスすること。ただ、最初は集魚効果とバラケを優先した粒子の粗いタイプ1袋、まとまりと濁りと拡散性を強調した粒子の細かいタイプ1袋をブレンドすればよい。

加えるときは粒子の粗いタイプから入れ、配合されたペレット状の粒子や押し麦に海水を染み込ませ、全体をよく混ぜ合わせてから粒子の細かい配合エサを少しずつ加え、全体が粉っぽくなったら海水を注ぎ足し、硬さを調整する。粉っぽさがなくしっとり仕上げるのがコツ。途中で硬さを調整するために、粒子の細かい配合エサは3分の1ほど残しておこう。渡船利用なら釣り具店の店頭でオキアミと配合エサをブレンドしたものをバッカンに入れて持ち込み、現場では海水を注ぐだけにしておくと時間短縮になり、余計なゴミも出さずに済む。

### 配合エサは諸刃の剣？

釣具店にはメジナ用とクロダイ用に分けられ、色々な配合エサが市販されている。

オキアミと配合エサの登場がウキフカセ釣りを大きく変えた。全国的に見ればややマイナー気味のターゲットだったメジナを、一躍ウキフカセ釣りのスターダムに押し上げたのもこの2つだと言ってよい。食いがよく、ハリに刺しやすく、おまけに値段の安いオキアミは付けエサとしてもコマセとしても威力を発揮し、「魔性のエサ」とさえ呼ばれた。そんなオキアミの魔力にやや翳りが見えはじめた頃、配合エサという新たな武器が加わり、オキアミの魔力をサポートした。

集魚効果はもちろん、軽いオキアミを深く沈め、コマセをダイレクトに沖の潮目へ投入することも可能になった。拡散する濁りはメジナの活性を高め、ポイントに居つかせて時合を長引かせるという効果も発揮した。その反面、エサ取りまで集めてしまうデメリットをもたらしたのも事実。配合エサは諸刃の剣なのである。そういう意味では使いこなしに時間がかかるアイテムと言える

メジナ用の配合エサには、遠投性や拡散性、集魚効果など特定の効果を高めたものがあり、水深や潮の動きなどに合わせて選ぶことができる。もちろん特定の効果を高めたもの同士をブレンドするものお勧めだ。

ウキフカセ釣り初心者は大量のコマセを残し、最後に海に捨てて帰る人が多い。しかし、これでは釣果を得ることができない。コマセは根気とリズムが命で間断なくなく撒き続けることが大切である。

# 10 コマセワークは根気とリズムが命

**投入するタイミングと間隔がコマセの価値を引き出す。エサ取り対策にもコマセワークが威力を発揮。**

## 一定の間隔で少量ずつ、リズミカルに投入 コマセワークで潮の変化と時合を読み取る

オキアミ6kgに配合エサ2袋をブレンドしたコマセを、カップの小さなヒシャクで6〜8時間以内に撒き切るのは意外と難しい。最初のうちはコマセが足りなくなるよりも、むしろ余ってしまうケースが多いのではないだろうか。

釣り場で見ていると、ときおり思い出したようにヒシャクに山盛りのコマセを投入する釣り人が少なくないのである。

ベテランはコマセの量を計算しながら撒くため、釣りを終えたときはバッカンにコマセが残っていない。それは一定の間隔で少量ずつ、リズミカルに投入することを心がけているからにほかならないが、何を基準に投入すればよいかが問題である。そこで、分かりやすい基準を紹介しよう。

まず、コマセの動きを観察しやすい場所を探して、そこへコマセを投入する。偏光グラス越しにその沈み具合や流れる方向や速度を観察し、最初のコマセが見えなくなったらつぎを同じ場所へ投入するのがひとつの目安。見えなくなるまで15秒かかったら潮はあまり動いていない証拠だ。そのリズムをキープしながらコマセを投入していると、急に間隔が速くなることがある。15秒間隔から10秒、5秒間隔になったら、それは潮が動き始めた合図。リズミカルにコマセを撒くことで自然に潮の変化が分かり、時合を察知することができるというわけだ。

エサ取りにコマセを食べられて見えなくなることもあるが、その場合

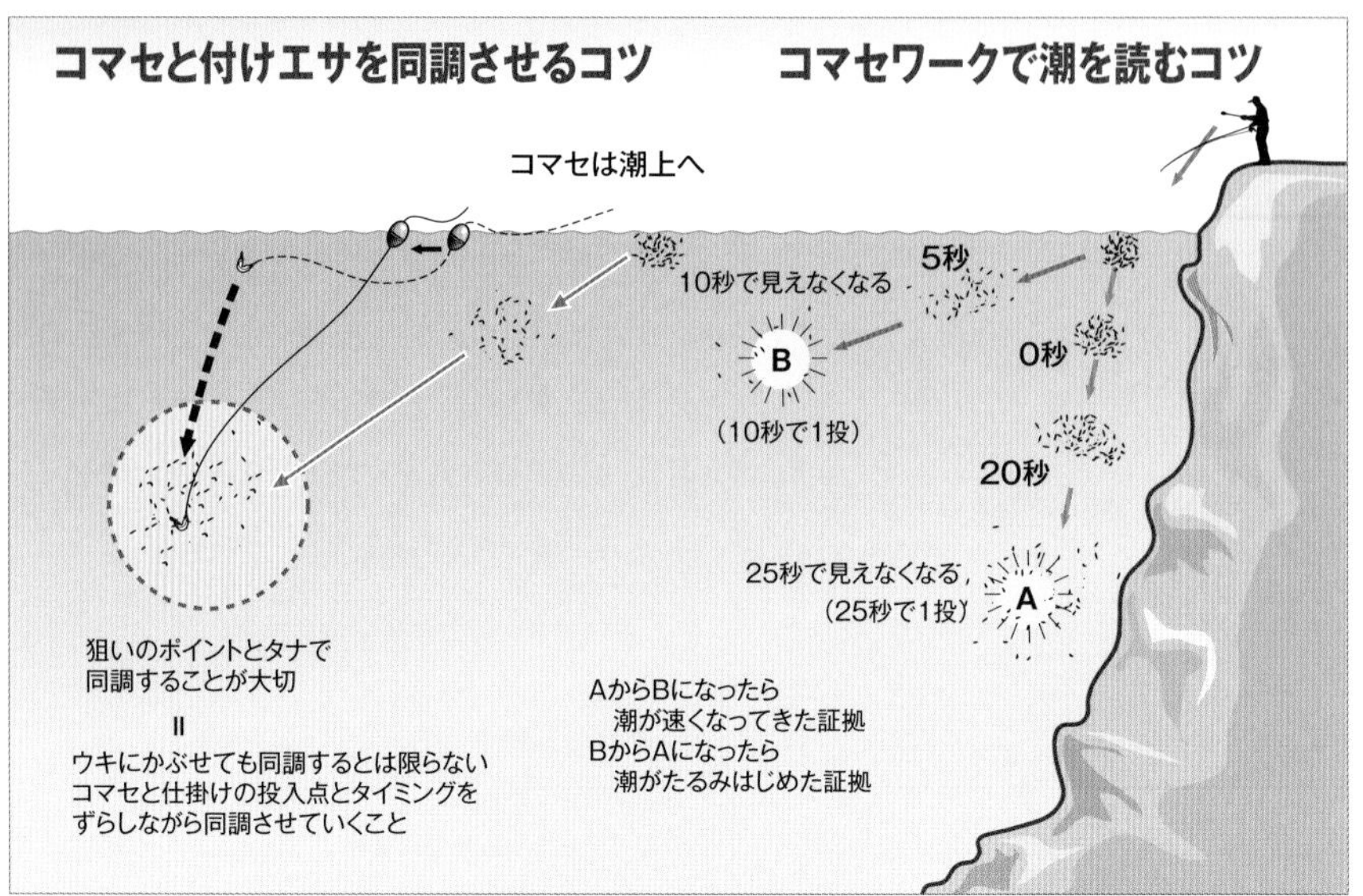


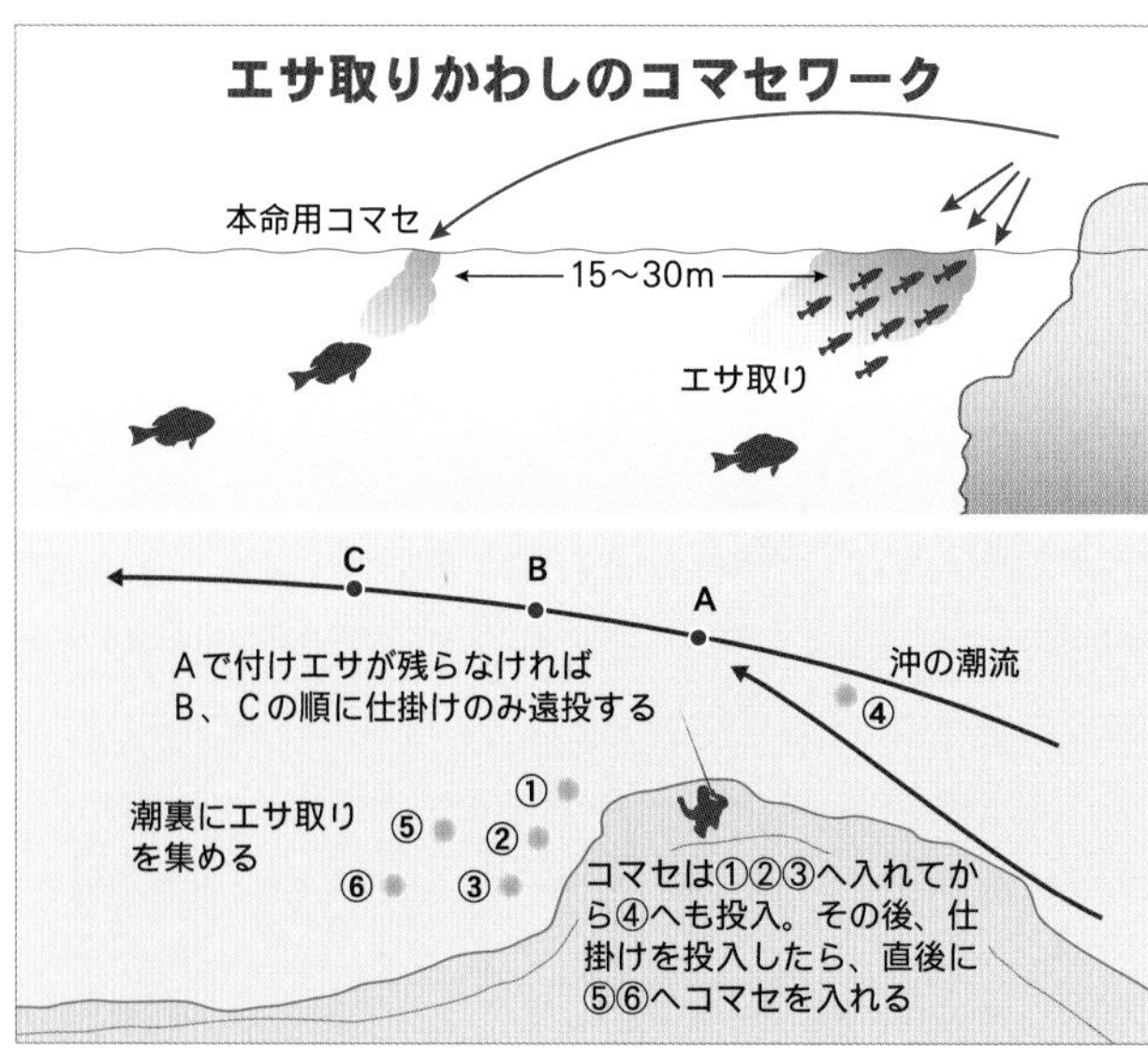

遠投するときはコマセヒシャクのカップをバッカンの内側に押し付けて、コマセを固めてから投入するといい。

カップで固めたコマセが斜めに傾けてもこぼれ落ちない硬さがベスト。コマセを拡散させたいときは軽く掬ってそのまま投入する。

エサ取りが多いときは、本命ポイントとは別にエサ取り用のコマセを足下撒いてから仕掛けを投入することで多少はエサ取りをかわすことができる。

遠投するときはオーバースロー。振り切るとコマセは拡散し、振り切らずにコマセを突き出す感じで投入すると塊のまま遠投できる。

磯際や足下にコマセを撒くときはアンダースローかサイドスロー。向かい風や横風が強いときはアンダースローで投入するとコントロールがつけやすい。

にはコマセのリズムがエサ取りを釘付けするのに役立つ。間隔が長いときは1投のコマセ量を多めに、逆に短いときは少なめに調整するとよい。エサ取りだらけになったら、コマセのリズムはそのまま、コマセが流れる延長線上へ仕掛けだけを投入してみよう。

最初は5m、付けエサを取られたら10m、さらに15m、20mと距離をあけ、付けエサが残った場所へコマセを1杯だけ遠投する。途中でこぼれないようにカップをバッカンの内側に押しつけて団子状にまとめ、ヒシャクを振り切らずに押し出す感じで投入する。これがエサ取りをかわすコマセワークの基本パターンなのである。

エサ取りが激しい場合には、足下や潮裏へエサ取り用のコマセを2〜4杯分ほど投入してから、本命ポイントへコマセ1杯と仕掛けを投入する。これで少しはエサ取りをかわせる。このときも、コマセを絶やさないことである。もちろん、休憩は必要である。コマセがなくなったら潮の動かない（コマセの投入間隔が長くなった）ときに休憩を取り、釣り場を休ませてみよう。

最後に付け加えておくと、投入間隔が長いときはメジナのタナも深く、短いときは浅いことが多い。コマセのリズムに応じてウキ下を調整し、あるいはガン玉を付け替え、ラインの張り具合まで調整できるようになれば、自然にメジナは食いついてくる。釣りを終える間際になって、少しコマセが足りないと感じるくらいがベストである。

## 課外授業

### 一気ドカ撒きで状況が一変！

コマセがメジナだけをグイグイ寄せるなら問題はないが、それ以上にエサ取りを引き寄せてしまうことが多いのが現状だ。多少のエサ取りはメジナの活性を推理するのにも役立つ貴重な存在であり、エサ取りもいない状況よりははるかにやる気も出る。しかし、海中エサ取りだらけということになると話は別である。エサ取りが活発なのだから、メジナの活性も高いわけはずだが、そんなときは基本通りにコマセを撒いても通用しない。

そこで、コマセで海中の環境を変えてやることが必要になる。コマセをしばらく入れないのもひとつの手段であるが、離島釣行のように時間が限られているときは逆にコマセを一気にドカ撒きする方法も効果的だ。どういうわけか、それまでは姿を見せなかったメジナが浮いてくることが多い。ただ、これは裏目に出る危険性もあり、周囲の釣り人の同意が絶対条件。みんながエサ取りに音を上げたときの奥の手として活用してほしい。

納竿間際にコマセをドカ撒きした直後に本命ヒット！　こんな経験をした人は意外と多い。

ウキフカセ釣りのために誕生したと言っても過言ではないオキアミ。尾羽根を取った1匹刺し腹掛けはもっともオーソドックスなハリ付け法。この付け方でまずは始めよう。

# 11 魔力を引き出すオキアミの付け方

**食いがよく、ハリ付けしやすく、安価なオキアミはウキフカセ釣りに欠かせない定番の付けエサとなった。**

## オキアミの刺し方をもう一度チェック

かつて「魔性のエサ」とさえ呼ばれたオキアミだが、最近は生のオキアミオンリーではエサ取りに太刀打ちできなくなり、ボイルして身を硬く締めたオキアミや特殊な溶液に浸してハード加工されたオキアミを使う釣り人が多くなった。今や、ボイル、半ボイルなどの加工オキアミはメジナ釣りの常備エサとされている。

ほかに練りエサやパン粉なども活用され、フナムシ、ノリを使った伝統釣法も復活の気配である。コラーゲンを使ったエサ取りに強い特殊な付けエサも市販され、生のオキアミはトップの座から滑り落ちつつある。しかし、オキアミほど便利なエサはない。サイズはS、M、L、LL、3Lから選ぶことができ、ハリに刺しやすく、頭を取ったり、むき身にしたり、様々な使い方が可能である。安易にほかのエサに頼るまえに、オキアミの刺し方をもう一度チェックしてみたいと思う。

吸い込み魚族である口太にはMサイズかLサイズのオキアミがベストマッチ。条件次第ではSサイズが有効なこともあるが、Mサイズの刺し方を工夫すれば必要ない。オーソドックスなのは「1匹刺し腹掛け」というスタイル。尾羽を取り、切り口からハリ先を入れて頭の付け根から腹側へ抜く刺し方である。ハリはチモトを持って上向きに固定しておき、オキアミをこき上げながらハリがなるべく背側に入るようにするのがコツだ。

オキアミの腹を外側にして殻に沿ってハリを刺し入れ、ハリ先を目

## オキアミの刺し方を使い分けよう

### ①1匹刺し腹掛け

もっとも一般的な刺し方。尾羽を取るのは海中で回転しないようにするため。オキアミが背を下に向け、コマセと同じ状態で沈む

### ②1匹刺し背掛け

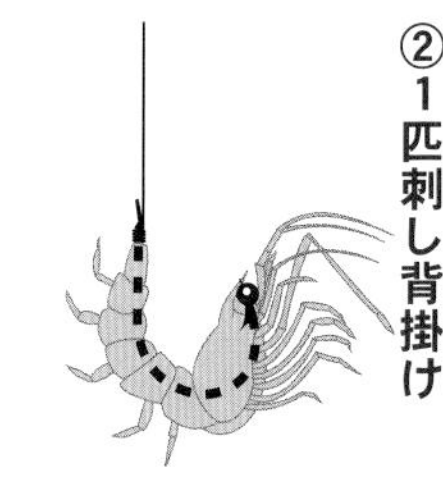

ハリ先は目の間へ出すのが基本。遠投してもちぎれにくく、脚が外側に広がるため腹掛けよりオキアミが大きく見える

### ③1匹逆刺し背掛け

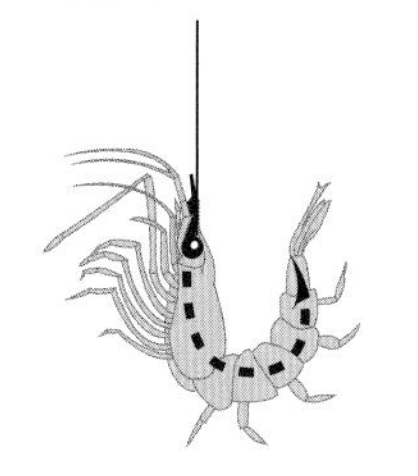

目の間からハリを入れて尾羽の付け根で止める。小さめのオキアミ、または大粒アミエビを刺すときに使う。超遠投も可

### ④胴刺し腹掛け

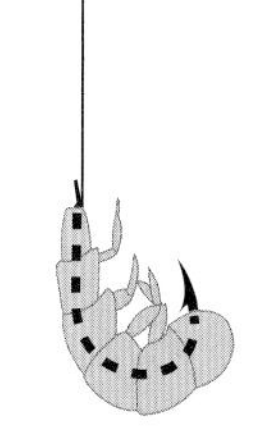

尾羽と頭を取って胴だけ刺す。短軸の小さなハリを使うとき、あるいは頭だけ取られるときに有効。メジナ釣りでは標準スタイル

### ⑤胴刺し背掛け

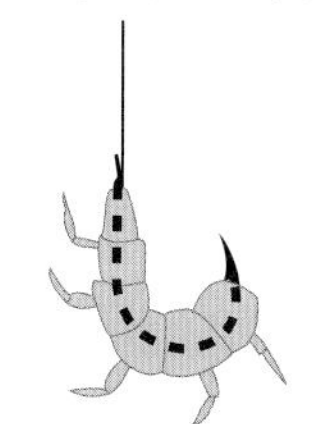

遠投、超遠投するときに使われる。④の方法でオキアミが残ってくるようならこの刺し方を試してみよう。背掛けは食いがよい

### ⑥胴逆刺し腹掛け

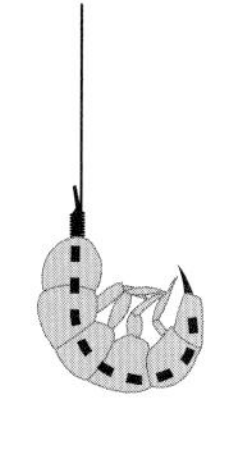

オキアミを小さくしっかり付けたいときに有効。エサ持ちも比較的よい。ハリ先で尾羽の付け根を縫うように止めるのがコツ

### ⑦胴逆刺し背掛け

小バリで超遠投するときの刺し方。⑥の腹掛けスタイルに比べて若干大きく見えるが、食いのよさはさほど変わらない

### ⑧2匹胴刺し腹掛け

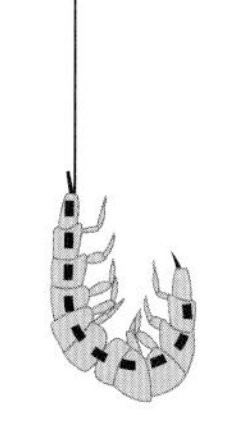

尾羽と頭を取ったオキアミの胴だけを２つ刺す方法。オキアミが小さいとき、またはエサ取りが多いときに効果的だ

### ⑨むき身刺し

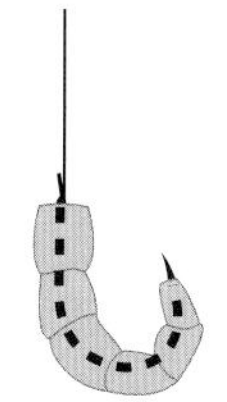

小さなハリに殻から絞り出した身を刺す。オキアミがそっくり戻ってくるような食い渋りに有効。２匹分、３匹分付けてもよい

### ⑩2匹刺し背合わせ

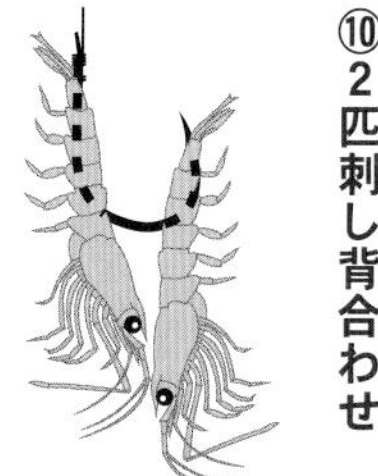

船釣りでよく使われる刺し方。尾羽と頭を付けたままハリに刺すが、意外と海中で回転せず遠投も可能。マダイ狙いに効果的だ

### ⑪2匹刺し抱き合わせ

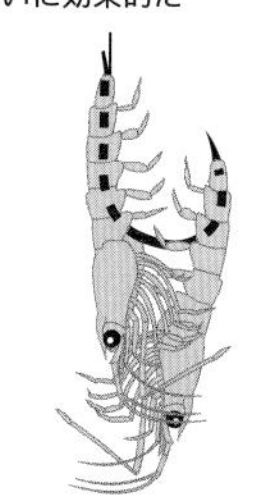

２匹のオキアミを腹掛けに抱き合わせるスタイル。この場合は尾羽を取るほうがよい。身切れしやすいので遠投には向かない

### ⑫房掛け

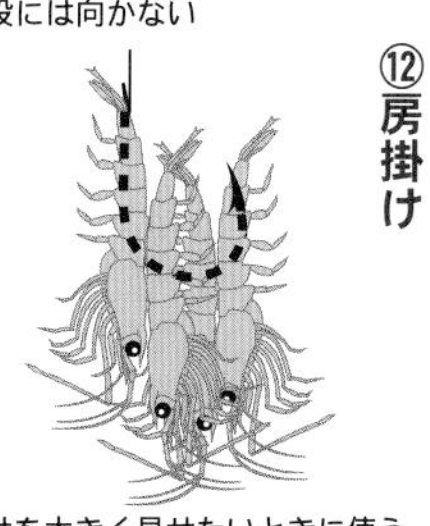

エサを大きく見せたいときに使う。特に回遊魚狙いで威力を発揮。軸太でフトコロの広い金バリと組み合わせるのがコツ

の間か目の後ろに抜くのが「1匹刺し背掛け」である。フトコロに殻が掛かるため遠投しても千切れにくい。逆に目と目の間からハリを入れて尾羽根の付け根にハリを抜くのが「1匹逆刺し」で、これにも腹刺しと背刺しがある。

1匹掛けでエサを取られるときやハリを小さくしたいときは、頭も取ってハリに刺す。遠投するときやエサを多少大きく見せたいときは腹を外側にした背掛けスタイル、エサ取りが多いときや吸い込みが悪いときは腹掛けで小さく丸めるように刺すこと。エサを取られるときは頭側から逆刺しにするほうがよい。また、胴だけを2個付けする方法はメジナの活性が高いときに効果的。エサ取りが片方をついばんでもすぐ下のメジナまでエサが届く。

尾長の場合はL～LLサイズのオキアミを「1匹刺し腹掛け」にするのが基本である。軸長のハリに真っすぐ刺すのが水中姿勢をよくするコツ。頭だけ取られるとき、ハリを小さくしたいときは脚を残して頭の殻だけを取り除く方法もある。水中で脚がヒラヒラするのでアピール度は高い。

沈みを速くしたい場合には空気の入った頭は取り除き、胴だけを刺すほうがよい。逆にゆっくり沈めたいときは胴の尾側をカットして頭を付けたまま刺す。ボイルや半ボイルも同様。食いの渋いときは配合エサをまぶしてカムフラージュしてみよう。付け方の工夫で失われた魔力が復活する。

## 課外授業

### 本命がエサ取りになることも

現代のメジナ釣りはエサ取りとの果てなきバトルゲームと言ってよい。スズメダイ、オヤビッチャ、チョウチョウウオ、アジ、クサフグやキタマクラ、タカベ、カワハギやウマヅラハギ、ウスバハギ、小型回遊魚、ダツなどは手強い相手だが、最も厄介なのは小メジナかもしれない。

小なりといえどもメジナはメジナ。習性や捕食スタイルは本命魚と同じわけだから始末が悪い。20㎝前後の小メジナがコマセに群がるときは打つ手がなく、コマセと仕掛けを投入するタイミングをずらして、小メジナの下や周辺にいる良型に付けエサを届けるしかない。小メジナがひと口で吸い込めない大きさのオキアミをハリに刺すのも有効だが、基本的には手返し勝負。しかし、すべて小メジナやエサ取りの仕業と思い込んでしまうのは禁物だ。良型メジナがハリに掛からないだけというケースも少なくない。ハリに掛からなければ本命もただのエサ取りなのである。

木っ端メジナの中から少しでも型のいいメジナを釣り上げることもウキフカセ釣りの醍醐味だ。

どのウキを使うかは状況次第。仕掛けの特性を理解し、それにもっともマッチしたものを選ぼう。半島周りの磯で狙うメジナは遊動仕掛けが一般的になっている。

# 12 ウキフカセ釣り 3大仕掛けパターン

**すべての仕掛けは固定、遊動、移動のいずれかに分類できる。それぞれのメリットとデメリット、適応条件を把握しよう。**

## タナが浅ければ固定仕掛け、深ければ移動仕掛け、絞り込めないときは遊動仕掛け

固定仕掛け、遊動仕掛け、移動仕掛けの3つはウキフカセ釣りの基本となる仕掛けパターンである。一番シンプルで古典的なのは、道糸に通したゴム管にウキを差し込むだけの固定仕掛けだろう。道糸に固定したウキからハリまでがウキ下となり、探れる範囲は限定されるが、構造自体がシンプルなので釣り人に迷いは少なく、アタリも鮮明だ。タナが浅いときや仕掛けが浮きやすい速潮、サラシ場狙いなどではもっとも扱いやすい仕掛けである。

移動仕掛けというのは、固定仕掛けをオモリで一定の深さまで移動させるスタイルだと思えば分かりやすい。付けエサを沈めていく時間ロスが少ないため、メジナのタナが深く、そこからなかなか浮いてこないときには効率的である。また、表層のエサ取りをかわす場合にも役立つし、強風で仕掛けが沈まないときの超遠投ポイント攻略でも活躍する。ウキ止めからハリまでがウキ下となるので、ウキ止めの位置を調整すれば5cm刻みでタナを探ることも可能。低水温期の口太狙いには欠かせない仕掛けである。

遊動と移動の区別は難しい。遊動仕掛けはその名が示す通り、仕掛けがウキ止めまでの間を遊びながら動いていくイメージだ。最終的には移動仕掛けと同じようにウキ止めからハリまでがウキ下となるが、仕掛けがゆっくり沈む「遊動幅」のすべてがウキ下と考えたほうがよいだろう。探るタナの幅は広く、遊動中はウキの抵抗がストレートに伝わらないいた

# メジナのウキ釣り3大基本仕掛けとその役割

### 遊動ウキ仕掛けとその攻略エリア

道糸を張ったり
止めたりしながら
刻むように探っていく

遊動

ガン玉2号～
3Bが目安

海面からウキ止め位置までの
すべての層が攻略エリアとなる

メジナのタナが分からないときに有効。
仕掛けに変化を付けやすく食い込みもよいが
ライン操作は難しく手返しは悪い

### 移動ウキ仕掛けとその攻略エリア

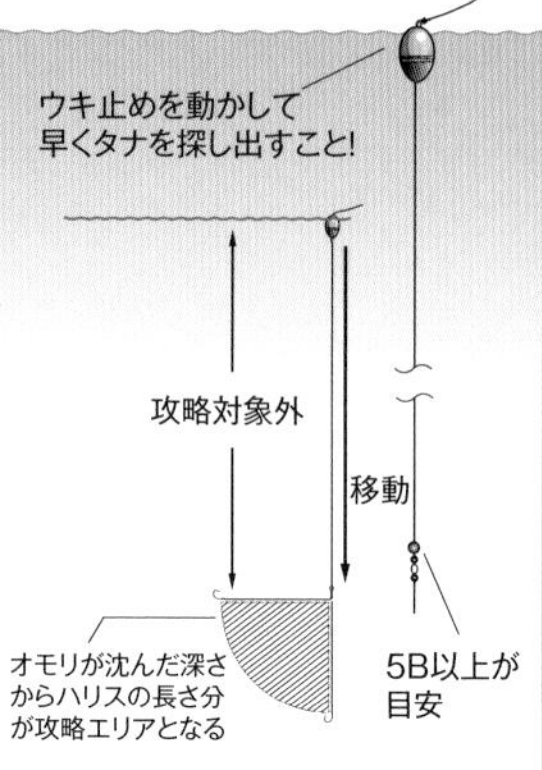


メジナのタナが深いときには有効
狙いのタナを絞り込めるので手返しは早いが
食い込みの悪いこともあるので注意

### 固定ウキ仕掛けとその攻略エリア

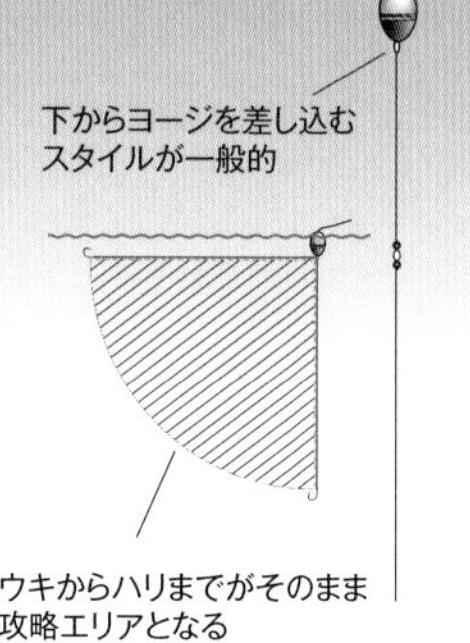


メジナのタナが浅いときなどに有効
仕掛けがシンプルでトラブルが少なく
アタリも出やすいが探れるタナは制限される

## 遊動仕掛け

コマセと一緒に仕掛けを流すことができ、タナを広く探れるのが遊動仕掛けのメリットだ。ウキフカセ釣りでは定番の仕掛け。

ガン玉や仕掛けの比重でゆっくり沈み、ウキ止めがウキとドッキングするまでの範囲が遊動仕掛けの攻略エリアとなる。

## 移動仕掛け

中通し円錐ウキの移動仕掛けには、スリムタイプの水中ウキも活躍する。なお、ウキと水中ウキの間やウキとオモリの間にはクッションゴムを入れる。

ウキがウキ止めに達すると、水中ウキやオモリがウキの浮力を上回るため仕掛けがゆっくり沈みながら潮に乗って流される。

## 固定仕掛け

中通し円錐ウキの固定にもいろいろなスタイルがある。ウキの下からヨージを差し込むのがもっともポピュラーな方法。

専用のヨージも市販されている。ヨージが長くはみ出しているとトラブルの原因になるので、ウキに合ったサイズのヨージを選ぼう。

め食い込みもよいのが特徴。タナを絞り込めないときは遊動仕掛けで探るのが正解だ。

　この遊動仕掛けからウキ止めを外したスタイルが全遊動で、遊動幅が限定されない分だけ探れる範囲はさらに広くなる。固定仕掛けを過負荷状態の浮力調整で沈めていく沈め探り釣りも、原理的には遊動仕掛けだ。遊動仕掛けで厄介なのは、固定や移動のようにウキがしっかり仕掛けを支えてくれないため、ウキを支点として仕掛けに張りを作るのが難しい点である。

　タナを絞り込めるときは固定仕掛けか移動仕掛け、タナが曖昧なときは遊動仕掛け、という使い分けが基本であるが、タナを絞り込めないというのは活性が低いことではない。活性が低いときのメジナは自分がテリトリーとするタナから動こうとしないから、タナは絞り込みやすい。活性が高いときほどメジナの上下動は激しく、タナを絞り込みにくい。そういう意味では、活性の高いときこそ遊動仕掛けを使うのが正しい選択とも言える。

　ただ、移動仕掛けはどうしても仕掛けが立ちやすく、コマセの動きに同調しにくいという弱点があるため、メジナ釣りではやや重めのオモリを使った遊動仕掛けが使われる。最初は軽いオモリでタナを探り、メジナのタナが推測できたらガン玉を追加して集中的にタナを攻めるというのが効率的な方法だろう。アタリがなければガン玉を軽くしてタナを広く探ることだ。

## 課外授業

### 移動仕掛けで尾長を仕留める

　最近のメジナ釣りはガン玉を極力排除した全遊動仕掛けが全盛で、離島の尾長釣りでは沈め釣りか全遊動釣法以外はほとんど見かけないほど。しかし、どんなに食いのよい仕掛けも、付けエサがメジナの口まで届いてくれなければアタリは出ない。あたりまえの話だが、現実にはタナが深いと分かっていても軽い仕掛けにこだわる釣り人が多い。

　伊豆諸島の八丈島へ釣行したときは、季節が真冬だったこともあり、20ｍまで見透かせるような透明度にもかかわらず、尾長らしき姿は見えなかった。チラチラとやる気のないエサ取りがコマセに集まる程度。それでもほとんどの釣り人は０浮力ウキの全遊動仕掛けである。私は思い切ってオモリ１号の移動仕掛けに切り替え、ウキ下を竿２本半に設定して磯際を深く探ってみた。その２投目に、いきなり竿を引き込むアタリで55㎝という尾長がヒット。それが当日、八丈島全体で唯一の尾長だったと港で教えられた。

移動仕掛けで仕留めた50㎝オーバーの尾長メジナ。潮が早い離島では移動仕掛けが威力を発揮する。

メジナの口にガッチリ掛かるのもハリ先が鋭いから。少しでも鈍くなっているものは即座に交換しよう。これを怠るとヒット率が極端に減少する。

# 13 グレバリ選び その基本と応用

**吸い込み優先か、掛かり優先か。ハリの特徴を把握してメジナの状況にマッチした種類と号数のハリをチョイスする。**

## 付けエサとのバランスや色も選択の重要な要素

ハリはメジナに直接触れる唯一のタックルである。どんな釣りでもハリが担う役割は大きいが、メジナのように臆病で神経質な魚は違和感を覚えると瞬時にハリを吐き出してしまう。そのため、少しでもヒット率を上げようと思ったら状況に合わせて吸い込みがよく、なおかつ掛かりのよいハリを選択する必要がある。

吸い込みを優先するなら軸が細くて軽いタイプがおすすめだ。できればサイズが小さいほうが違和感を与えない。しかし、小さいハリはすっぽ抜けるリスクが高くなり、細軸タイプはやり取り中に伸ばされる可能性がある。速い流れでは安定が悪く、逆に違和感を与えるというデメリットも生じ、スムーズに狙ったタナへ入らないことも考えられる。大きなハリだと掛かりはよいが、吸い込みが悪い。ハリはメジナの口に入らなければ威力を発揮できないタックルである。

メジナ用に設計されたハリをグレバリというが、口太用と尾長用ではその基本形状がかなり異なる。口太用は吸い込み優先で軸の短い形状が多い。逆に尾長用は軸を長くした形状が主流である。これはオキアミを大きく付けるためであり、急流のなかで付けエサを安定させるためであり、吸い込んだときにチモトが鋭い歯の外に出るようにという工夫にほかならない。尾長用のハリにハリ先が内側を向いた「半ネムリ」と呼ばれる形状が採用されているのも、口中のハリが口端まで滑り出て掛かるようにするためだ。ただ、食いが悪

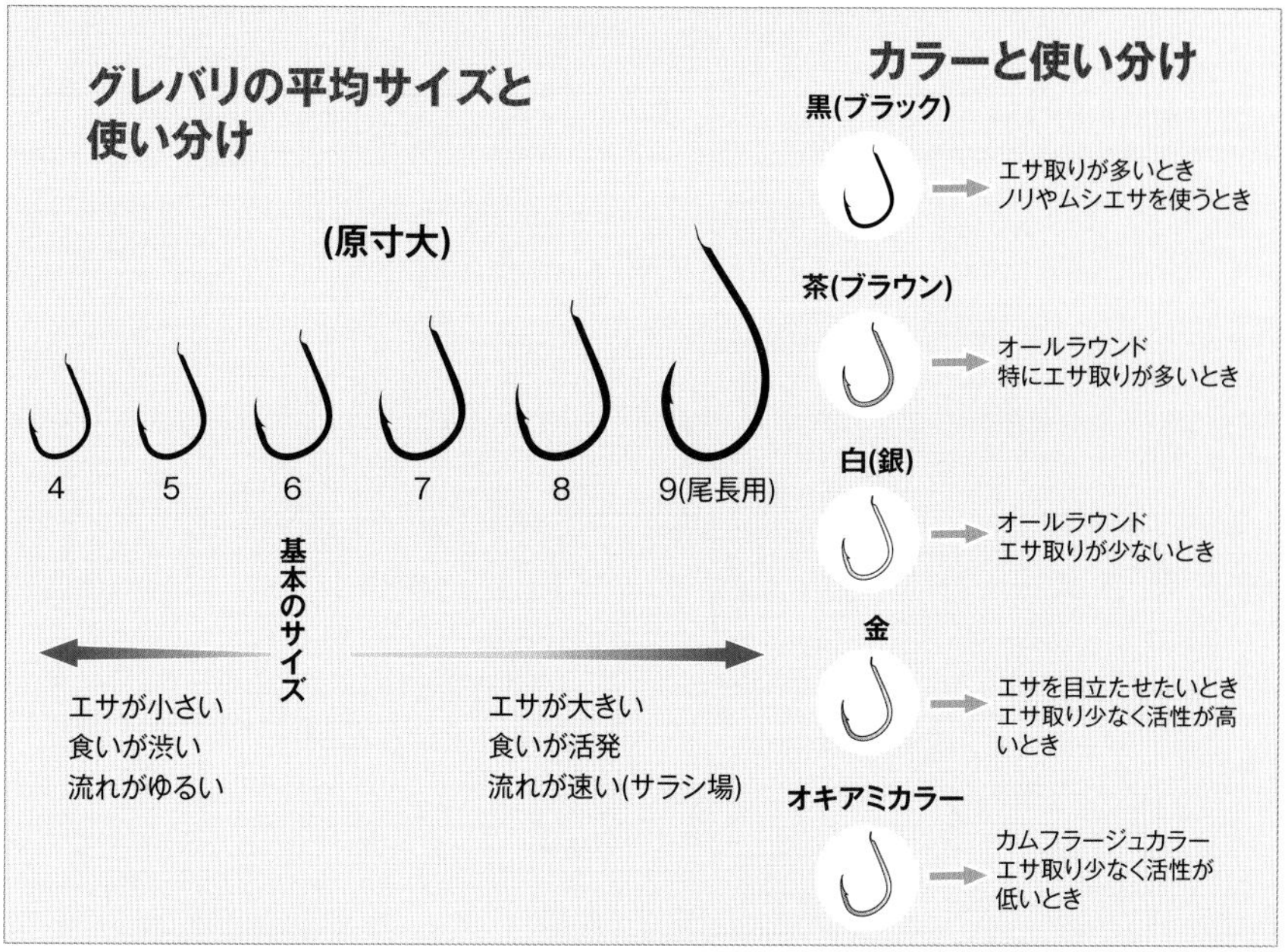

グレバリの平均サイズと使い分け
(原寸大)
4
5
6
7
8
9(尾長用)
基本のサイズ
エサが小さい
食いが渋い
流れがゆるい
エサが大きい
食いが活発
流れが速い(サラシ場)
カラーと使い分け
黒(ブラック)
エサ取りが多いとき
ノリやムシエサを使うとき
茶(ブラウン)
オールラウンド
特にエサ取りが多いとき
白(銀)
オールラウンド
エサ取りが少ないとき
金
エサを目立たせたいとき
エサ取り少なく活性が高いとき
オキアミカラー
カムフラージュカラー
エサ取り少なく活性が低いとき

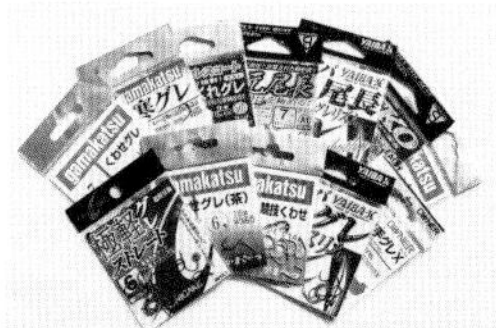

軸の太さ・形状・大きさ・色の異なるメジナ専用のハリが数多く市販されている。状況に合わせて上手に使い分けよう。

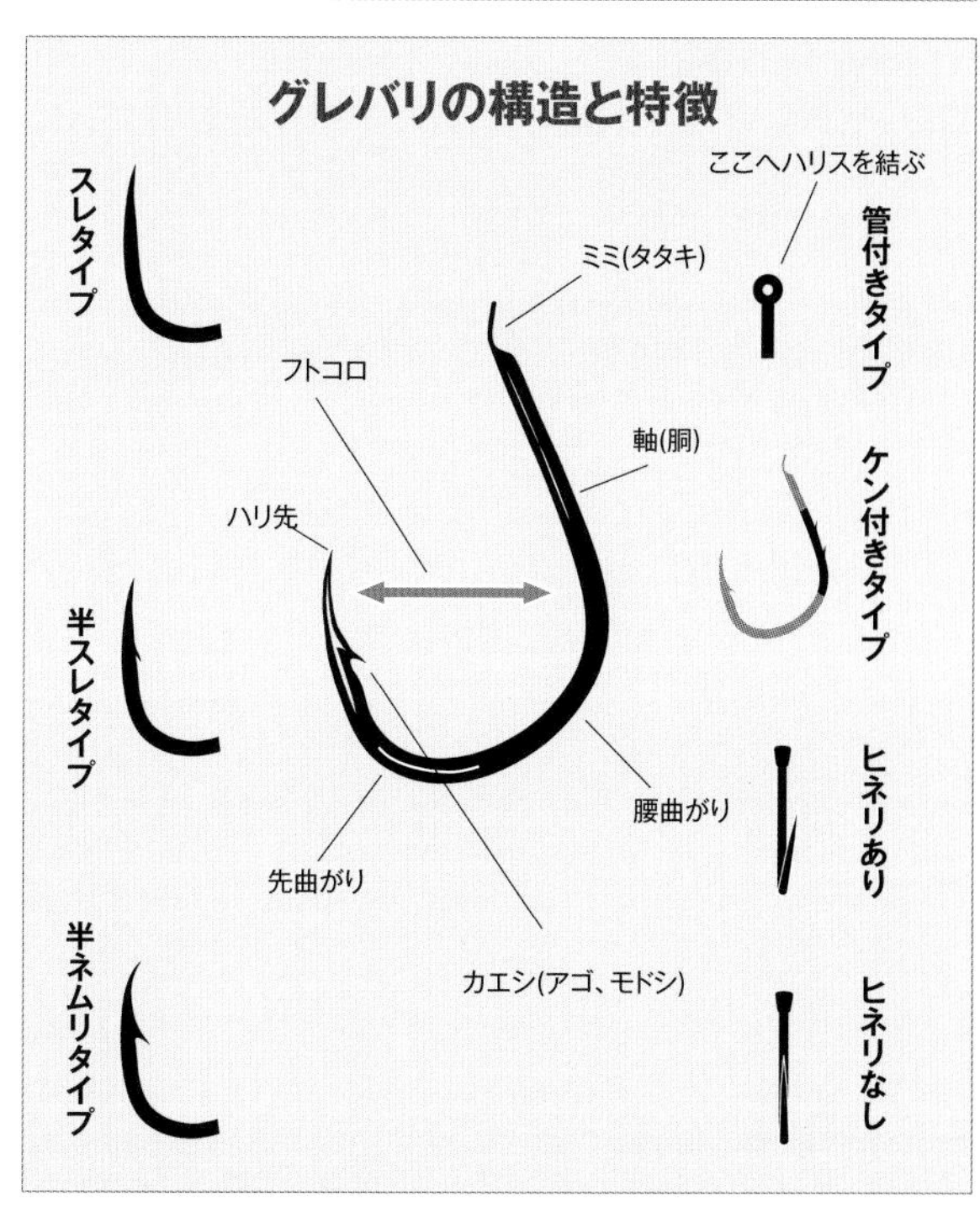

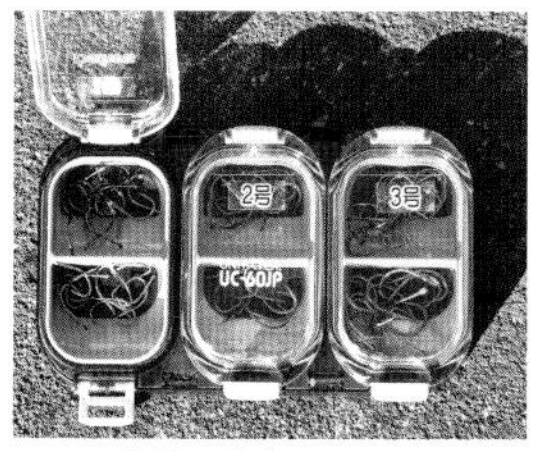

ハリは専用の防水ケースに入れてフローティングベストのポケットに収納。号数別に入れておけば、交換時のタイムロスが減る。

グレバリの構造と特徴
スレタイプ
半スレタイプ
半ネムリタイプ
ミミ(タタキ)
フトコロ
軸(胴)
ハリ先
腰曲がり
先曲がり
カエシ(アゴ、モドシ)
ここへハリスを結ぶ
管付きタイプ
ケン付きタイプ
ヒネリあり
ヒネリなし

いときや磯際狙いではすっぽ抜けることがあり、唇の皮1枚の際どいハリ掛かりになることがある。そんなときはネムリ系ではない通常タイプを結ぶとよい。

号数はターゲットとなるメジナの平均サイズに合わせるのが基本。小磯や堤防から20〜30cmを狙うなら4号か5号、荒磯や沖磯で30〜40cmを相手にするなら5号か6号、ターゲットが40cm以上であればハリは6号か7号をチョイスする。しかし、平均サイズが40cm以上でも食い渋りの場合には5号、4号、ときには3号といった小バリが必要になる。相手が30cm前後でもエサだけ取られるときは大きなハリを使い、小さなアタリで掛けアワセするほうがよいこともある。

メジナの活性が高く、ガンガン食ってくるようなときはハリにこだわる必要はない。タナの深さや潮の速さ、メジナの大きさに合わせてハリを選べばよい。向こうアワセで釣れるなら小さなハリで吸い込みを重視しよう。反転するメジナは口をしっかり閉じているから、小バリでもすっぽ抜けることは少ないはずだ。

もちろん、メジナはハリを食べるわけではなくハリの付いたオキアミを間違って吸い込むわけだから、ハリ選びには付けエサとのマッチングも重要な要素となる。コマセには反応するのに付けエサにはまったく反応しないことがある。こんなときはオキアミカラーやオレンジ、淡紫などのカムフラージュカラーのハリが有効である。

## 課外授業

### 仕掛けに迷ったらまずハリを交換

ハリ、糸、エサ。この3つは釣りの原点である。大昔の人々はハリを様々に工夫し、海中を泳ぐ魚と知恵比べを展開した。世界各地から出土するハリには古人の試行錯誤が表れているが、日本ほど多種多様なハリが存在する国はほかにない。それはターゲットの豊富さと釣り方の多様さによる。

グレバリひとつ取っても相当な種類が市場に出回っており、今もなお新しいハリは続々と登場し続けている。週イチ釣行ではとても使い切れないほどの数だが、私自身、メジナ釣りにはいつも10種類近くのハリを持ち歩いている。メインのハリは専用フックケースへ号数ごとにまとめ、サブのハリは袋のままポケットに入れる。磯バッグにも特殊なハリや予備のセットが入っている。使い分けの基準はあるが、ハリに関しては実際にあれこれ試してみるしかないからだ。迷ったらまずハリを交換。それがスレッカラシのメジナを仕留める秘策だと言ってもよいだろう。

ハリの交換をこまめに行うとヒット率も上昇。

どんなに小さなガン玉も水中で抵抗になることは避けられない。ただし、その抵抗を上手に活かせば仕掛けを自由に操ることができる。

# 14 ガン玉と水中ウキを有効活用する

**ウキまかせ、仕掛けまかせ、潮まかせのメジナ釣りから仕掛けを止め、張り、角度を微調整する攻撃的な釣りへ。**

## ガン玉や水中ウキの抵抗をメリットに変える

0浮力のウキを使った仕掛けでメジナ釣りを覚えた釣り人は、ガン玉恐怖症に陥ることが多いようである。「ハリスにガン玉を付けると仕掛けが立ってしまう」とか、「エサを吸い込むときの抵抗が大きくなる」とか、「仕掛けが屈折する」といったイメージがあるようだ。

ガン玉は百害あって一利なし。仕掛けを沈められないときに仕方なく付けるものでないに越したことがない。そういう考え方が主流になっているようだ。

ステップ1でも解説したように、ウキフカセ釣りにおけるオモリの役割は投げる、沈める、流す、止める、アワせるといった基本操作をスムーズかつ効果的に行なうことにある。投入した仕掛けを流しっぱなしにするのであればガン玉は必要なく、かえって余計な抵抗になってしまう危険性が高い。

ただ、ラインを操作しながら狙った場所へ強制的に沈めたり、ラインを張って流れるコースを修正したり、潮目に仕掛けを止めたりするにはガン玉のサポートが欠かせない。また、潮が速く、ポイントは20m先でタナが7mと予測できる場合、ガン玉の助けなしで付けエサを送り込むのは難しい。届いたとしても、ラインを張ると仕掛けが浮き上がるから「ポイントに止めておく」ことはできないだろう。

ガン玉が余計な抵抗になるのはラインを張らずに流すからで、ラインを張って潮の抵抗を受けさせれば仕掛けの角度を微調整でき、その場合

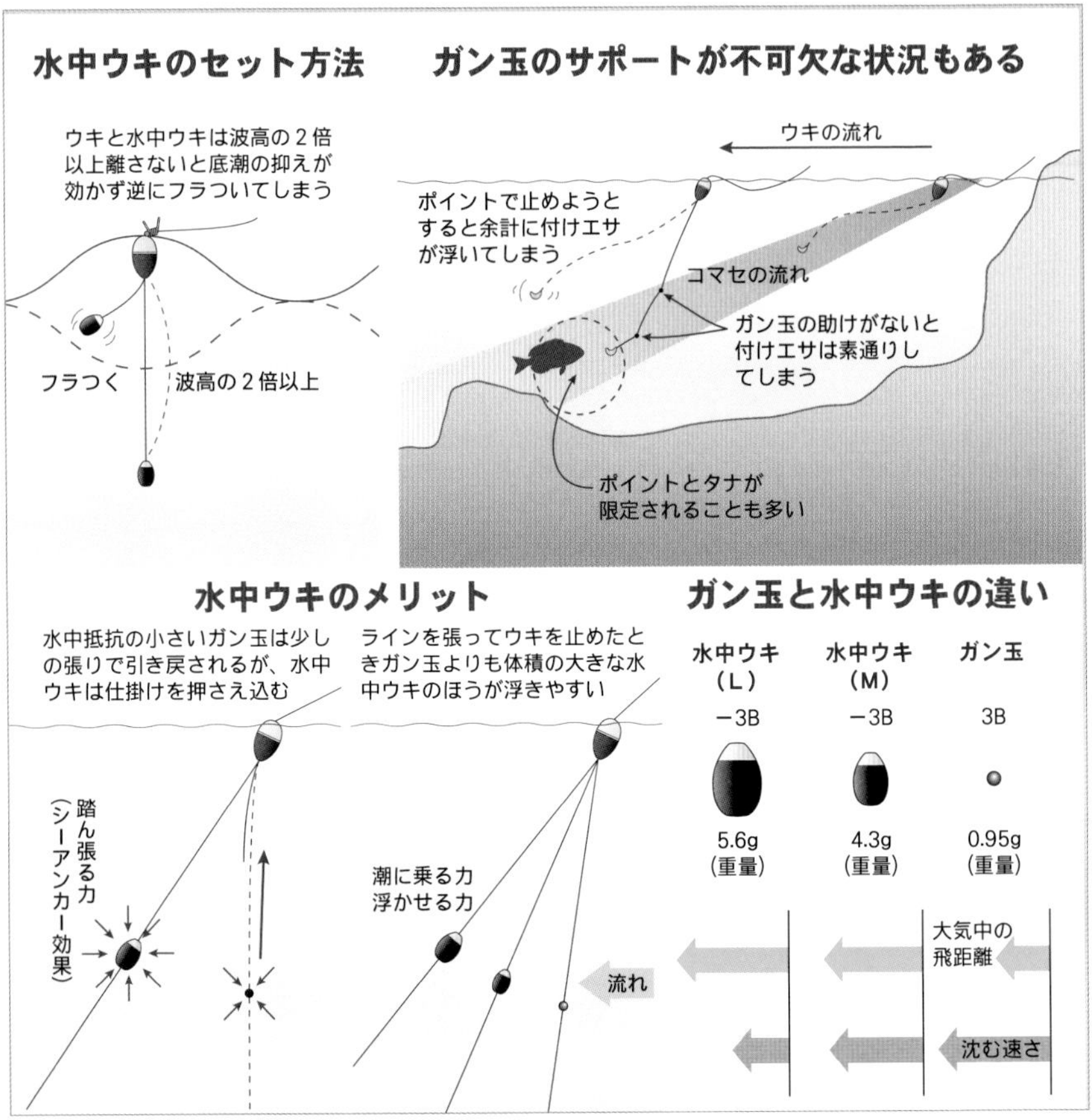

## 水中ウキのセット方法

ウキと水中ウキは波高の2倍以上離さないと底潮の抑えが効かず逆にフラついてしまう

フラつく

波高の2倍以上

## ガン玉のサポートが不可欠な状況もある

ウキの流れ

ポイントで止めようとすると余計に付けエサが浮いてしまう

コマセの流れ

ガン玉の助けがないと付けエサは素通りしてしまう

ポイントとタナが限定されることも多い

## 水中ウキのメリット

水中抵抗の小さいガン玉は少しの張りで引き戻されるが、水中ウキは仕掛けを押さえ込む

踏ん張る力（シーアンカー効果）

ラインを張ってウキを止めたときガン玉よりも体積の大きな水中ウキのほうが浮きやすい

潮に乗る力

浮かせる力

流れ

## ガン玉と水中ウキの違い

| 水中ウキ（L） | 水中ウキ（M） | ガン玉 |
|---|---|---|
| －3B | －3B | 3B |
| 5.6g（重量） | 4.3g（重量） | 0.95g（重量） |

大気中の飛距離

沈む速さ

にはガン玉がウキを引っ張る働きをする。最近は水中ウキをメジナ釣りに使う人もほとんど見かけないが、ガン玉の潮受け機能をさらに強調したのが水中ウキである。水中ウキは2B、3Bなどと表示されるように、水中にあるときはガン玉の2B、3Bと同比重だが、大気中では数倍の重さになる。この特徴を利用すれば軽い小さなウキを遠くへ無理なく投入できる。水中に沈むとガン玉よりも体積が大きいため、潮には敏感に反応する。

体積が大きいから水中での抵抗は大きいが、この抵抗を活用すれば様々なテクニックが可能となる。仕掛けをゆっくり沈め、流れの抵抗を利用して浮かせ、アタリウキが風や表層流に乗ってコースから逸れるのを防ぎ、ウネリなどで仕掛けが上下にふらつくのを抑えることもできる。ウキを沈めれば水中ウキと同じ働きをすると思い込んでいる人も多いが、ウキが漂うのは表層近くであり、中層や底潮の潮をキャッチすることはできない。どんどん沈めれば狙いのタナに付けエサをキープすることができない。海面のウキと水中のウキ、支点が2つあることによるメリットは大きいのだ。

ガン玉や水中ウキが余計な抵抗体になるかどうかは、それを使う釣り人次第である。抵抗になるなら抵抗にならない使い方をすればいい。それがテクニックである。それでもダメなら外せばいいだけのこと。試さずに、最初から先入観だけで敬遠する必要はないと思うのだが……。

## 課外授業

### ガン玉が仕掛けを浮かせる?

メジナ釣りの師匠であり、円錐ウキと水中ウキを世に広めた徳島県在住の中原孝さんから「ガン玉は仕掛けを沈めもするが、浮かせもするんだよ」という謎めいたアドバイスを受けたことがある。最初はまるで意味不明だったが、見よう見まねで水中ウキを使っているうちにようやくその理屈を理解できた。仕掛けが立つときは立たないようにラインを張りながら流せばよかったのだ。張り具合によって仕掛けの浮き方を微調整すれば、理想的な角度を演出できる。

誰もが「今日は食いが渋くてウキがモゾッとするだけだ」と悩む状況下、中原さんのウキだけはなぜかスパッと気持ちよく消し込まれていく。不思議だった。それが水中ウキとガン玉を利用した絶妙な張りと角度によるものと分かったのはかなりあとになってからである。自然に近い状態が必ずしも食いのよい状態ではない。肝心なのは食いのよい状態に仕掛けを操作することだったのだ。

ガン玉にはサルカンの上に付ける浮力調整のほか、ハリスに付けて仕掛けの状態をコントロールする役割も担っている。

オーソドックスな中通しタイプの水中ウキと円錐ウキとの組み合わせ。水中ウキの抵抗が水中の潮をうまく捉えて仕掛けをポイントに誘導してくれる。水中ウキの上下にはクッションゴムを入れておこう。これだけでウキの破損を防ぐことができる。

ハリスに付けられた小さなガン玉を変えるだけでヒットに繋がることもあり、単なる小さなオモリと侮ってはいけない。ガン玉一つが仕掛けの性能を大きく左右することもある。ガン玉一つで仕掛けの状態を大きく変えることができるのである。

水中ウキも数多くの種類がある。形状、サイズ、自重などによってさまざまな働きをする。比較的よく見られるのが黒系のボディーに蛍光イエローに塗色されたタイプで、この蛍光イエローが水中に漂う仕掛けの状況を教えてくれる。

堤防は潮通しのよい先端付近で釣るのが基本。それでも潮の流れ方次第で有利な釣り座と不利な釣り座が発生する。並んで釣りをする場合は潮上よりも潮下の方が有利である。

# 15 有利な立ち位置に入るテクニック

**ポイントを効率よく攻略できるかどうかは立ち位置次第。足場の高さ、安全性、風との位置関係をチェックする。**

## 流れの方向やサラシの状態、風向きなどをチェック

ウキフカセ釣りはポイントとタナを探り当てるゲーム性の高い釣りである。しかし、それだけではメジナをハリに掛けることはできない。その場所へコマセと付けエサを届けることができたとき、始めてメジナはハリに掛かる。

ポイントになりそうな場所を見つけたら、今度はそこを攻略しやすい位置を探さなければならない。流れの方向やサラシの状態、風向きなどをチェックして、自分が立つ場所を決める。どんなに釣れそうなポイントも、足場にできる適当な場所が見つからなければ攻めようがないのだ。自分の立つ場所を「釣り座」あるいは「立ち位置」という。渡れないハナレ岩、波が洗うような低い岩場を立ち位置にすることはできない。玉網が届かないほど足場の高い場所では、せっかく浮かせたメジナを取り込むことができない。

立ち位置を決めるときは釣りやすいかどうかが重要だ。バッカンを置く場所、仕掛けを振り込むスペース、海面からの高さがある場所なら取り込むときに降りられる一段低い岩場があるかどうかも調べておこう。ウネリがなければ、竿先が海面まで届くくらいの場所を探すとよい。ライン操作がしやすく、強風時には海中に竿先を入れて風をかわせるからだ。

サラシを狙うなら潮上側に立ち位置を取るのが基本であるが、強い横風のときは風上側に立ち位置を取ったほうが釣りやすい。一番釣りやすいのは追い風。横や斜めからの風なら体を半身にかまえて風を背にする

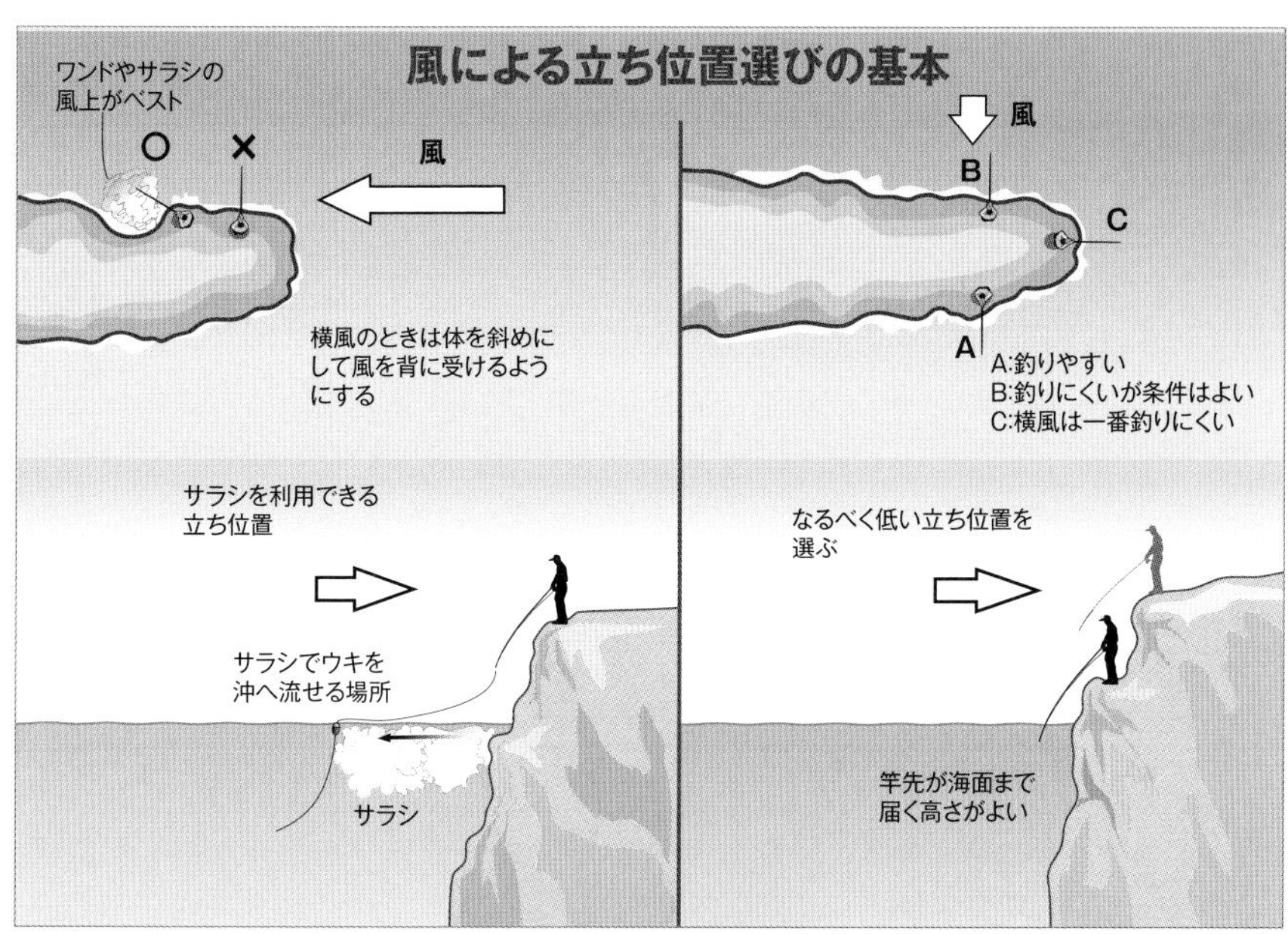

足下に沈み根やハエ根が張りだしている場所は取り込みが難しい。取り込みのことも考えて立ち位置を決める必要もある。

何より重要なのはバッカンを置くスペースが確保できること。釣果の優位性だけで立ち位置は決められない。

サラシはメジナの絶好ポイント。サラシを中心に狙うのであればなるべく低い場所を選ぶと釣りやすい。ただし、波を被るような場所は避けよう。

有利な立ち位置は潮の状況で決まる。しかし、潮の動きは一定ではなく刻々と変わるので、その時有利な状況でも流れが変われば不利になる。立ち位置は釣りやすさで決めるのが正解。

か、風を避けられる岩陰を探す。厄介なのは向かい風である。

そこそこの風であればサラシも発生しやすくて、むしろ好条件となるが、強風なら釣りにならないケースも少なくない。そんなときは背後が切り立った崖下に立ち位置を探すとよい。崖下には風が跳ね返って向かい風を弱めてくれるメリットがある。前下がりの岩場はウネリを伴うので危険。足下から払い出すサラシの起点に立てば、向かい風でも仕掛けを流すことが可能である。

沖磯や離島では仕掛けを流せる場所が限られている。人気のA級磯も立ち位置がなければ釣果は望めない。渡礁を希望する釣り人が大勢いるときはC級磯、D級磯になるということも頭に入れておこう。むしろ人数の少ないB級磯へ渡るほうが立ち位置を自由に選べ、よい結果につながる。仲間同士なら潮上から仕掛けを入れ、少しずつ立ち位置を潮下へとずらしていく「観音回り」で釣るとよい。

もちろん、途中で流れや風向きが変わったら立ち位置も替えること。ポイントが変われば有利な立ち位置も変わる。釣り場ガイドの×印や釣り座マークを鵜呑みにしてはいけない。ベテランは潮止まりを予測して早めに場所移動し、有利な立ち位置に入るテクニックを持っている。干満の時間にもよるが、8時頃からの潮に合わせて立ち位置を決める方法もある。8時までは不利な場所でも、そこからの約6時間に照準を絞るわけだ。

**課外授業**

### 潮上の不利を解消する裏技

速い潮が横に流れる場所では、どうしても潮下に立ち位置をかまえた釣り人のほうが有利である。あとから潮下に入るというのはマナー違反だから、横一列の場所なら潮上から釣る方法を考えるしかない。そんなときは自分のリズムだけで釣りをしないように心がけよう。最初に相手のリズムを観察し、少しだけタイミングをずらすのがコツ。

自分が先に仕掛けを投入するのは最悪のパターン。あと少しでウキがポイントに到達するという場合でも、潮下の人が投入準備を完了したら仕掛けを回収しなければならないからだ。早めに投入準備を済ませて待ち、潮下の人が投入したらすぐに、その潮上にコマセと仕掛けを投げ込む。ポイントを通過して潮下の人が仕掛けを回収したあと、つぎの投入までの時間は自分がポイントを流せるという計算になる。投入ペースは2回対1回になるが、このズレを保つことで潮上に入った不利を解消できると考えれば納得できる。

基本的には潮上よりも潮下のほうが有利である。しかし、潮の流れは刻々と変わるので、終日有利な状況が続くことはない。

# 16 ラインメンディングとラインコントロール

竿先を風上や潮上へ返して風やサラシに押し流される道糸の抵抗をゼロに戻してやるのがラインメンディングである。基本は竿先を上げて水面に漂う道糸を上げ、穂先を大きく煽って道糸を元の状態に戻す。

**風にふくらんだ道糸を打ち返して軌道を修正したり、張ったラインを引き戻したりなどのライン操作も重要なファクター。**

## ラインメンディングはウキフカセ釣りの基本テクニック

竿先とウキを結ぶ道糸は風や表層流の影響を受け、ときにはウキをあらぬ方向へ連れ去ってしまう。同じ場所を流しているのに自分のウキだけが潮筋から外れ、手前に戻されてくるという経験はないだろうか。そのほとんどはラインコントロール（道糸操作）の違いが原因である。

しかし、一般にラインコントロールと呼ばれているテクニックは、厳密にいうとラインメンディングに近い。道糸操作ではなく道糸修正。風や表層流で大きくふくらんだ道糸の軌道を修正するわけだ。

道糸に加わる余計な抵抗を軽減してやるのがラインメンディング本来の役割だから、なるべくウキの位置を動かさずに道糸だけを修正するが、場合によってはウキを動かしてでもラインメンディングしなければならないこともある。放置しておくとアワセたときに確実に掛けることができなくなる。

ウキが竿先にあればメンディングは比較的簡単にできるが、ウキとの距離が離れれば離れるほど思うようにメンディングできない。流す時間が長くなると、道糸は風や表層流に押されて大きくふくらむ。ふくらんだ道糸を海面から引きはがすように持ち上げ、素早く風上や潮上側へ置く。これが「道糸の打ち返し」で、ラインメンディングでは基本となるテクニックだ。道糸が海中深く巻き込まれると持ち上げることができないため、早め早めに打ち返す必要がある。

ふくらみが大きくなったときは無

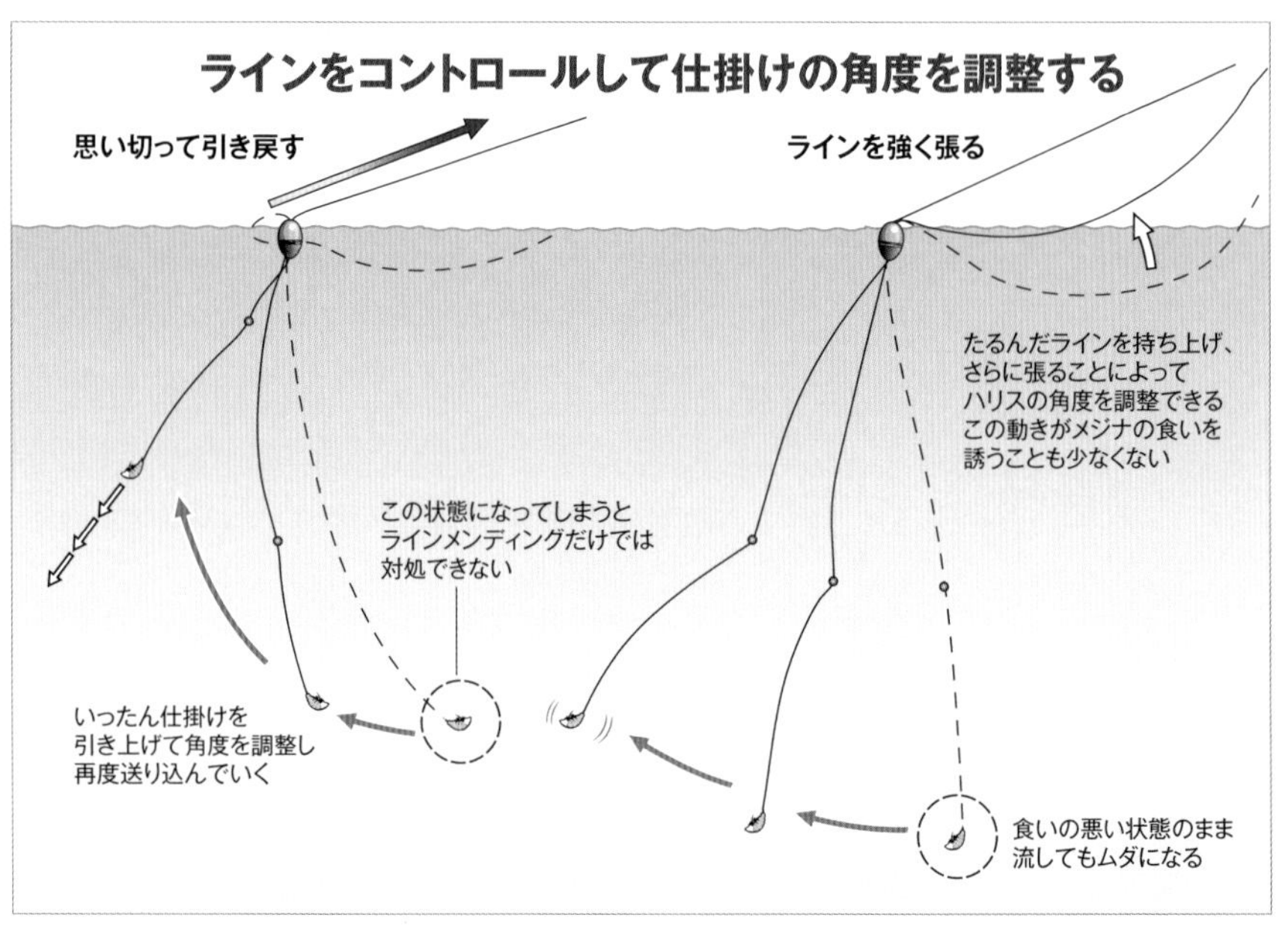


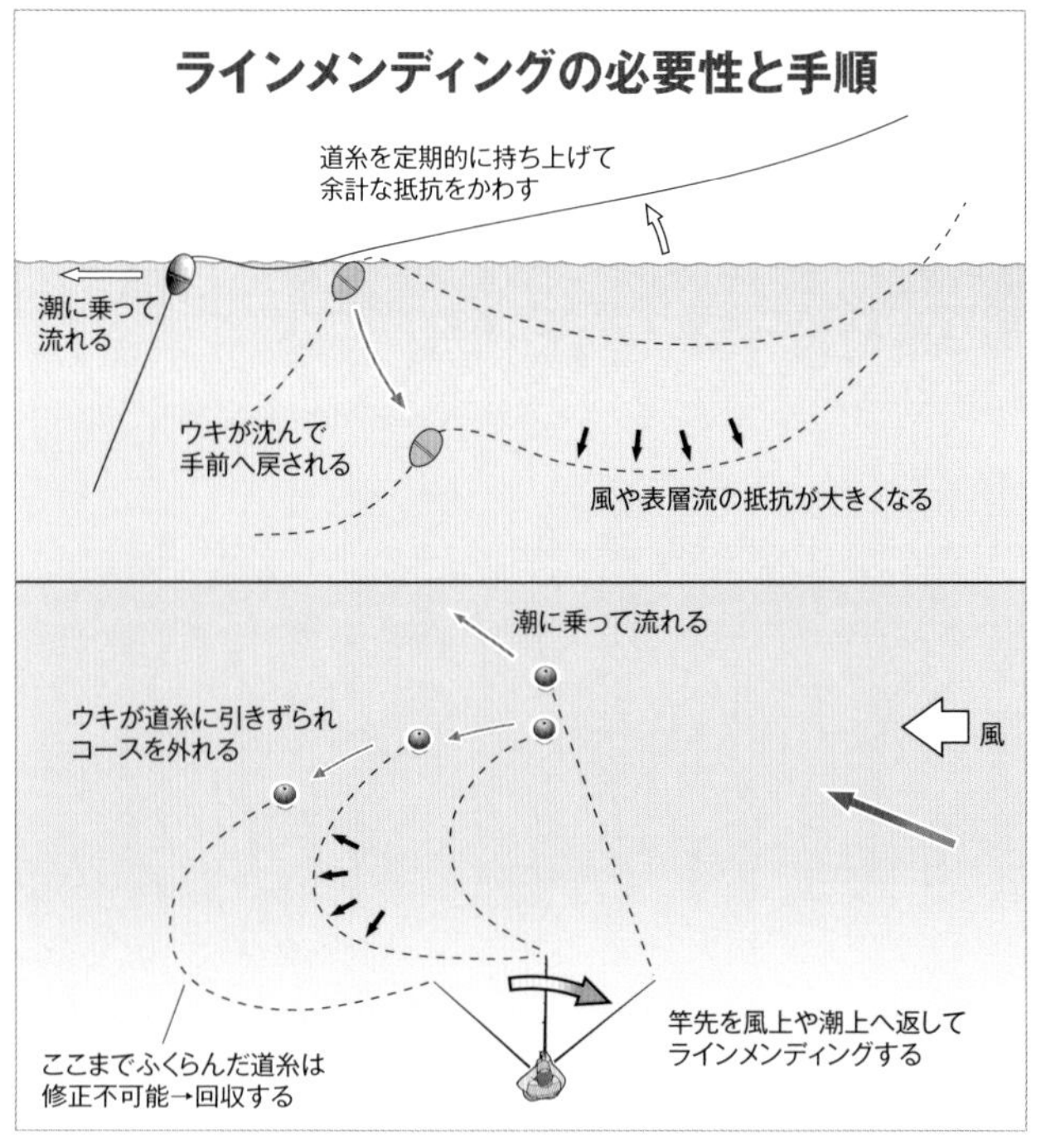

仕掛けを投入したら潮に乗って流される仕掛けに合わせて道糸を放出。道糸の動きに合わせて送り出していく。

仕掛けが狙うポイントに入ったらスプールに小指を添えて道糸の放出を止める。この状態でアタリを待つ。

理に打ち返すよりも、竿先をいったん風下や潮下へ向けるほうが道糸を引きはがしやすい。持ち上げたら、スプールと元ガイドの間の道糸を片手で引っ張りながらラインを張り、素早く竿先で打ち返す。たるんだままの道糸は言うことを聞かないが、ピンと張ったラインなら打ち返しやすいはずだ。

このような打ち返しをくり返しながら仕掛けを流すのだが、ポイントへ差し掛かったときには打ち返したラインを意識的に強く張るか引き戻し、ウキから下の仕掛けにアクションを与えるのも効果的だ。これがラインコントロール。ラインをコントロールすることによって仕掛けのたるみを取り除いたり、角度を調整したり、付けエサに変化を与えるのが目的である。この操作は「誘い」とも呼ばれ、ラインコントロールの直後にアタリが出ることが少なくない。

ただし、頻繁に誘いをかけると付けエサが落ち着かず、コマセから離れてしまう。「ここかな」と思うポイントでラインをコントロールするほうが効果的である。状況にもよるが、ひと流しに1回か2回程度。潮が速いときはソフトに、潮が緩いときはやや強めにライン操作するのがコツ。すでに付けエサを吸い込んでいるメジナもいるため、竿先でラインをコントロールするときは道糸に加わるテンション変化に注意すること。いきなり竿先を引き込まれても対処できるようにしっかり竿を握り、リールのストッパーはOFFに切り替えておこう。

## 課外授業

### 帆掛け釣法とスルスル釣り

ラインコントロールにはいろいろなスタイルがある。現代の阿波釣法を代表する釣り人で、スルスル釣りを生み出した江頭弘則さんが得意とするのが「帆掛け釣法」だ。これは追い風に道糸をふくらませ、竿先からウキまでのラインを海面から持ち上げたまま、ちょうどヨットの帆が風をはらむように操作するテクニックである。一見、道糸がたるんでいるようだが、実際には風の抵抗を受けて適度なテンションを保っている。

江頭さんのスルスル釣法はウキ止めを付けずに、中層から底層のタナを無段階に探るという釣り方だ。ある程度まで沈んだガン玉は風にふくらんだ道糸の抵抗によってウキと張り合い、ハリス部分がゆっくりと沈む。その状態とラインのテンションを維持しながら道糸をくり出し、タナを探るわけだ。ときにはハナレ岩の磯際スレスレを帆掛け釣法で探ることもある。風にふくらんだ道糸がスーッと引き込まれたらアタリ！

風で膨らんだ道糸の状態でアタリを見極める。

**当日の実釣データ**
**フィールド**:静岡県＞東伊豆＞城ヶ崎海岸＞寺下
**潮回り**:小潮／満潮=7:37　干潮=13:11
**風**:北東／弱風
**波**:ほぼ穏やか
**潮**:上り潮のち下り潮
**釣り時間**:9:30〜16:30
**コマセ**:オキアミ9kg+配合エサ2袋
**付けエサ**:生オキアミ

# 17 実践！メジナ釣り 仕掛けローテーション

**基本仕掛けをどう変化させてメジナにアプローチするのか、状況に応じた仕掛けローテーションの実際を見てみよう。**

## ウキ、ウキ下、ハリ、ガン玉、ハリスの組み合わせは何を目安に、どんな基準で決まるのだろう

**●6時40分　第1投**
最初の仕掛けは仕掛け図参照。
※当日は所属クラブの大会だったため釣り場はくじ引き。2名で渡った場所は沈み根に囲まれて遠投はできそうになく、情報では食いもイマイチだったため小さなSSサイズのウキをチョイス。最初はガン玉とウキ止めを付けたノーマル仕掛けで状況を把握することを優先し、浮力はBとした。オキアミカラーのハリは噛み跡が残るのでエサ取りの種類を判別しやすい。

**●6時45分**
下のフカセからまん棒を20㎝下げる。
※左後ろからの風がやや強く仕掛けが上滑りしていると判断。逆付けフカセからまん棒を下げることで仕掛けの角度を保った。

**●6時50分**
アタリあるもハリ掛かりせず。ウキ止めの位置を20㎝下げる。
※小さなアタリでハリ掛かりしなかったためウキ下を詰めてみた。丁寧にタナを探るときはウキ止めを20㎝刻みで動かす。

**●7時20分**
アタリあるもハリ掛かりせず。下のフカセからまん棒から片方のゴム管を外して0号の小型棒ウキを差し込み「2段ウキ仕掛け」に変更。
※ウキ下は約2ｍ50㎝。アタリの正体を確認するための仕掛け変更である。

**●7時25分**
アタリウキを1ｍ下げてウキ下を約1ｍ50㎝にする。メジナ20㎝弱がヒット！
※小さいながらもメジナ。小メジナは浮いているようだ。

**●7時27分**
アタリウキを50㎝上げてウキ下を2ｍにすると、再びメジナ20㎝がヒット！
※ウキ下を変えて小メジナの下を探ってみたが、サイズアップせず。

**●7時40分**
アタリウキを外してウキをMの0号に交換。ウキ止めは直結部から2ｍ上。シモリ玉は入れたまま。言わば「限定付き全遊動」である。下のフカセからまん棒の直下にガン玉G8を付け、ハリはエサ取りをかわすために0Hグレ競技用（茶）4号に変更。
※小メジナのなかから良型を拾う作戦。

**●8時00分**
上のフカセからまん棒を逆付けからノーマルに。ハリスを1．75号から1．5号に変更（長さは同じ）。釣り座移動。
※仕掛けの入りが速すぎるので上だけを逆付けからノーマルにした。タナをゆっくり探っ

## 課外授業

### 素早い仕掛け交換の秘訣

道糸とハリスを直結するとウキを交換するのが面倒。ついつい同じ仕掛けで釣りをしてしまうことが多くなる。そこで、私は道糸にセットしたフカセからまん棒をハリス側へずり下げ、直結部をカットしてウキを交換したあとブラッドノットで結び、フカセからまん棒を元へ戻す。これならいちいちフカセからまん棒をセットし直す必要はない。

ハリスも交換したいときは、いったん8の字結びで道糸とハリスを仮結びしてフカセからまん棒をずり上げ、それからハリスをカットして結び直すと無駄がない。仕掛け図で下のフカセからまん棒をハリス側にセットしてあるのは、ナイロン道糸の浮力と抵抗を抑えてハリスの馴染みをよくしたいためだ。わずかな違いだが、潮の速い場所では意外に効果的。小型ストッパーの位置を自在に変えられるからハリスの角度も微調整しやすい。細部にこだわって、思いついたら試してみるのが仕掛け作りの鉄則だ。

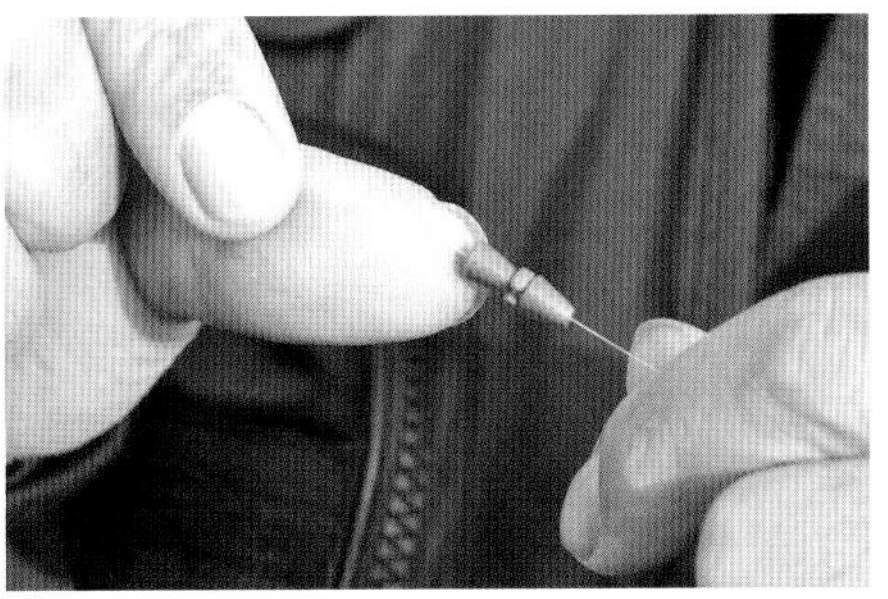

小型ストッパーを移動させ仕掛け作りをスムーズに……。

寺下は東伊豆・城ヶ崎海岸の地磯。

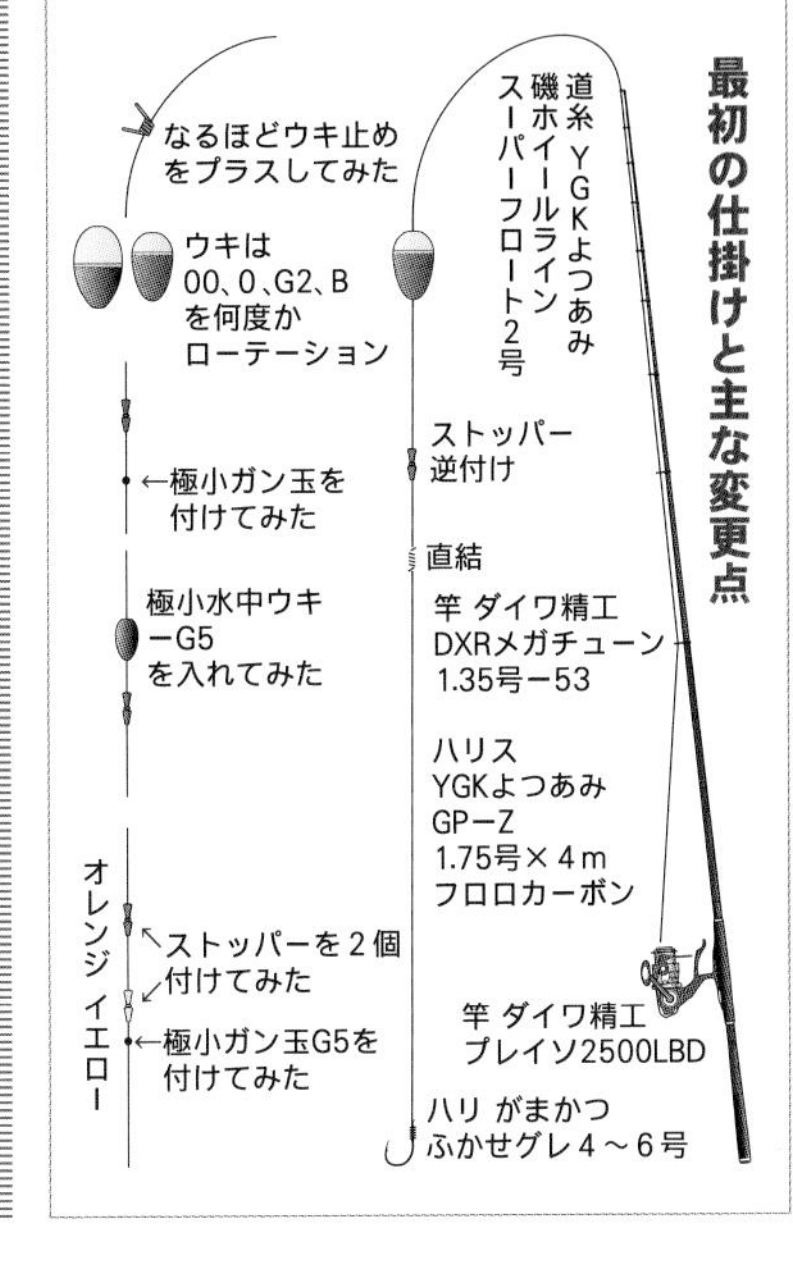


たが変化なく、磯全体の状況を探るために先端へ場所移動。

**●8時15～30分**
メジナ25㎝級（口太3と尾長1）！
※サラシの切れ目で連続ヒットするもサイズは同じ。活性は低くなさそうだが潮通しのよい場所は小型中心か。4尾釣ったところで見切りをつける。

**●8時35分**
元の釣り座へ戻ってすぐにメジナ25㎝級がヒット！
※コマセが途切れたせいかエサ取りよりも先にメジナが飛びつく。

**●8時37分**
ガン玉をG8からG7に変更。すぐにメジナ25㎝級がヒット！
※サラシの払い出しが強くなって沖の沈み根まで流されるため、仕掛けを若干早めに沈めて時間を稼ぐのが目的。

**●8時45分**
ハリを広層グレ（イブシ茶）6号に交換する。メジナ25㎝級がヒット！
※仕掛けの沈みを早くしたぶんだけハリをやや軽くしてみた。

**●9時00分**
ベラがヒット！
※潜り込みの潮で付けエサが底層まで届くようになったせいか。

**●9時23分**
メジナ25㎝級がヒット！

※ラインの張りを強くして潜り込みを遅くしたのが正解？

**●10時05分**

シモリ玉を外して全遊動スタイルに変更。ついでにハリスも交換。

※潜り込む潮があれば軽い仕掛けのほうが仕掛けを入れやすい。

**●10時10分**

ハリ上20cmにガン玉G8を付ける。すぐにアイゴがヒット！　ハリス交換。

※口オモリ（ガン玉）を付けたのは磯際へ付けエサを止めるため。

**●10時15分**

ハリ上のガン玉を60cm上に移動。メジナ25cm級がヒット！

※付けエサが入りすぎていると判断。

**●10時20分**

ウキをMサイズのG2に変更。下のフカセからまん棒を「潜攻ストッパーS」に交換。直下にガン玉G4、ウキ止めを直結部から50cm上の位置まで下げる。

※風とサラシが強くなってきたので仕掛けをきっちり入れることを優先。ウキ下は約4mとした。

**●11時00分**

ウキを道郎ウキ0号に交換して全遊動仕掛けに戻す。ハリをふかせグレ（茶）5号に。ハリスも交換。ハリ上30cmにガン玉G8。

※このオリジナルウキは位置を変えずにラインを張ることができるため、食い込みのよい全遊動仕掛けにして止め気味に流すことにした。

**●11時20分**

メジナ36cmがヒット！

※当日最大魚。ラインを張りながら沖の根際をトレースするように流した。

**●11時40分**

メジナ28cmがヒット！

※同じパターンで食ってきた。入れ食いの予感？

**●12時15分**

メジナ29cmがヒット！

※入れ食いの予感が外れてアタリが止まる。この頃から潮は強い当て潮。ウネリも入りはじめる。サラシ際を探ったら食ってきた。

**●12時30分**

ブダイ38cmがヒット！

※磯際深く仕掛けが入ったせいか？

**●13時10分**

メジナ25cm級がヒット！

※重めの仕掛けに切り替えようかどうか悩んでいるときのアタリ。この1匹で交換せず。交換すればよかったと悔やんだがもう時間がない。

**●13時40分**

釣り終了。

※釣果はよいほうだったが、近くの磯で昼前後に40cm級も。やはり仕掛け交換すれば……。大いに反省。

秋とはいえまだ水温が高く、軽めの配合エサをブレンドしてコマセを作る。

開始早々に30cm弱のメジナが立て続けにヒット。

日が傾きかける頃、一気にウキが消し込み竿が大きく絞り込まれる。

取り込んだのは37cmの尾長メジナ。40cmには届かなかったが納竿間際の一発である。

# 18 アワセのタイミングは臨機応変に！

アタリを見極めアワせた瞬間に引き込まれる強い引き。これがメジナ釣りの魅力でもある。活性の高いメジナはエサに食いつくと反転して底へ走るのでアタリは明確に表れる。

**ウキフカセ釣りの基本となるのは手前アワセだが、最近は向こうアワセに近いタイミングも多用されている。**

## アタリパターンに応じてアワセのタイミングを変える

アワセには向こうアワセと手前アワセという2通りの方法がある。魚がハリをくわえて泳ぎ、ラインが引っ張られ、さらには竿先まで引き込んで勝手にハリに掛かってしまうのが向こうアワセだ。竿を竿受けにセットしたままアタリを待つスタイルは向こうアワセが基本であり、投げ釣りのように竿を手に持っていてもアワセを必要としない釣りも少なくない。

ウキフカセ釣りはウキのアタリを見て竿を立て、こちらからハリを掛ける手前アワセ（掛けアワセともいう）が基本スタイルであるが、向こうアワセでヒットするケースもある。よそ見をしているときに竿をひったくられるのはその典型だろう。また、軽い仕掛けの全遊動釣法では竿先まで引き込まれてから竿を起こすアワセ方が有効であり、これはどちらかというと向こうアワセに近いスタイルだ。糸フケが大きく出ていたら、竿先を流れと反対方向へ向けて素早くラインを巻き取るだけでよい。竿が徐々に曲がって勝手にハリ掛かりする。

ウキの変化を見ながら手前アワセをする場合には、竿を立てるタイミングと強さはアタリのパターンによって多少異なる。スパッと勢いよく消し込むアタリであれば、ひと呼吸おいて大きく竿を立てるアワセがベストだ。メジナは反転して全力で泳ぎ出しているのだから、強いアワセはハリス切れなどのトラブルにつながる。スルスルとゆっくりウキが沈むようなアタリは、ウキが動いて

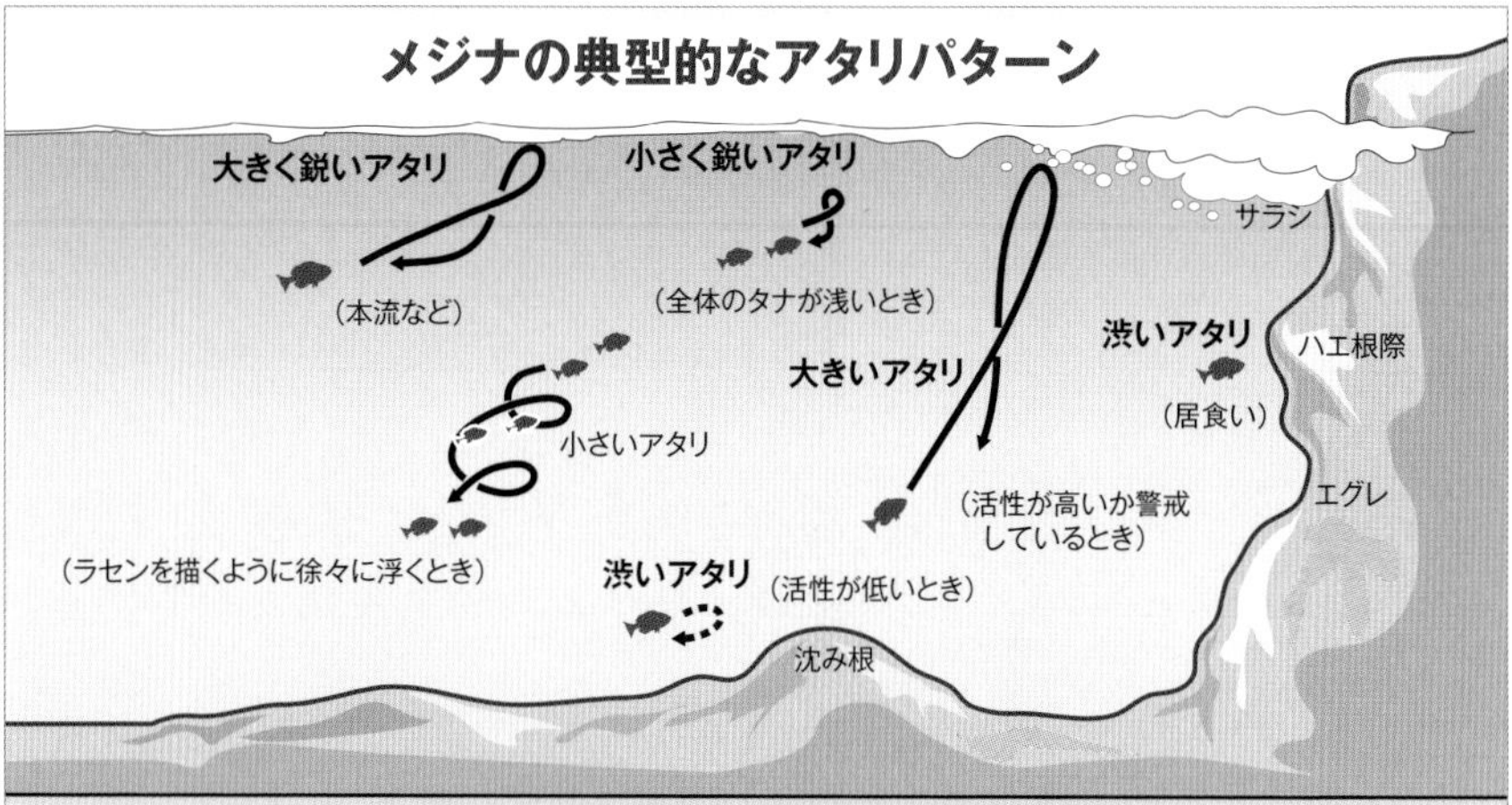

メジナの典型的なアタリパターン
大きく鋭いアタリ
（本流など）
小さく鋭いアタリ
（全体のタナが浅いとき）
大きいアタリ
（活性が高いか警戒
しているとき）
サラシ
渋いアタリ
（居食い）
ハエ根際
エグレ
小さいアタリ
（ラセンを描くように徐々に浮くとき）
渋いアタリ
（活性が低いとき）
沈み根

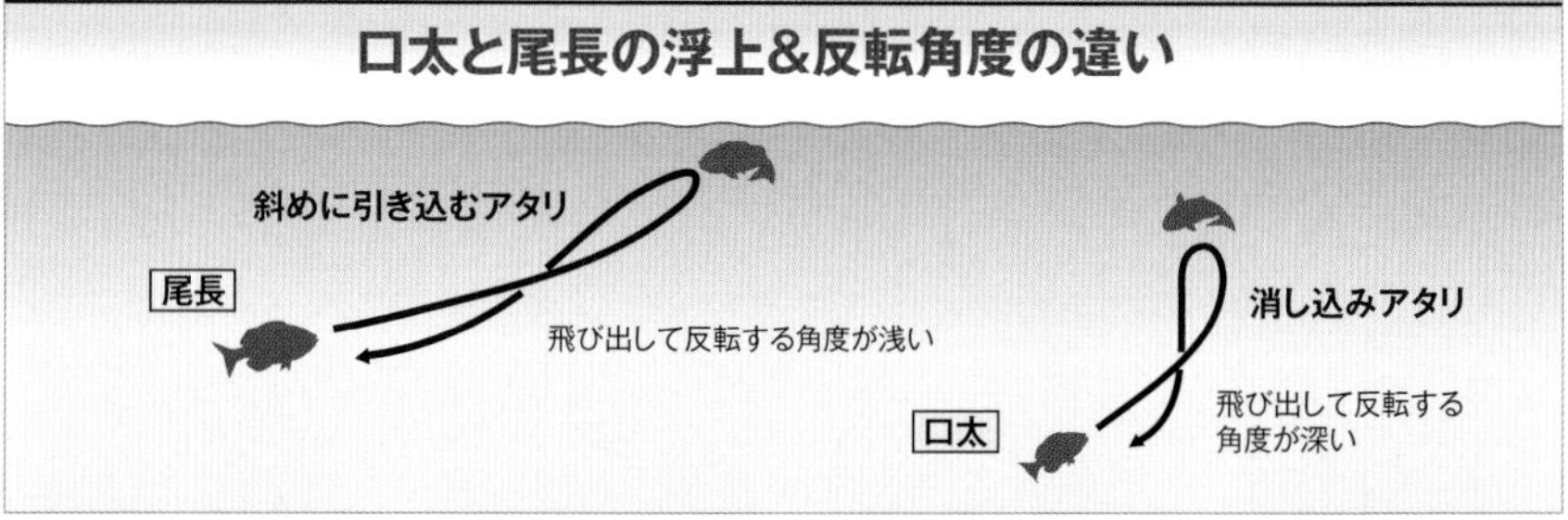

口太と尾長の浮上&反転角度の違い
斜めに引き込むアタリ
尾長
飛び出して反転する角度が浅い
消し込みアタリ
口太
飛び出して反転する
角度が深い

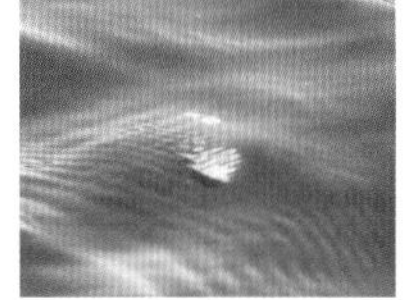

そのまま消し込まれるときは、竿を大きくゆっくり、斜めか横方向へ引き戻すようにアワせるとよい。

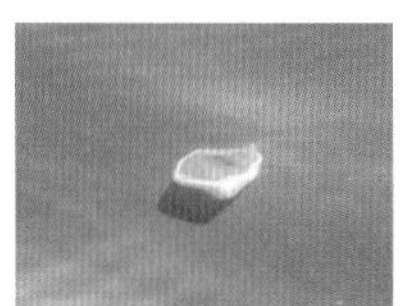

さらにジワジワ沈むようなら、竿先を小さく跳ね上げる感じでアワせる。ウキが動いている間が勝負。

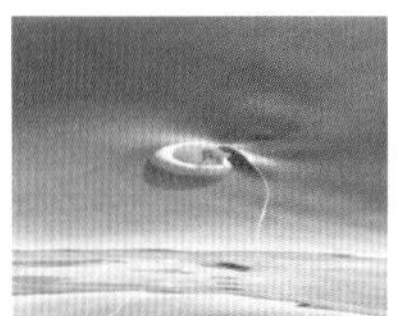

ウキのヘッドが押さえ込まれた。糸フケをチェックして臨戦態勢。変化がなければラインを張ってみよう。

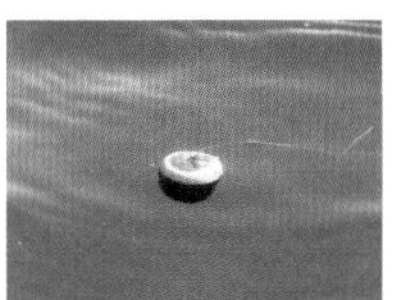

状況次第ではウキを沈める釣り方も有効だが、最初はウキを浮かせて情報量を増やすほうが上達は早い。

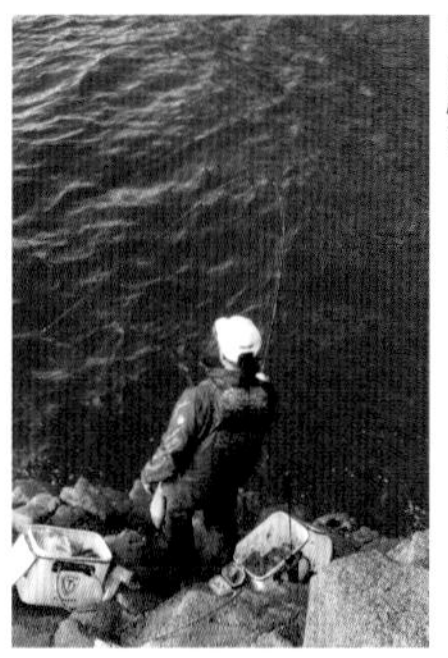

メジナヒット！ 穂先が海中に引きこまれ、竿全体に魚の引きが伝わる。ここから先はメジナとのやり取りで浮かせるまでの勝負。

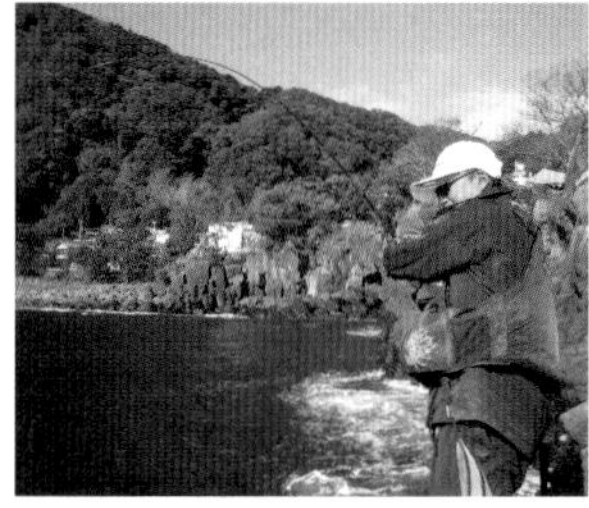

アワセを入れた瞬間にハリ掛かりした魚は海中へ突っ込み、魚の抵抗が一気に伝わってくる。

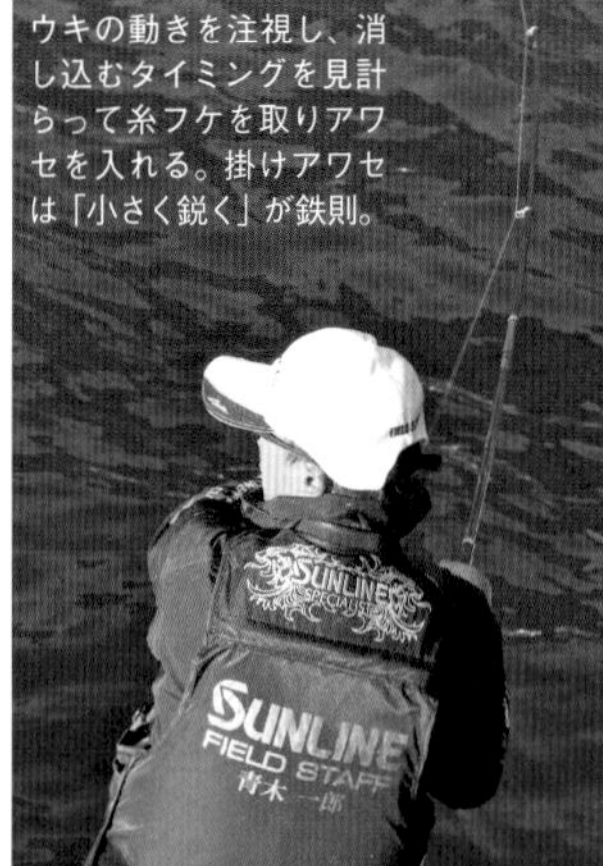

ウキの動きを注視し、消し込むタイミングを見計らって糸フケを取りアワセを入れる。掛けアワセは「小さく鋭く」が鉄則。
SUNLINE
FIELD STAFF

いる段階で小さく鋭くアワセを入れる。途中でウキの動きが止まったら、つぎの動き出しまで待つほうがよいだろう。

しかし、メジナの場合は反転するスピードが速いので、アタリと同時に竿を立てるだけでアワセが決まる。活性が高いときは、むしろアワセの余裕もなく竿を引き込まれて勝手にハリ掛かりする向こうアワセが多い。アワセのタイミングをつかめないままウキがユルユルと沈むアタリは、ウキが見えなくなるまで待つか、ラインにテンションを加えながら大きく竿を起こす。モゾモゾとウキを沈めるだけの鈍いアタリは素早くアワせてしまうか、竿先でラインにテンションを与えながら引き込みを演出する。

尾長の場合はアワセのタイミングもないまま竿を引き込まれるため、ほとんどが向こうアワセだ。竿が一直線にならないように踏ん張ることが大切だが、余裕がないときはラインを送り出しながら竿を起こす。ブレーキレバーの操作では間に合わないので、ベイルを開き、スプールエッジに指を当ててアタリを待つ「オープンベイル」スタイルが基本だ。ラインがバチバチッと指を弾いて飛び出ていく。

ある程度走らせたら竿を立てながらベイルを戻して道糸の放出を止める。これがアワセになる。重要なのは、アワセた瞬間の竿の角度が60度から80度に起きていること。このときの角度がつぎのやり取りに大きな影響を及ぼすのだ。

## 課外授業

### 早アワセか遅アワセか

アワセのタイミングは難しい。メジナの活性、潮の速さ、タナの深さ、ポイントまでの距離、アタリのパターンなどによってベストなタイミングが異なるからである。基本は本文で解説した通りだが、ハリ掛かりしないときはタイミングを変えてみよう。実際は現場で何度も失敗や成功を積み重ねながら、自分にとってのジャストタイミングを体で覚えるしかない。

素早いタイミングが早アワセ、遅めのタイミングが遅アワセである。早アワセはアワセの回数は多いが、ハリの掛かりどころが安定しないのですっぽ抜けやハリ外れなどのトラブルが多い。遅アワセは確実なハリ掛かり状態を得られるが、小さなアタリをやり過ごすためアワセの回数は少なくなる。自分が基本とするタイミングでハリ掛かりしないときはタイミングを徐々に早めるか、逆に遅めにしてみよう。アタリからのカウントダウンでベストなタイミングを探ることも大切だ。

ウキに変化が表れたらどのタイミングでアワせるか誰もが悩む課題である。

魚がハリ掛かりしたら海中へ突っ込む魚の引きを竿の弾力でかわし、少しずつリールを巻いて距離を縮めていく。

# 19 やり取りから取り込みまで

**やり取りはアワセの段階からすでにスタートしている。竿の角度を意識しながらメジナの引きに対処しよう。**

## 脇を締め、ヒジを支点に竿を操作 浮かせたら反転に注意しよう

やり取りはアワセの段階から始まっている。磯竿が弾力と反発力をもっともバランスよく発揮するのは、角度が60～90度前後に引き起こされた状態のときだ。アワセた直後に竿がこの角度になっていれば、メジナは竿の弾力でつぎの動きを封じられ、反発で引き寄せられる。

竿の角度が45度以下だと弾力が半減して引き倒されやすくなり、相手が大型だと瞬時に角度がゼロになる。これが「のされた」と呼ばれる状態であり、弾力が失われた竿はただの棒になってしまう。釣り人本人は竿を立てているつもりでも、バラシの瞬間は竿の角度がなくなっている。負荷が集中したハリスは呆気なく切れるのだ。

ただ、竿を60度まで引き起こしただけでは十分とは言えない。大型の場合はそこから竿を引き込んで泳ぐ力を持っているからだ。できれば竿を80度から１２０度まで絞り上げ、竿の反発力を最大限に引き出して動きを封じ込めてしまおう。この角度ならメジナに反転する余裕はない。抵抗が弱まったら素早くラインを巻き取りながら60度まで竿を下げ、再び80度から１２０度へと引き起こしていく。

途中で竿をのされそうになったらブレーキレバーをゆるめ、ラインを送り出しながら80度前後まで竿を立てるとよい。ハリスが2号以下のときは竿尻をコシに当てず、片手で操作するくらいの力加減がベストだ。竿尻はヒジに当てて、ヒジを支点にしながら竿の角度を保つこと。竿を

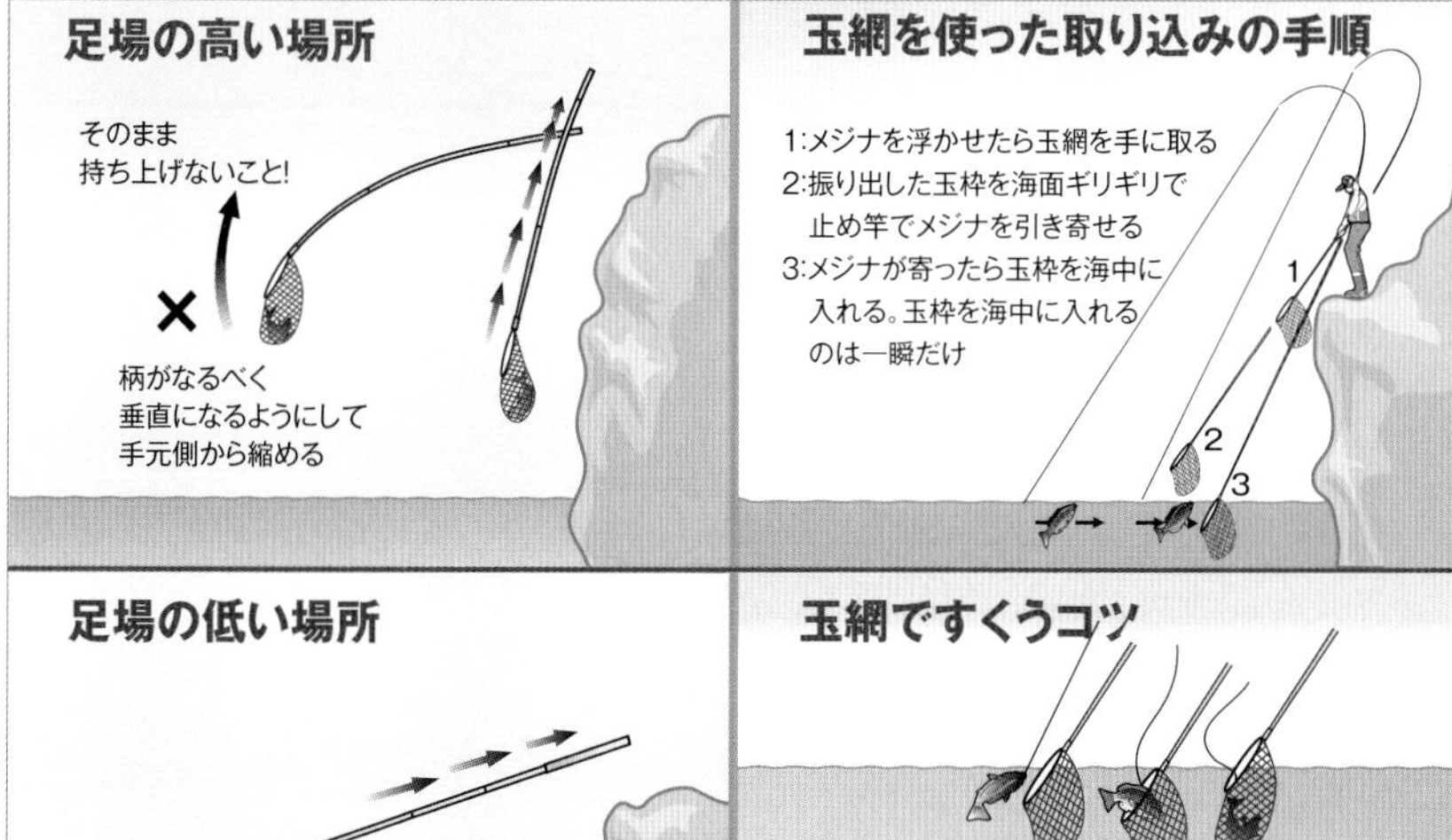


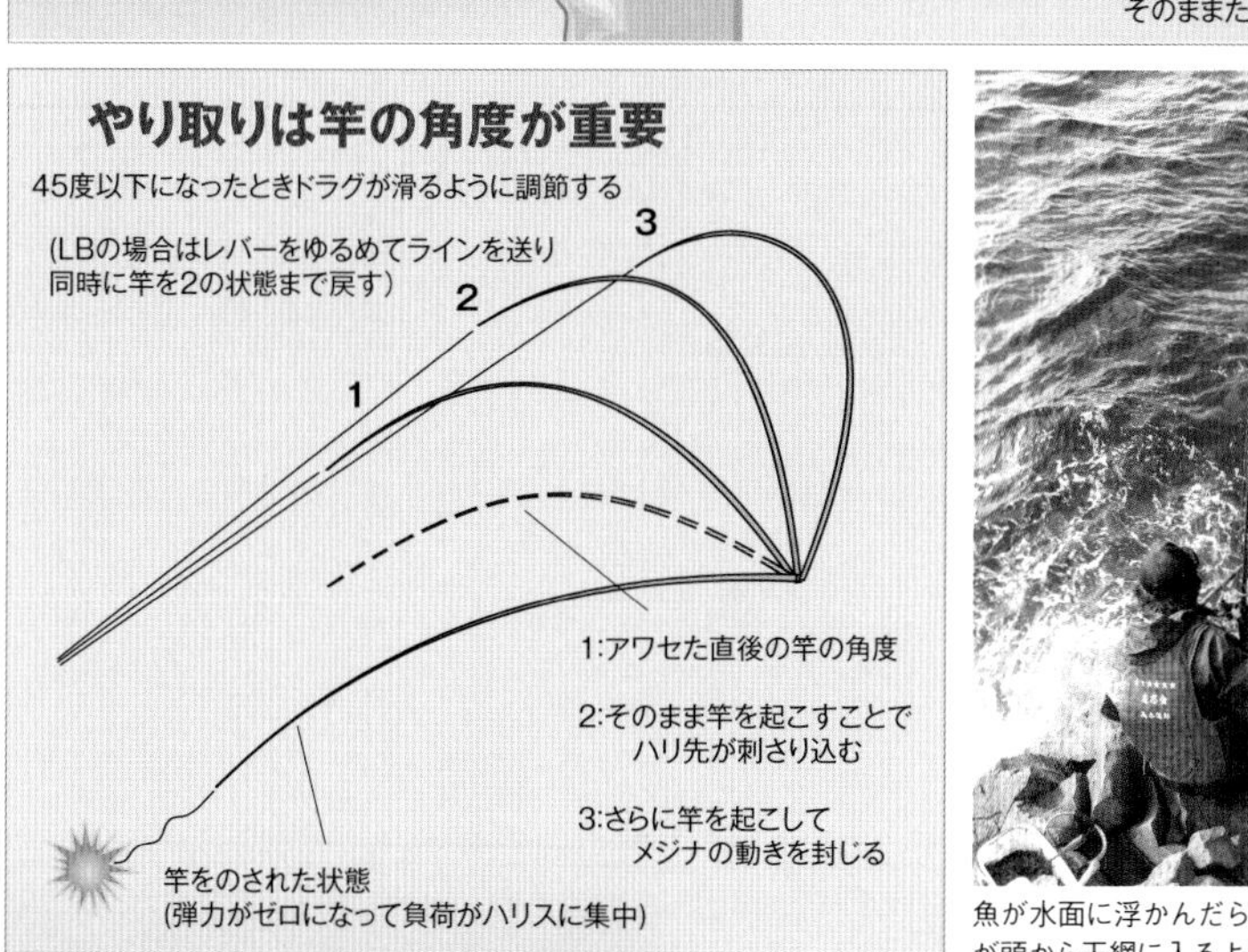

魚が水面に浮かんだら玉網を差し出し、魚が頭から玉網に入るように誘導する。

玉網は魚が掛かったらすぐ取れるように釣り座の近くに置いておく。

玉網に入ったら海面から少し持ち上げる。それから玉の柄を手繰るように縮めていく。玉の柄を伸ばしたまま玉網を持ち上げると魚の重さで折れることがあるので注意しよう。

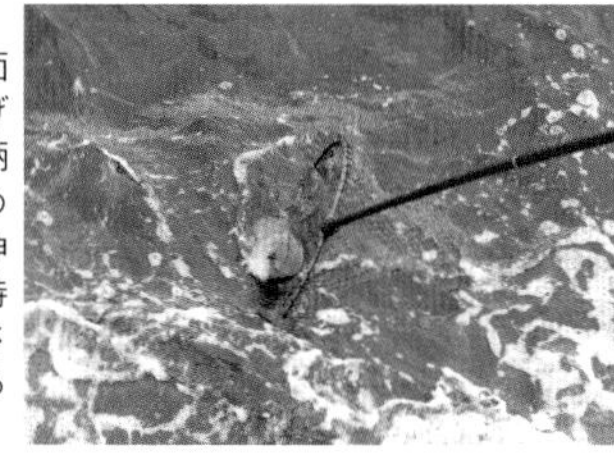

突き出すときもヒジはまっすぐに伸ばさず、必ず角度を付けてタメを残す。これが竿を自由に扱い、メジナの動きに合わせてスムーズにやり取りするコツ。

片手で対処できないときはリールシートのすぐ上に片手を添え、2号以上のハリスを結んでいるなら腰にヒジを固定した状態で踏ん張ってみよう。急激な突っ込みには腰を落として対処する。

　メジナがハリスを背負った状態で走ったときは、引っ張り合いになってしまう。竿の方向を変えて横から引くように走りをいなす。このような竿の操作を「切り返し」という。

竿はできるだけ横方向、あるいは進行方向へ向けてやり取りするのが基本である。真下へ突っ込んだら竿先を左右どちらかへ切り返し、ハリスを背負わせないようにすると楽に引き起こせる。

　海面までメジナを浮かせてもすぐには玉網を手にしない。まだ余力があるので、わずかなスキに反転される危険性が高いからだ。メジナが海面に横たわったら竿を高く掲げ、テンションをゆるめないようにしてから玉網を手にしよう。玉網を海面近くまで振り出したら柄を脇腹とヒジで固定し、竿でメジナを引き寄せながら枠の半分から3分の2を海中へ入れ、頭が網に入ったら竿先を下げてラインを緩める。メジナはあわてて網のなかへ反転するという寸法だ。竿を腿にはさみ、柄ができるだけ垂直に近い角度になるように両手でたぐるとよい。

## 課外授業

### 玉網は入門者ほど高級品を！

　釣りを始めた頃は玉網など持っていなかった。滅多に使わないし、いつも近くのベテランが取り込みを手伝ってくれたからだ。自前の玉網を購入したのはかなりあとになってからだったと思う。最初は枠と網までセットされた廉価品。これが片手で扱うには厄介なほど重く、枠も50㎝と大きいため、海中に入れると波で左右に振られ、とても取り込むどころではなかった。初心者だから扱えないのだろうと諦めていたのだが、ベテランの玉網をお借りしたらスムーズに取り込むことができた。軽く、シャキッとした柄は振り出しやすくてたぐりやすかった。

　玉網に関しては入門者ほど高級品を購入するほうがよい。柄は５ｍ、枠は半島周りなら40㎝、離島で45㎝が一般的である。離島などでは６ｍの柄でないと取り込めない場所もあるが、入門者が大型尾長を自力で取り込むのは難しい。だれかにサポートをお願いするほうが無難だろう。

竿やリール同様に玉網にも投資を！

# STEP 3

# 偏屈魚族のクロダイでウキフカセ釣りを極める

クロダイはメジナと人気を二分するウキフカセ釣りのターゲット。近場で大物が狙えるのはもちろん、多彩なフィールド、ご当地性豊かなエサや釣り方が発展しているのもクロダイ独特の特徴だ。その反面、釣り人の計算や意思が通じにくい頑固な面を持つ。そんな魚を相手にウキフカセ釣りのノウハウを極めたい。

人の生活圏でも釣れる身近な存在であるクロダイ。簡単に釣れることもあれば、なかなか釣れないこともある掴み所のない魚である。海釣りの人気ターゲットであり、ウキフカセ釣りの最適な好敵手となる。

# 01
# クロダイの特性は計算が通じにくいこと

**フィールドも多彩、エサの種類も豊富、釣り方も様々だが、オキアミと配合エサを使ったウキフカセは全国共通の釣り方。**

## 難しいけど簡単！ 簡単だけど難しい これが意外性の魚と呼ばれる所以

クロダイは難しいね。クロダイなんて簡単だよ。クロダイに対する釣り人の意見は二分するが、どちらも間違いではない。難しいけれど簡単、簡単だけれど難しいのがクロダイ釣りなのである。釣りを始めたばかりの入門者が足を運ぶ湾内の堤防や小磯にも大型のクロダイがいて、入門者の仕掛けに飛びつくことは少なくない。

1・5号以上のハリスを結び、竿をきちんと立てることさえできれば40㎝級までならかなりの確率で取り込める。そういう意味ではさほど難しいターゲットではないと思うが、この魚の厄介なところは釣り人の計算が通用しにくい点である。

朝からコマセを撒き続けているのに昼近くまでアタリもなく、ここにはクロダイがいないんじゃないかと竿を置き、ふと後ろのワンドに目を向けると50㎝を超すクロダイがのんびり泳いでいる。朝からのコマセは何だったのだろうとガックリする。メジナ相手では考えられない珍事に遭遇することが実に多い。頑固というか、偏屈というか、クロダイとの付き合いは結構長いほうだと思うが、いまだにその性格や行動を読み取れないことがある。

太いハリスに警戒するかと思えばワイヤー仕掛けにも飛びつく。海底の障害物から離れないときもあれば、海面まで一気に浮き上がってきてエサを捕食する。繊細にして大胆、思慮深いくせに単純で、いったいどれが本当の姿なのか分からない。そのたびに釣り人は作戦変更や場所替え

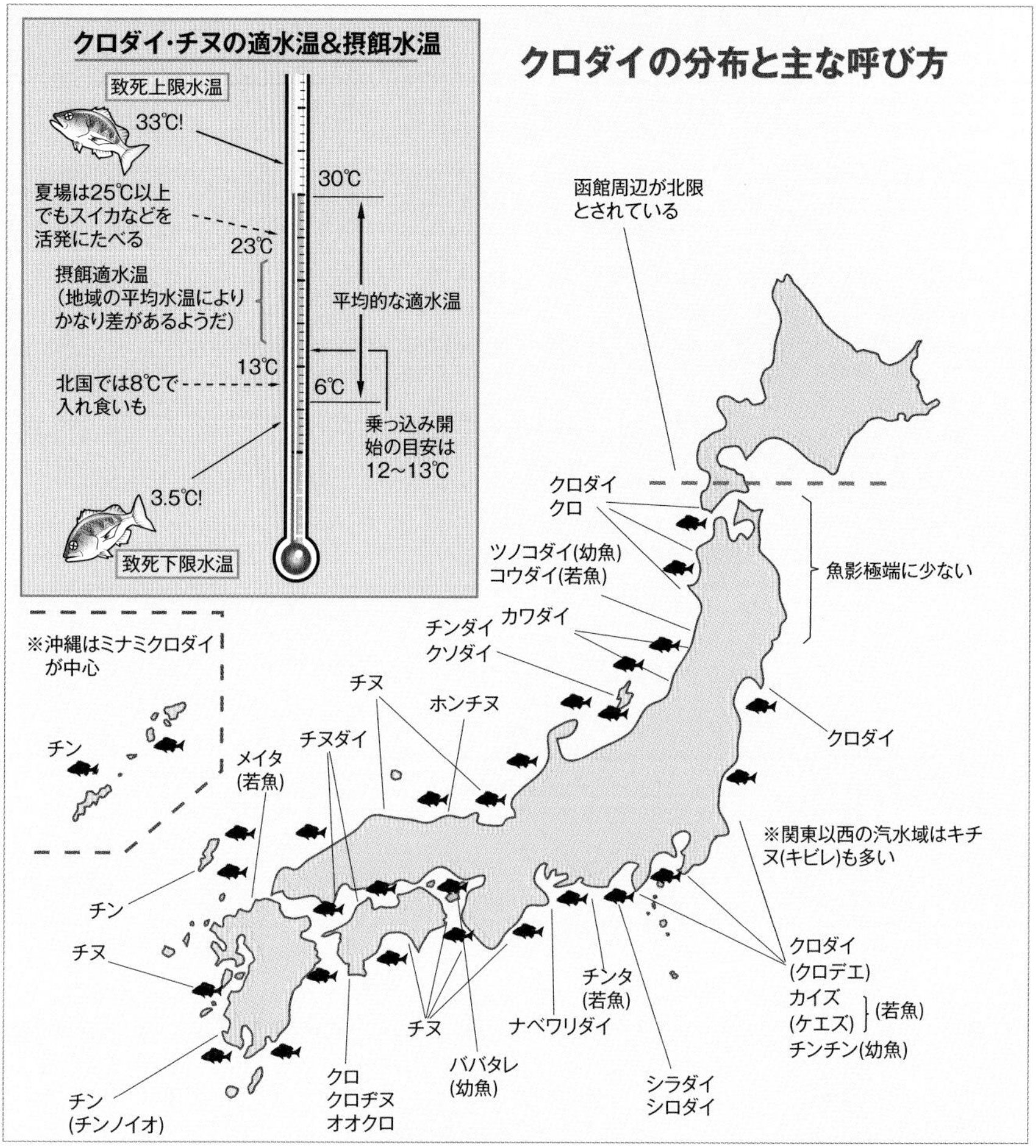

## クロダイ・チヌの適水温&摂餌水温

致死上限水温
33℃!
30℃
夏場は25℃以上でもスイカなどを活発にたべる
23℃
摂餌適水温
(地域の平均水温によりかなり差があるようだ)
平均的な適水温
13℃
北国では8℃で入れ食いも
6℃
乗っ込み開始の目安は12～13℃
3.5℃!
致死下限水温

## クロダイの分布と主な呼び方

函館周辺が北限とされている
クロダイ
クロ
ツノコダイ(幼魚)
コウダイ(若魚)
魚影極端に少ない
チンダイ
カワダイ
クソダイ
クロダイ
チヌ
ホンチヌ
チヌダイ
メイタ
(若魚)
※沖縄はミナミクロダイが中心
チン
※関東以西の汽水域はキチヌ(キビレ)も多い
チン
チヌ
クロダイ
(クロデエ)
カイズ
(ケエズ)
(若魚)
チンチン(幼魚)
チンタ
(若魚)
チヌ
ナベワリダイ
ババタレ
(幼魚)
シラダイ
シロダイ
クロ
クロヂヌ
オオクロ
チン
(チンノイオ)

沖縄県久米島の小さな漁港で釣れたミナミクロダイ。クロダイは韓国にもいるし、ナンヨウキチヌやキチヌの仲間は東南アジアからアフリカ西岸、地中海や南米にも棲息する。

函館周辺が北限と言われるクロダイ。岩手県の沿岸では釣果が見られないが、青森県や秋田県の日本海沿岸にはクロダイの有名ポイントが点在する。写真は男鹿半島で釣れたクロダイ。

神奈川県の三浦半島で釣った50㎝オーバー。夏は海水浴客や磯遊びで賑わうような小磯帯にもこんな大物が回遊する。ときには水深がヒザくらいしかない浅場でヒットすることもある。

を強いられ、気がつけば夕闇が近づくまで竿を振り続けている。この魚に関しては、ときに粘りと根性が最強テクニックになると言ってもよいだろう。

クロダイのメインフィールドは湾内の堤防や小磯、湾口周辺である。外海に面した堤防や荒磯などにも生息するが、フィールドによってサイズが違うわけではない。60㎝を超す超大型クロダイが記録されているのは、荒磯ではなく、ほとんどが波やサラシのない入り江の小磯帯なのだ。砂浜から釣れることもあるし、河口や川の中流域で釣れることさえある。付けエサにもオキアミのほかにカニやイガイ、練りエサ、イソメ類、サナギ、スイカといったものが使われ、それぞれにフィールドやポイントの設定、仕掛け作りなどに特別なセオリーがある。

フィールドや使用エサの多様性がクロダイ釣りを難しくし、同時に奥深いものにしている要因だろう。ただ、そういう地域性や特殊性まで含めると内容が煩雑になるため、ここでは一般的な堤防と磯にフィールドを絞り、オキアミと配合エサを使ったコマセと付けエサに限定したい。これがウキフカセによるクロダイ釣りの基本スタイルであり、全国どこへいっても通用する釣り方である。メジナというのは標準語の釣り、それに対してクロダイのほうは方言の釣りと言えるが、最初は共通語によるクロダイ釣りからマスターすることにしよう。

## 課外授業

### クロダイはどこにでもいる魚

クロダイは硬骨魚綱、スズキ目、タイ科に属し、クロダイ属には関東以西の汽水域や東南アジアにも生息するキチヌ(キビレ)、沖縄に生息するミナミクロダイ、東南アジアからインド洋まで広く分布するナンヨウチヌ、オーストラリアを中心に生息するオーストラリアキチヌがいる。地中海や紅海、アフリカ東岸、南北アメリカ大陸沿岸にもクロダイとよく似た魚が生息する。

この魚の特徴はマダイと同じように大きな口と頑強なアゴ、鋭い犬歯、サザエをも噛み砕く臼歯を持つ点である。透明度の低い内湾部を好むため、視力よりも嗅覚に優れ、大きく長い胸ビレを巧みに動かしてバックしたり静止したりすることも得意とする。環境や水温への適応能力は高く、クロダイは北海道函館周辺から九州の沿岸部に広く分布する。関西でチヌ、九州ではチンと呼ばれ、小型を黄鯛、カワダイ、カイズ、メイタ、チンタなどと呼び分けている地方も多い。

ウキフカセ釣りのターゲットとして断トツの人気があるクロダイ。磯や堤防はもちろん砂浜でも釣ることができる。

# 02

# 細ハリスをベースにタックルをチョイスする

**クロダイの重々しい引きを受け止めるには胴調子のチヌ竿。操作性や手返しを重視するならやや先調子の磯竿がお勧め。**

クロダイ狙いに最適な竿は0.8～1号の磯竿。1.2～1.5号のハリスを使うので、適合ハリスを考えてもこのクラスの竿がお勧め。

## 道糸はフロート系とサスペンド系を使い分けよう

クロダイ釣りに使用する竿は、ステップ1で紹介した磯竿の0・8～1号がベストだろう。ハリスは1・2～1・5号がメインだから、適合ハリスを考えてもこのクラスの竿がちょうどよい。クロダイ専用に設計されたチヌ竿というのは、竿の弾力をフル活用しながら細ハリスでゆっくりやり取りすることを考慮した「胴調子」の竿。ただ、胴調子竿は振り込みやアワセなどにコツが必要なため、最初はむしろ操作性に優れた先調子気味の磯竿やグレ竿がお勧めだ。チヌ竿を購入するなら1号か1・2号が扱いやすい。

リールもウミタナゴ釣りやメジナ釣りで紹介した、3号の道糸を100～150m巻けるサイズのLBかLBDタイプの小型スピニングリールをそのまま使える。できれば、細ハリスで大型とやり取りするのに便利なLBDタイプをお勧めしたい。クロダイはメジナのようなスピードはないが、重々しい引きでラインを引き出す。ハリに掛かったときに頭を振って抵抗することも多く、このような動きにはレバーブレーキの操作とドラグを組み合わせて対処するほうが安全だ。

ハリスは1・2～1・5号。したがって、スプールに巻く道糸は1・75～2号あれば十分だろう。長さは100mでよい。150mを購入するなら半分の75mずつ巻き、2～3回の釣行で巻き替えるのがライン強度を一定に保つコツ。

メジナ釣り場のように速い潮流が流れるわけではなく、塩分濃度も低

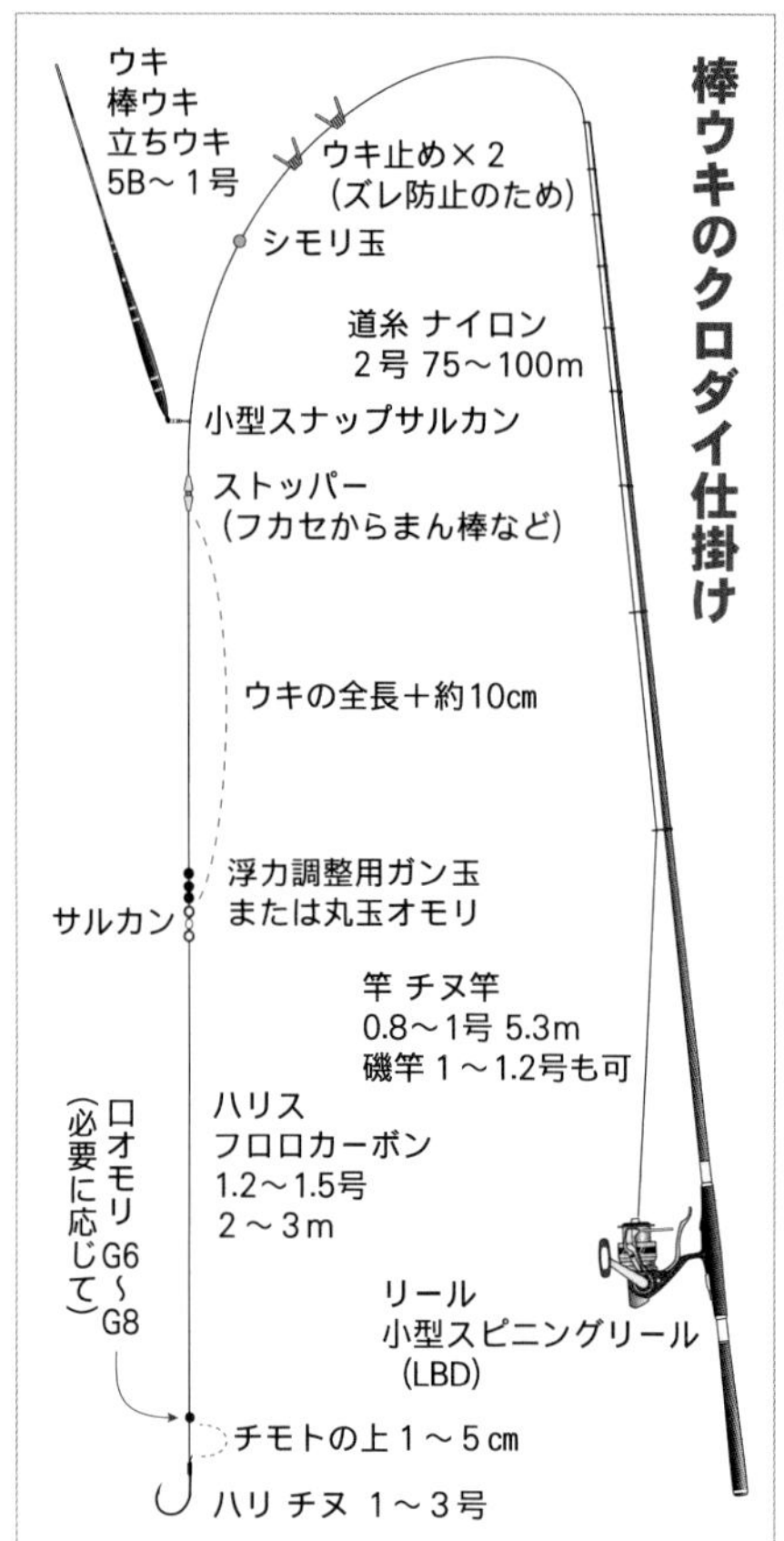


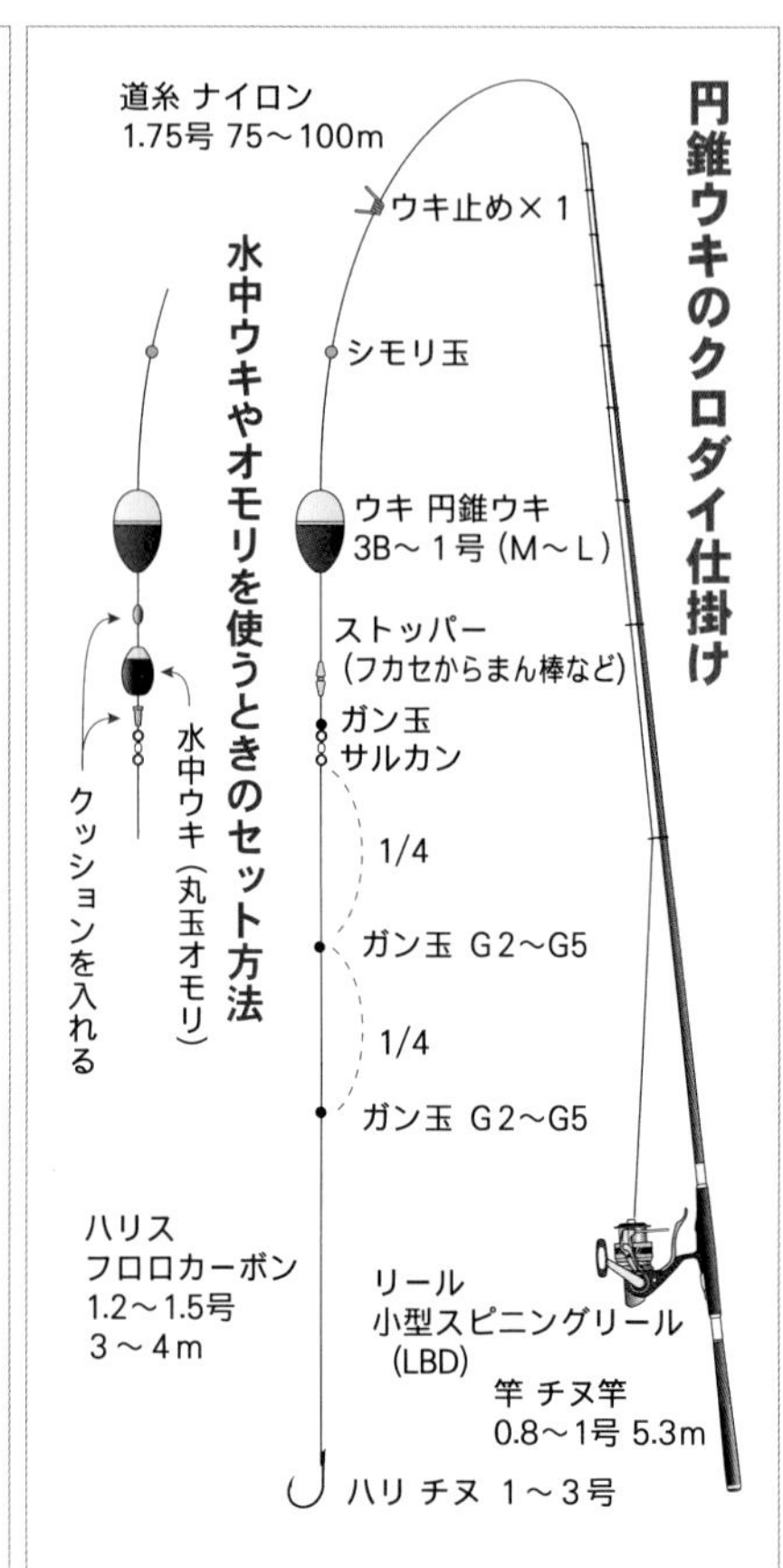


い内湾部のフィールドでは道糸が海中に沈みやすいため、フロート系の道糸が役立つ。特に水深の浅い場所で沖の海溝や海藻の切れ目を狙うような場合は、海中に沈んだ道糸が根掛かりしてしまうことも少なくない。メインで使用する号数はフロート系とサスペンド系の2種類を巻いておき、無風や弱風ならフロート系、強風ならサスペンド系という使い分けをするとよい。

スプールに使用道糸を直接巻くと巻き量が足りなくなる。あらかじめ2号か3号の道糸を下に巻いて底上げし、これにブラッドノットかフィッシャーマンズノットで使用道糸を結ぶ。交換するときは直結部から結びなおせばOK。中層を狙うメジナ釣りと違って底近くを探ることが多いため、どうしても根掛かりしやすい。根掛かりすると道糸の先端部に負荷が加わって伸び、強度が低下する。

根掛かりしたときは必ず先端を70㎝ほど切り捨ててから結びなおすようにしよう。

ハリは「チヌ」と表記されたものから選ぶ。MサイズやLサイズのオキアミを刺すには2号がベスト。エサを小さくしたいときは1号、大きくしたいときは3号にする。したがって、1～3号を用意すればほとんどの状況に対応可能だが、軸の太さの異なるタイプを2種類か3種類そろえると釣りの幅が広がる。また、黒系のほかにオキアミカラーも用意しておきたい。3サイズ×2タイプ×2カラーで12種類のハリが必要になるわけだ。

## 課外授業

### チヌバリにヒネリがある理由

クロダイ釣りに使われるハリには伊勢尼型や海津型もあるが、最近はチヌバリと呼ばれるタイプが一般的である。これは伊勢尼の軸をやや細く、長くし、ハリ先にヒネリを加えたもの。吸い込みと掛かりを重視したグレバリとは根本的に異なる形状だ。クロダイはいきなり付けエサに飛びつくことは少なく、波静かな内湾部では近くまで寄ってからしばらく様子を見る。そのとき、エサがふらついていると警戒することがあるため、軸を長くして安定性を高めているわけだ。

捕食スタイルも吸い込むよりも軽く噛んでから飲み込むパターンが多く、ハリはクロダイの口中で横に寝た状態になりやすい。そのままアワせるとハリはスッポ抜けてしまうことになる。そのため、横になったハリが口中で回転しながらハリ掛かりしやすいようにヒネリが入っている。ヒネリのないハリが有効なケースもないではないが、クロダイにはヒネリのあるハリが適しているようだ。

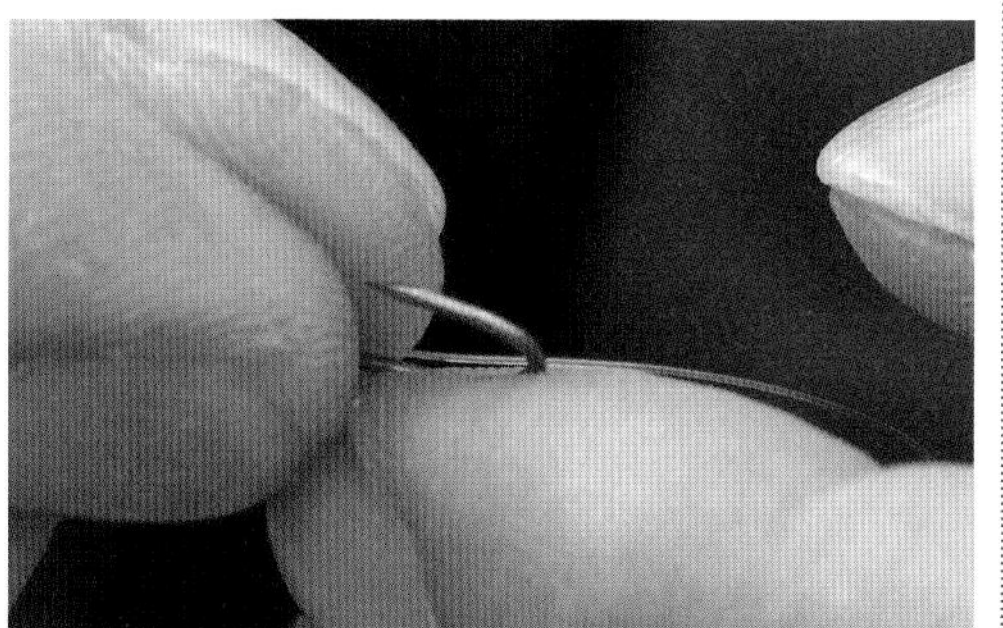

チヌバリとも呼ばれるクロダイ用のハリはヒネリの入ったものが多い。これにはクロダイを確実にハリ掛かりさせるための理由がある。

リールはメジナやウミタナゴ釣りで紹介したレバーブレーキタイプ。替えスプールを用意し、フロート系とサスペンド系の道糸を巻いておこう。

クロダイ釣りは細ハリスを使用するため、竿の弾性を活かしてやり取りする。そのため竿先が大きく曲がる胴調子気味の磯竿が最適。

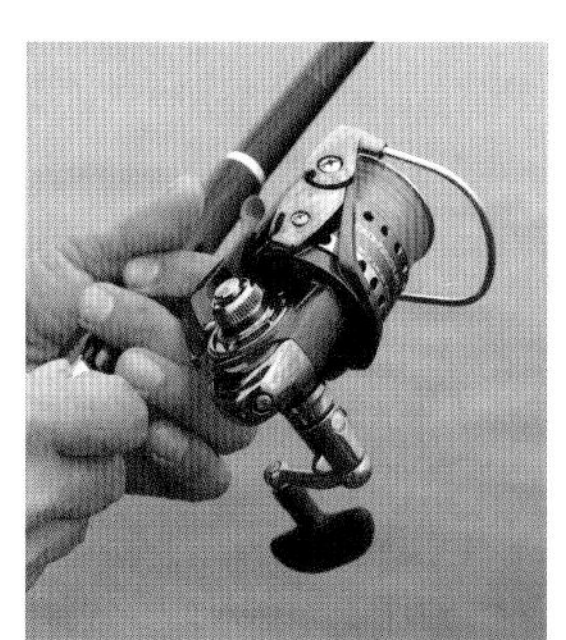

リールはウミタナゴ釣りやメジナ釣りで紹介した3号の道糸を100～150m巻けるLBかLBDタイプの小型スピニングリール。

03

# 棒ウキVS円錐ウキ それぞれの特性とは？

**棒ウキと円錐ウキのメリットとデメリットを理解すれば、ウキに適した釣り場選びやポイント設定が可能になる。**

潮の動きが活発なポイントが多いメジナ釣りでは棒ウキを使う機会が少ないが、穏やかなポイントが多いクロダイ釣りでは棒ウキも活躍。

## クロダイのウキ選びは状況よりも使い慣れたウキ

メジナ釣りでは中通しタイプの円錐ウキが圧倒的多数を占めるが、クロダイ釣りでは円錐ウキと棒ウキの割合が半々くらいだろうか。クロダイ釣りに棒ウキが使われる理由は、フィールドの違い、クロダイの平均的なタナや捕食スタイルによるところが大きい。

内湾部の小磯帯は足場の低い岩場が多く、浅場ではポイントまでの距離も遠いため、海面にトップが突き出た棒ウキのほうが見やすい。また、足場が低いと逆光時やマヅメ時には海面がギラつき、円錐ウキは遠投するとほとんど見えなくなるが、棒ウキはトップがシルエットとなって視認できる。

水深のある堤防や磯はクロダイのタナが深く、メジナのように鋭く反転しないためウキに明確なアタリが出にくいのが特徴だ。棒ウキは重めのオモリできっちりタナを取り、トップが小さな魚信を増幅して伝えるため、アワセのタイミングをつかみやすいメリットがある。遠投しやすいこと、長いボディが海中に沈み、風や表層流の影響を受けにくいのも棒ウキが使われる理由だと思う。

棒ウキのデメリットは、サラシ場や潜り込む流れが発生する場所では沈んでしまうこと、ラインを張るとトップが潜って見えなくなること、磯際など真上からウキを見下ろす場所では視認性が低下することだ。棒状のトップは真上から見下ろすと小さな点になってしまうから、円錐ウキのほうが見やすいのだ。

したがって、速い流れやサラシの

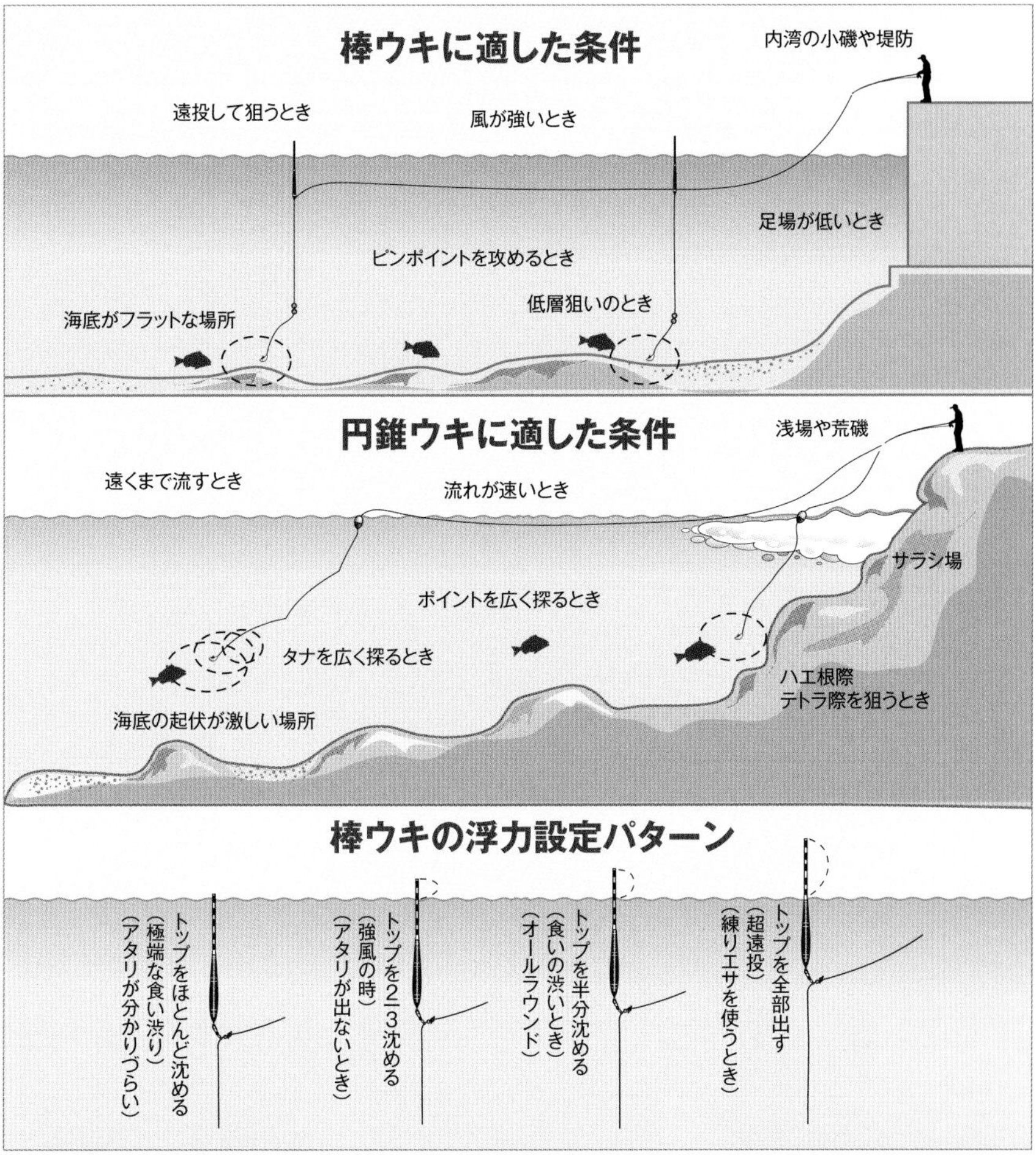

## 棒ウキに適した条件

内湾の小磯や堤防
遠投して狙うとき
風が強いとき
足場が低いとき
ピンポイントを攻めるとき
低層狙いのとき
海底がフラットな場所

## 円錐ウキに適した条件

浅場や荒磯
遠くまで流すとき
流れが速いとき
サラシ場
ポイントを広く探るとき
タナを広く探るとき
ハエ根際
テトラ際を狙うとき
海底の起伏が激しい場所

## 棒ウキの浮力設定パターン

トップをほとんど沈める（極端な食い渋り）（アタリが分かりづらい）
トップを2/3沈める（強風の時）（アタリが出ないとき）
トップを半分沈める（食いの渋いとき）（オールラウンド）
トップを全部出す（超遠投）（練りエサを使うとき）

円錐ウキはラインホールに道糸を通して仕掛けにセットするが、棒ウキはローリングスイベルをセットし、ローリングスイベルの穴に道糸を通す。円錐ウキと比べるとウキの交換がスムーズ。

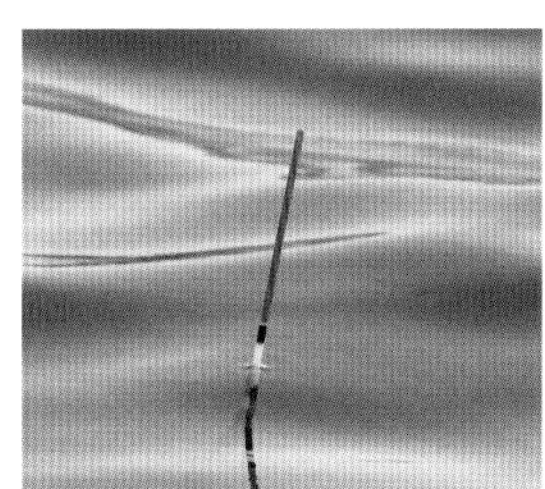
円錐ウキと比べると、棒ウキは微妙な仕掛けの動きやエサの状態、魚の反応が明確に表れる。ただし、サラシ場や底潮に引かれると沈んでしまい微妙なアタリが取れなくなる。

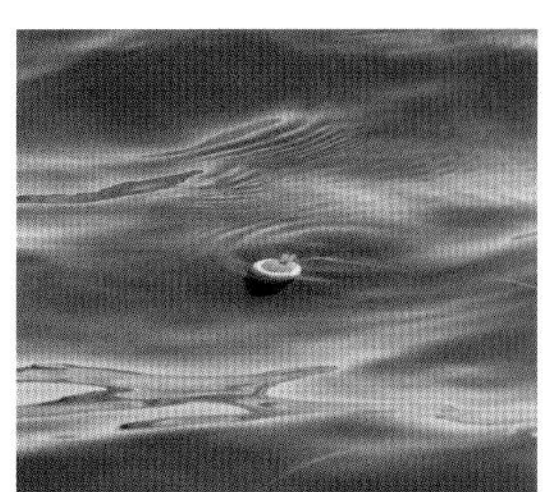
潮の動きが早いポイントや波のある場所では棒ウキだとアタリの見極めが難しい。円錐ウキは波を捉えながら仕掛けと一緒に流れるので、潮の動きが活発な場所ではアタリがわかりやすい。

発生することが多い荒磯などでは、棒ウキよりも円錐ウキを使ってポイントに仕掛けを止める釣り方のほうが釣りやすい。ラインを張って磯際のタナをゆっくり探るとき、ウキを止めながら潮筋を流すようなときも円錐ウキのほうが扱いやすい。また、テトラ際やハエ根際、海藻の切れ目などにポイントを絞り込む場合には、棒ウキだとラインが障害物に引っ掛かってしまう。こういう場所では竿先でライン軌道を修正できる円錐ウキがよいだろう。

　もちろん、ウキというのは使い慣れることが重要であり、条件に合わせて慣れないウキを使うよりも、デメリットを覚悟しながら慣れたウキを使うことだ。ウキに対する好みの問題もあるから一概には言えないが、自分のホームグラウンドが足場の低い小磯や内湾の堤防主体なら棒ウキ、荒磯主体なら円錐ウキをメインにするとよい。

　最近は遠投可能なショートボディの荒磯対応棒ウキ、深ダナ対応の高浮力、高視認性タイプの円錐ウキも数多く市販されているから、単純にフィールド条件だけで棒ウキと円錐ウキを使い分ける必要はない。

　最初は棒ウキか円錐ウキのどちらかを徹底して使い込み、メリットとデメリットを理解したうえでもう一方のウキを試すことだ。ウキを交換すると流し方、ラインコントロール、コマセワークやアワセのタイミングも違ってくるから注意が必要である。

## 課外授業

### 棒ウキ、非自立棒ウキ、立ちウキ

　ウキはその形状から棒ウキと玉ウキに分類できる。玉ウキの発展形が円錐ウキで、これは接続方法から中通しタイプとカン付きタイプに大きく分けられる。棒ウキは長さによってショートタイプとロングタイプに大別されるが、超ショートタイプを「小型棒ウキ」と呼ぶこともある。

　また、棒ウキにはオモリを仕込んでいない非自立タイプ、ボディの底部にオモリを仕込んだ自立タイプの２種類があり、自立タイプは一般に「立ちウキ」とも呼ばれている。非自立棒ウキは仕掛けの遊動状態がひと目で分かり、遊動中のアタリや食い上げアタリを読み取りやすいメリットがある反面、向かい風などでは投入しづらく、流れの速い場所では仕掛けが馴染むまえに上潮に流されてしまうといったデメリットがある。立ちウキは単体でもよく飛び、速い流れにも対応しやすいため、釣り場条件に対する適応能力に優れているのがメリットである。

円錐ウキも種類が豊富だが、棒ウキにも様々なタイプがある。

用意するコマセの材料は半解凍のオキアミ３kgにクロダイ用配合エサ２袋。作り方はメジナのコマセ作りと同じ。釣り場の状況に合わせてタイプの異なる配合エサを用意するのも有効だが、クロダイの配合エサに求められる要素は比重と濁りである。

# 04 配合エサの使いこなしが釣果を引き寄せる

**自分の仕掛けや釣り方に合ったコマセを作るために、配合エサを選び、ときにはブレンドすることも重要である。**

## 比重と拡散性でバラケを調整 これで濁りを有効活用

内湾部を主なテリトリーとするクロダイは海底の濁りに敏感だ。海女さんが石をひっくり返すときに発生する濁りは、そこにカニや貝といったエサがいるサインであり、海女さんの後ろを追いかけるクロダイもいるらしい。港内の浚渫工事などで発生する濁りに反応するのは、砂泥からイソメなどの小動物が飛び出すことを知っているからである。テトラを移動させる工事中、濁りの周辺にはこぼれ落ちるイガイやカニなどを求めて周辺からクロダイが集まってくるそうだ。

クロダイが「濁り＝エサ」という条件反射を持つことは古くから知られており、海岸では海中の砂泥を足で巻き上げて付けエサを置く「濁し釣り」という釣り方が行なわれていた。付けエサをヌカや赤土で作ったダンゴに包むダンゴ釣りは、濁りを好むクロダイの習性を利用したものだ。紀州釣りから発展したウキを使うダンゴ釣りも全国各地で行なわれている。

ウキフカセ釣りにもこうした濁りを有効活用する方法が古くからあって、ヌカ、オカラ、赤土などにアミエビやサナギミンチを混ぜたコマセを撒きながら釣るスタイルは以前から行われていた。しかし、配合エサの登場によってコマセと濁りの結びつきはさらに強固なものとなった。

メジナ用配合エサは集魚効果、遠投性、拡散性が主な要素だが、クロダイ用配合エサの場合は比重と濁りの要素が大きい。

濁りはクロダイの好奇心と食欲を

## 配合エサは釣り方や仕掛けに合った使い分けが大切

※その日の状況はもちろん、自分の仕掛けや釣り方にマッチした配合エサ選びとブレンドテクニックが釣果を左右する
※BのコマセでAの仕掛け、DのコマセでCの仕掛けを使ってもクロダイとの遭遇率は低くなってしまうばかりだ

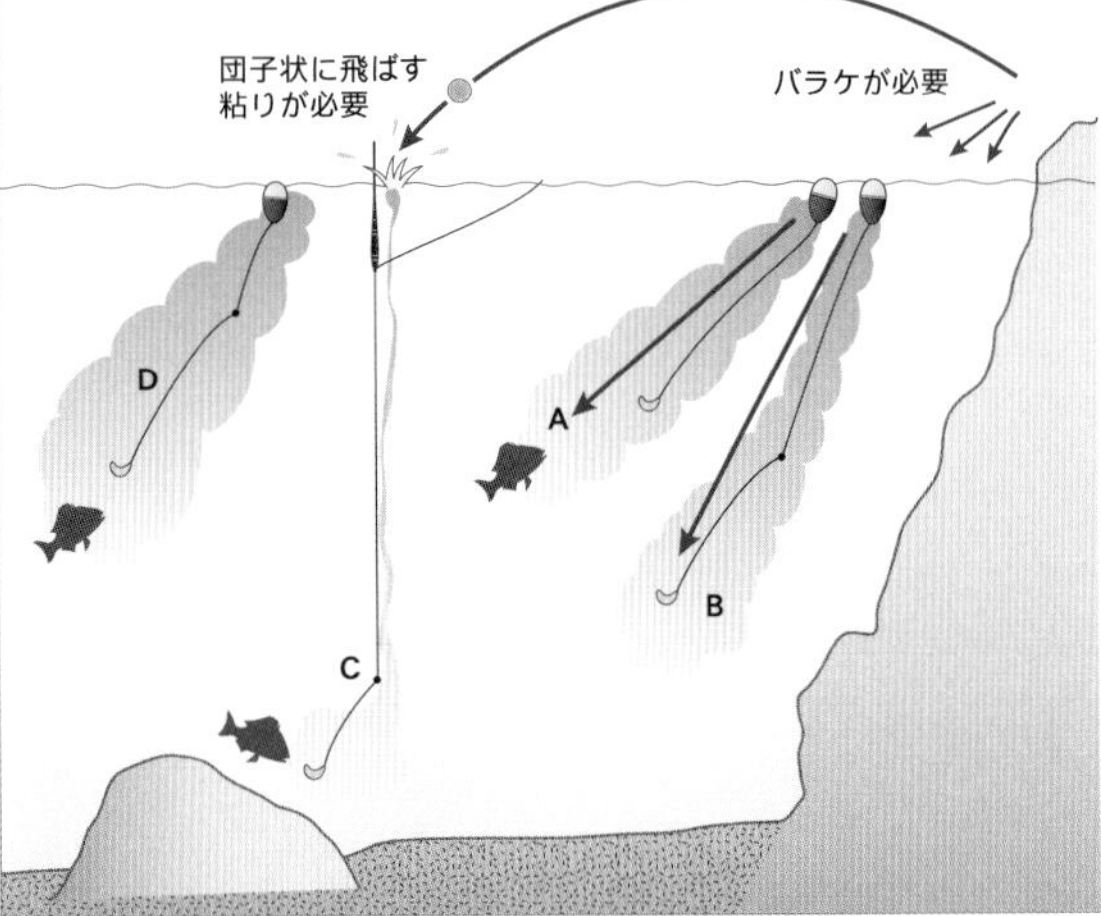


### 配合エサのブレンド　混ぜ方

| | | | | |
|---|---|---|---|---|
| A＝ | 低比重 | ＋ | バラケ | 水少なめ 軽く混ぜ合わす |
| B＝ | 高比重 | ＋ | バラケ | 水多め 軽く混ぜ合わす |
| C＝ | 高比重 | ＋ | 粘り（遠投） | 水多め 丁寧に練り込む |
| D＝ | 低比重 | ＋ | 粘り（遠投） | 水少なめ 軽く練り合わす |

### ネーミングからの特性判断

「浮かせ」→ 低比重、バラケ
「底攻め」→ 高比重
「遠投」→ 粘り
「遠投深攻め」→ 高比重、粘り

コマセはカップを60度に傾けてもこぼれ落ちないくらいの硬さがベスト。一気に撒くよりは一定の間隔で撒き続けることが重要だ。

コマセヒシャクの使い方でもコントロールできる。遠投したいときはバッカンに押し付けて固め、拡散させたい時は救ってそのまま投入すればいい。

遠投するなら海水を多めにして粘りを出す。拡散させるなら海水を減らし粘りを抑える。コマセの比重は加える配合エサでも調整できる。

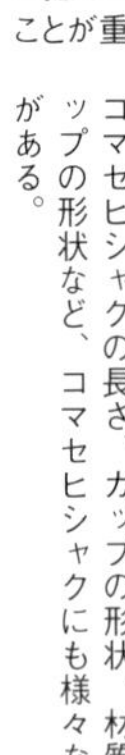
コマセヒシャクの長さ、カップの形状、材質、グリップの形状など、コマセヒシャクにも様々なタイプがある。

遠投したいときはコマセを固めてオーバースローで投入。拡散させたいときはあまり固めずにサイドスローで投入するといい。

刺激し、比重は底層にコマセを沈めるのに役立つ。ただ、比重に関しては釣り場の水深や予想されるタナの深さ、流れ、何よりも自分の釣り方に合わせる必要がある。深場で潮の速い釣り場なら比重の大きい配合エサでコマセを沈めるほうが効果的だが、水温が高く、クロダイを浮かせることができる状況であれば、むしろ比重を抑えて中層をメインに探るスタイルも有効だ。自分が底層を攻めるのか、中層から底層までを広く探るのかを決め、仕掛けとコマセの沈み方をイメージしながら配合エサをチョイスしよう。

一般的には、底層を狙う棒ウキ仕掛けには比重が大きくまとまりのよいタイプの配合エサ、中層域から底層域を探る円錐ウキ仕掛けには比重を抑えたタイプの配合エサがマッチする。コマセを団子状にまとめて投入したいなら「遠投」と表記されたまとまりのよい配合エサを使って練り込み、逆にサラシや磯際からパラパラと広げて撒きたいなら拡散性を重視した配合エサを大雑把に混ぜるほうがよい。

比重に関しては配合エサを手にすればある程度は予測できるだろう。コマセの層を厚くするには比重や拡散性の異なる配合エサをブレンドし、あまり練り込まないこと。濁りをどの深さに発生させるかで比重と拡散性を組み合わせ、混ぜ具合を調整する。配合エサは自分の釣り方に合ったコマセを作るためのサポート用品と考えてもいい。撒きやすいコマセ、釣りやすいコマセ作りが釣果を引き寄せるのである。

## 課外授業

### コマセでコントロールできない魚

メジナは計算しやすく、クロダイは計算しにくい魚である。その原因はコマセでタナやポイントをコントロールしやすいかどうかの違いだ。クロダイは濁りを好み、コマセの濁りに頭から突っ込んでくることも少なくないが、濁りの周辺をウロウロしながらエサを探すことも多い。エサ取りが消えて、近くにクロダイが寄ってきたと推測できるのにアタリがないとき、仕掛けをコマセから外すとウキが消し込むことがある。また、底近くへコマセと仕掛けを入れて反応がないとき、ウキ下を思い切って短くしたとたんにクロダイが飛びつくこともある。

ウキフカセ釣りの基本はコマセと付けエサの同調であり、反応がなければ少しずつずらすというのがセオリーであるが、メジナはズレを小さく、クロダイの場合はズレを大きくするほうが効果的。なぜかコマセの潮上で食ってくることさえある。意外性の魚に先入観は禁物。臨機応変に対処しよう。

メジナ用配合エサは集魚効果、遠投性、拡散性が主な要素であるのに対し、クロダイ用配合エサは比重と濁りが主な要素。ここにもメジナと違いタナやポイントをコントロールできないことが窺える。

ハリスは長いよりも短いほうが投入しやすいが、ハリスの長さによって付けエサの動きが変わる。これが釣果を左右することになるのでハリスの長さは重要なテーマである。

# 05 釣果を左右するハリスの長さ

**長いハリスは違和感をあたえないが時間のロスが大きい。短いハリスは効率的だがコマセとの同調が難しい。このバランスは？**

## タナをピンポイントで狙うなら短く広く探るなら長く

ハリスの長さに正解はないのかもしれない。釣り人によって好みが分かれ、竿の長さいっぱいにハリスを取る人もいれば、1ヒロ程度のハリスしか使わない人もいる。また、50mのハリスをリールのスプールに巻き込んで、いわゆる「通し」スタイルでハリスを使う人もいる。

道糸は竿からウキまでの道筋となるラインであり、ハリスは海中にあって付けエサの動きを左右するラインである。だからこそ、ハリスには水中で見えにくく、適度な比重と張りを持つフロロカーボンが使われるわけだ。ハリスは長ければ長いほどウキからの距離も長くなり、仕掛け着水後にウキの存在を魚が意識することがない。また、ハリスがゆっくり潮に馴染みながら沈むため、幅広い層を探るには長いハリスのほうが有利である。

その反面、竿の長さいっぱいに取ったハリスは投入しづらく、仕掛け着水時に糸絡みするトラブルも起こりやすい。大きめのガン玉を付けない場合には馴染みも遅い。長いハリスはタナを広くゆっくり探れるというメリットはあるが、逆にタナを絞り込んで手返しを優先して攻めるときは無駄が多い。棒ウキ仕掛けでポイントとタナを絞り込んで釣る場合、ハリスは短いほうがコマセと同調させやすいだろう。

比重の大きな配合エサで団子状にまとめたコマセを沈め、海底で舞い上がった濁りのなかへ付けエサを確実に沈めるには長いハリスは邪魔になる。この場合、ハリスの長さは2

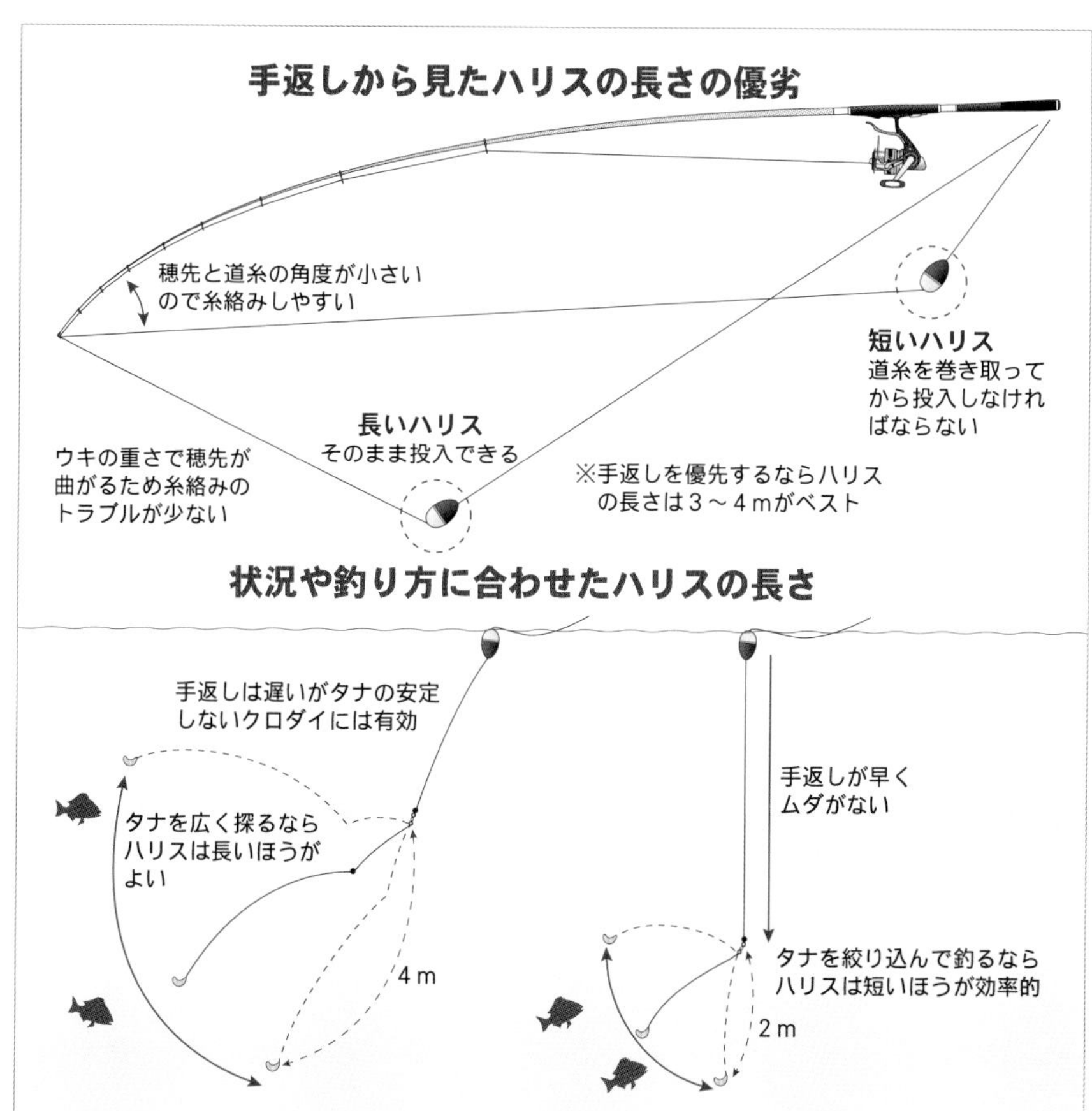


ｍ前後がベストかもしれない。完全な底狙いに徹するなら１ｍでもかまわない。サルカンやオモリは配合エサの煙幕がカムフラージュしてくれる。付けエサの落ち込み速度はハリ上に極小ガン玉（これを口オモリという）を打って微調整すれば、さらに効果はアップする。誘いをかけても付けエサがコマセから大きく外れる心配はないし、余計なたるみがないのでアタリも鮮明だ。磯際や海溝、小さな段差をピンポイントで攻略する場合も、ハリスは短いほうが根掛かりしにくくなる。

しかし、底潮が速いときなどは短いハリスだとコマセの流れに付けエサが付いていけず、ズレが大きくなる。そんなときはハリスを長くし底潮に漂わせるほうが、付けエサとコマセが同調しやすくクロダイとの遭遇率も高くなる。タナが浅い場合にも、ハリスを長く取ったほうがウキに対する違和感を軽減でき、ウキから付けエサまでの角度をクロダイの浮上する角度に合わせやすい。手返しを考えれば、ハリスは竿の長さの5分の3～4がベストだ。

ハリスが短いとハリにエサを刺すときに道糸が穂先に絡み、投入も竿先からウキまでの間隔が開きすぎて、横送り込みやタスキ振りだとウキの重みを竿に乗せることができない。したがって、基本となる長さは3～4mとし、底ダナをピンポイントで狙うなら短めに、中層から底層を広くゆっくり探るなら長めに取る。アタリがないときはハリスの長さを変えてみよう。

## 課外授業

### 見えないハリスが魚を驚かす？

魚はハリスを意識しているのだろうか。もちろん、魚に「ハリス」という言葉や釣り糸という概念はない。ハリスはエサの上に延びた奇妙な物体でしかないわけで、それが危険なものかどうかという判断は魚によって違うような気がする。我々は見えにくいように光の屈折率が水に近いフロロカーボンハリスを使い、食いが悪ければ細くするが、これも正解かどうかは分からない。

森を歩いていて目に見えないクモの巣が顔に触れたら驚くが、目に見えるツルなら避けて通ることができるはずだ。魚も目に見えないハリスが体に触れたら反射的に逃げる。見えるハリスなら避けてエサを口にするとも考えられる。ハリスの先にハリが付いているという認識があれば別だが、そういった関係を理解しているという確証はない。ハリスを細くすると食いがよくなるのは別の理由、または単純に釣り人の集中力が増して釣りがていねいになるからかもしれない。

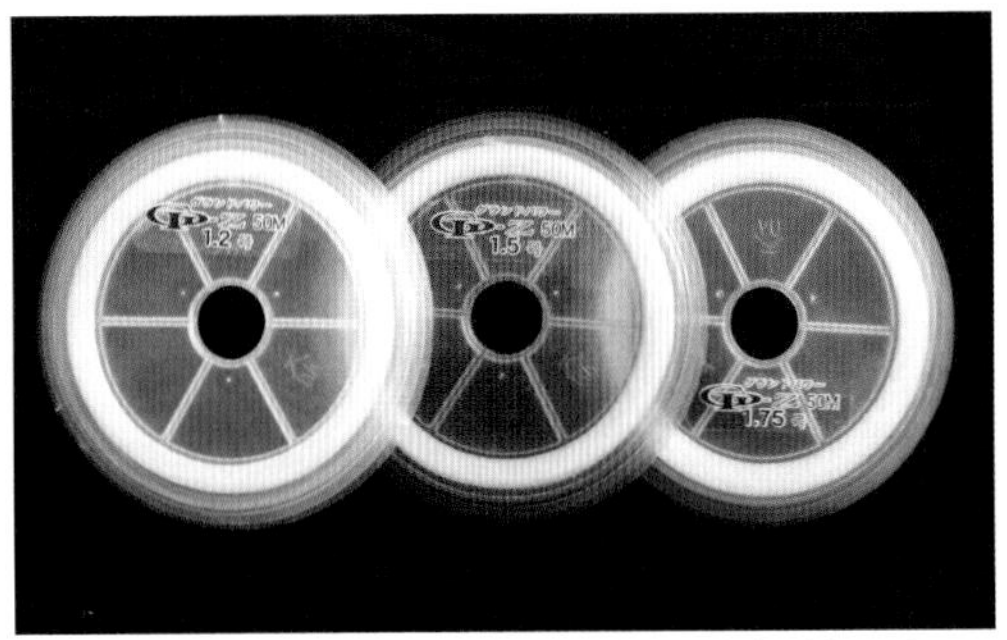

ハリスは細くしたほうがヒット率は上がるような気がするが、1.5号よりも1.2号のハリスのほうがヒット率が上がるかどうかは釣り人の感覚的な話が多いのも事実である。

ハリスを細くした途端にアタリがきたり、ハリスを太くしたらアタリがまったくなくなったという話はよく聞くが因果関係は検証されていない?

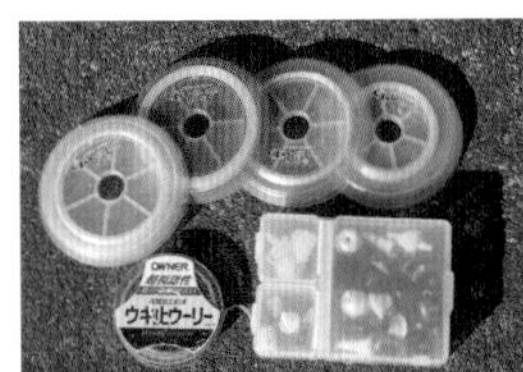

クロダイ釣りで使うハリスは1.2 ～1.5号。ナイロンよりもフロロカーボンが主流になるが、ハリスの太さとハリスの長さの関係は……。

両腕を広げたときの長さを1ヒロと呼び、その長さは約1.5m。ハリスの長さを示す単位として使われることが多い。2ヒロだと約3mになるが、これはおおよその長さである。

# 06 タナの推理とウキ下の設定

メジナと違いクロダイ狙いでは季節や水温、ポイントの状況からタナを予想し、そのタナにいかにして付けエサを漂わせるかがキーポイント。そこで重要なのがウキ下の設定である。

**縄張り意識の強いクロダイはタナにシビアな魚である。季節、水温、地形、潮流などから総合的にタナを判断しよう。**

## 浅場は底、深場は水深の3分の2 詰めるときは10〜20㎝、伸ばすときは矢引単位で

クロダイ釣りでもっとも釣り人を悩ませるのがタナの推理であり、ウキ下の設定である。メジナはタナの読みが多少外れても食ってくれることが多いが、クロダイはタナへ正確に付けエサを沈めないと極端に反応が悪くなってしまう。縄張り意識が強いせいだろうか、自分がテリトリーとするタナから大きく飛び出そうとしない。この傾向は海底の起伏に乏しく、流れも緩やかな内湾の釣り場ほど強い。したがって、クロダイ釣りではその日のタナを推理することが最重要課題となる。

タナは季節や水温、潮の速度や流速などによっても変化する。春の乗っ込みシーズンはお腹に卵や精子を抱えているため、海底の障害物からお腹を守ろうとするようだ。この時期は海藻からこぼれ落ちる小動物を主食とするため、比較的タナが浅くなる。逆に水温が低下する晩秋は落ちのシーズンを迎え、意識が深場へ向いているためか海底に潜む虫エサや貝類を好んで食べる。そのため全体にタナが深くなる（というよりもコマセに浮かない）傾向が強い気がする。厳寒期は水温の安定した深ダナから動こうとせず、真夏は表層近くでエサを捕食することもあるが、水深のある堤防などでは意外に水温の安定した深ダナにジッとしていることが多い。

大きな湾の出入り口や河口周辺では干満によって水温が大きく上下することが多く、それによってクロダイのタナも変化するため、干満に応じてウキ下を調整しなければならな

## 水深と地形によるタナの推理

浅場

浅場は底近くにタナを絞り込む

ハエ根際や岩棚

深場

最初に狙うタナは水深の3分の2くらいを目安にするとよい

沈み根の少し上

カケアガリの落ち込み

このタナへ付けエサを入れるにはタナよりもウキ下を長く取ること！

高い沈み根

## 潮の流れによるタナの推理

同じコマセ内容

潮が速いときのコマセ

潮が遅いときのコマセ

想定されるタナ

想定されるタナ

### タナを探るときのウキ止めの動かし方

長くするときは矢引き単位

短くするときは10～20㎝刻み

い。春先などは河川から冷たい雪解け水が流れ込み、干潮時にはタナが深くなる。一般的に満潮時はタナが浅く、干潮時はタナが深くなるようだ。満潮時はイガイやフジツボやカキなどの貝類が海中に沈み、クロダイが食べやすい状態になるからだろう。これらを求め、クロダイは磯際や沈み根やハエ根の点在する浅場まで浮いてくる。

　経験上、最初に想定するタナは水深5m未満の浅場なら底近く、深場なら水深の3分の2くらいを目安にしている。地形から判断すると、海底がフラットなフィールドであれば底層、起伏の激しい場所なら一番大きい根の少し上に合わせる。傾斜の急なカケアガリでは、斜面の落ち込みに合わせる。クロダイはカケアガリの落ち込みに沿って移動する習性があるからだ。潮流からタナを推理する場合は流れが速ければ浅く、緩ければ深く設定する。これらの判断基準を総合してその釣り場のタナを推理する。

もちろん、推理したタナへ付けエサを漂わせるためには、仕掛けの角度を計算しながらウキ下を決めなければならない。軽い仕掛けは長く、重い仕掛けは短くするが、いずれの場合も想定するクロダイのタナよりもウキ下は長くなる。

分からないときは5m、7m、9mのウキ下で始め、根掛かりしたら短く、反応がなければ長くする。短くするときは10～20㎝刻み、長くするときは矢引単位で大胆に探るのが時間ロスを防ぐコツだ。

## 課外授業

### 磯の深場はウキ下7mから

通い慣れたフィールドなら水深も把握しているし、おおよそのタナも予測できるが、初めて竿を出す釣り場では水深もタナも見当がつかない。渡船利用なら船長から水深とタナに関する情報を仕入れ、地元の仲間がいたら釣り場の特徴などを聞いてタナ決めの参考にする。しかし、そういった情報がまるで得られないときもある。

海底まで見えるような場所なら予測も付けやすいが、濁りの強いときや水深が分からないほど深い場所では最初のウキ下を7mにセットしている。もちろん、途中で状況を見ながらウキ下は調整するわけだが、ウキ下に迷ったら7mに戻すのが私のセオリー。自分なりの基準を設け、それをベースにタナを探るほうが変化を読み取りやすい。悩みに悩んだ挙げ句にウキ下を7mに戻したとたん、ウキが消し込まれたことが何度もある。自分のコマセワークがそのタナを釣るのにマッチしているためかもしれないが……。

水深とタナを見極めた配合エサの選択も重要。

クロダイ狙いは、メジナ狙い以上にウキ下の設定が重要だ。浅場や堤防なら基本底狙いとなるが、磯の深場では推理したタナでコマセと付けエサを同調させなければならない。

遊動仕掛けのウキ下変更は、ウキ止め糸の位置をずらすことで変えることができる。

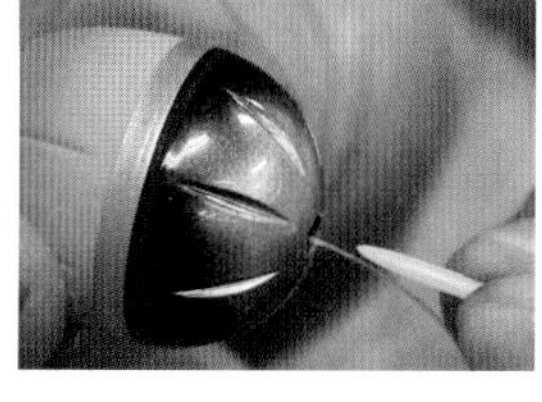
固定仕掛けのウキ下変更は、円錐ウキの位置を変えてヨージで固定する。

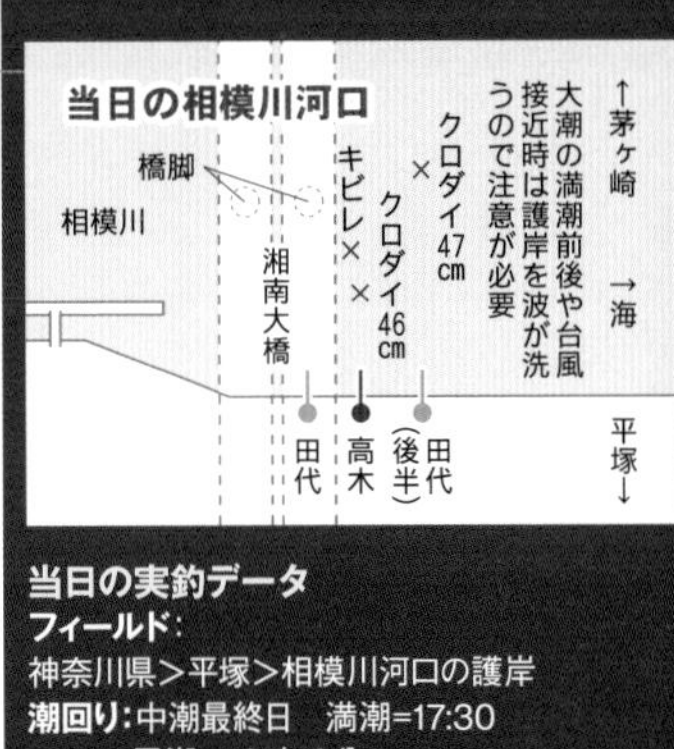


**当日の実釣データ**
**フィールド**：
神奈川県＞平塚＞相模川河口の護岸
**潮回り**：中潮最終日　満潮=17:30
干潮=10時10分
**天候**：快晴／南島の風少々
**コマセ**：サナギミンチ＋チヌ用配合エサ３袋
**付けエサ**：オキアミ、サナギ、コーン、練りエサ

# 07
# 実践！ クロダイ釣り仕掛けローテーション

**ワンチャンスへたどり着くまでの試行錯誤は大切だが、迷いが生じたら元のタナ、慣れた仕掛けに戻すのも有効。**

## 下げ潮は川の流れが速くなり、上げ潮だと二枚潮仕掛けを変えてその日の正解を導く

### ●7時45分　第1投

最初にセットした仕掛けは別図参照。

ほとんどのクロダイ釣り場で最初にセットする仕掛けで、こういう仕掛けを「パイロット仕掛け」と呼ぶ。パイロットは「水先案内人」「試験的」という意味で、ここでは場所や条件を探るための仕掛けということ。いつも使う仕掛けなら変化を読み取りやすい。
※釣り場には早めに着いたが、釣友と話をしながら全体の様子を観察したあと、時間を掛けてコマセを作ったので第一投がこの時間になった。釣りまえの情報収集も大切。

### ●8時00分

ここは汽水域（河口）なので外洋のエサ取りは少なく、夏場の高水温期でもオキアミで釣りになる。ただ、オキアミが残りっぱなしでサナギにヒットすることもあるため、付けエサはオキアミ、サナギ、コーン、練りエサの4種類を用意して、最初にすべてを試して反応をチェックする。
※付けエサの種類によって理想的なウキ下も異なる。しばらくはオキアミで釣りをすることに決め、ウキ下を水深いっぱいより浅い6mに設定した。

### ●8時40分

コマセが効いてきたせいかオキアミを取られるようになった。ガン玉の位置を下へ下げ、ウキ下を5mにしてラインを張ったまま沈めると20～30cmのフッコ（スズキの幼魚）が食いついてきた。付けエサをオキアミからサナギに切り替える。
※サナギをさすときはハリに糸オモリかヒューズを巻くが、いつでもオキアミやコーンにチェンジできるようにハリ側のG4～G5のガン玉をチモトまでズリ下げた。応急仕掛けである。

### ●9時35分

朝イチから練りエサで探っていた同行の田代くんに大物がヒット！　しばらくやり取りするも水面に顔を出したのは巨大なコイ。河口の釣り場では珍しくない外道である。
※河口ではスズキ、ウグイ、ウナギなども釣れ

汽水を好むキビレは河口付近ではよく釣れる魚。相模川河口ではお馴染みのターゲットである。

## 課外授業

### ワンチャンスを逃した言い訳

久々の茅ヶ崎。条件もよく、これは楽勝だろうと楽観視していたのがいけなかった。潮が速いときのクロダイは潮だるみに時合が訪れる。予想では最干潮の10時前後から流れが緩くなるはずだったが、流速は若干遅くなった程度で流れの方向も変わらず。周辺でクロダイが釣れたことで完全に過車が狂った感じである。初心忘れるべからず！

ようやくハリに掛かったクロダイは予想外の大物で、これも油断。前日には2.5kgというサイズが出ていたという。すぐに左へ走って竿を寝かせながら走りを止めれば取り込めた魚だと思うが、出足が遅れた。最初にある程度強引に浮かせてしまえばよかったのだけれど、やり取りシーンをかっこよく決めようと考えたのが失敗。わざとラインを送って突っ込ませようとしたのが裏目に出て、反撃のスキをあたえた。お粗末。ウキ下変更はもう少し大雑把でかまわなかったと反省。

茅ヶ崎沖磯はクロダイ釣りのメッカとして知られる場所。仕掛けの選択が裏目に出ることもある。

根掛かりのようなアタリの後、水中で静止したウキが勢いよく水中に引き込まれる。クロダイ特有のアタリでヒットしたのは46cm。

海の魚と川の魚が共存する河口付近。クロダイとコイが顔を合わせることもありそうだ。

相模川河口の西岸がこの日の釣り場。

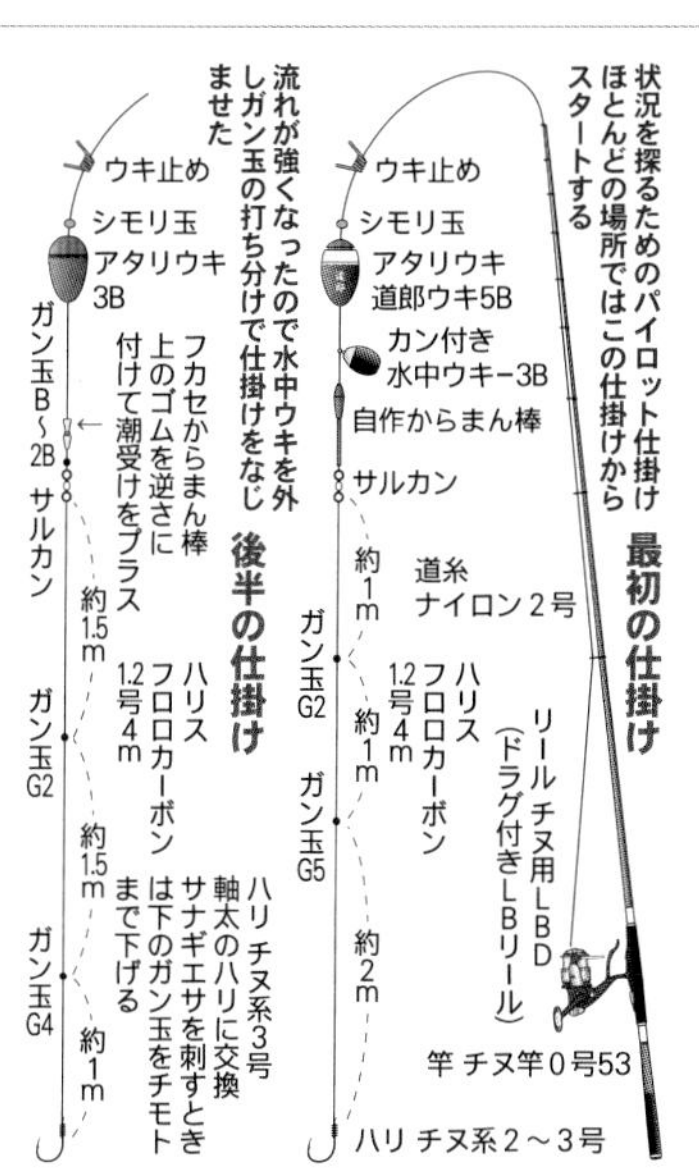


る。コノシロ、キビレ、コショウダイ、ボラなども釣れるが、外洋性の小アジや小サバ、チョウチョウウオ、ネンブツダイなどは滅多に入り込まない。フグも種類・数ともに少ないのが河口釣り場のメリット。

**●10時50分**

河口釣り場では潮の上げ下げが釣果を左右することが多い。下げ潮だと川の流れが速くなって釣りづらく、逆に上げ潮も強すぎると上層が上流から海への流れ、下層が海から上る二枚潮になって釣りづらい。流れが緩む潮止まり前後が釣りやすいのだが、この日は下げいっぱいの10時11分を過ぎても音沙汰なし。

※釣りにセオリーは通用しない。こんなときはムキにならずに話をしながらお弁当タイム。

**●12時30分　釣り再開**

オキアミ→コーン→サナギ→練りエサと付けエサをローテーションしてみるも反応なし。ウキ下を7m前後と深めにして橋脚近くへ遠投する。ウキの少し手前にコマセを散らして投入し、中層まで沈んだ頃合を見計らって仕掛けをコマセのなかへ引き戻す。付けエサはオキアミ。引き戻して斜めに浮いた仕掛けを戻す感じでラインをたるませたとたん、ウキが消し込んだ。タイ科特有の頭を振る動きが弧を描く竿を通して伝わってくる。が、浮いたのは良型のキビレ（キチヌ）だった。

※ここではクロダイの仲間であるキビレやヘダイも多い。

**●13時10分**

ボラが立て続けにヒットする。上げ潮の流れが強くなって仕掛けが浮いていると判断し、仕掛けを交換。下潮の影響を受けやすい水中ウキを外し、ガン玉で沈めることにする。ハリスに打ったガン玉もズリ下げ、ハリは軸太タイプを結ぶ。

※上げ下げの流れが強いときは1号オモリでどーんと沈めることもある。河口はクセのある釣り場なので臨機応変に対処すること。

**●13時20分**

流れていたウキが止まり、ゆっくりと沈んでいった。根掛かりのような動きだったが、水中で静止したウキが勢いよく消し込まれた。すかさず竿を立てるとクロダイらしい引きが伝わる。ゆっくり浮かせたのは46㎝のクロダイだった。

※ここでは50㎝オーバーのクロダイを何枚も仕留めているが、本命が一枚でも釣れればやっぱり嬉しい。大事にストリンガーに掛けてキープする。

**●14時00分**

橋の下に移動していた田代くんが河口側へ場所移動。得意の遠投釣法に徹するようだ。大きめの0号浮力ウキを全遊動スタイルでセットし、練りエサの重みで沈めながら底まで広範囲を探るパターンである。

※この釣りはポイントが狭い橋下より開けた場所のほうがやりやすい。ウキは見えなくなるのでアタリは道糸の張り具合で読み取る。そのために細くて伸びのないPEラインを使うことが多いようだ。

**●14時15分**

「来たみたいです」という声にふり向くと竿が気持ちよくしなっている。遠くで食わせたときは竿を体の後ろまで引き起こし、底近くでヒットした魚を浮かせて流れに乗せたほうがトラブルは少ない。竿が気持ちよくしなっているときは大丈夫。魚の動きに合わせて護岸を移動しながら浮かせたクロダイは47㎝。

※私が釣ったのが上げ4分、田代くんが釣ったのが上げ6分。上げ潮が速くなる時間帯だが、この日はゆったりと流れてくれたのが幸いしたのかもしれない。極端な二枚潮のときは水深7mでもウキ下を15mにしないと底層に付けエサが届かないこともある。釣れないときはいろいろ試してみることが大切だ。

**●15時00分**

本命のクロダイを1尾ずつ釣っ余裕からか、あれこれ仕掛けを変えて反応をたしかめる時間が続いた。こういう試行錯誤が次回の釣行につながる。田代くんがボラ、私がコショウダイの幼魚を釣る。クロダイの反応はなし。

**●16時00分　釣り終了**

予定よりも早めに店仕舞いする。周辺のゴミを拾い集め、こぼれたコマセを洗い流してから帰路に着く。

この日のクロダイは上げ潮が速くなる時間帯にヒット。秋口になるとカイズクラスも多くなるが、河口付近のクロダイは大型が多い。

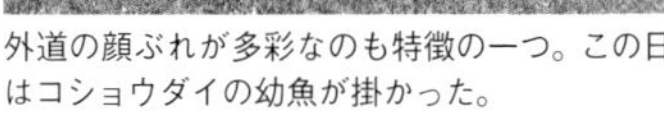

外道の顔ぶれが多彩なのも特徴の一つ。この日はコショウダイの幼魚が掛かった。

ボラは定番の外道。このほかセイゴやフッコはもちろん、ウナギが掛かることもある。

# 08 アタリで読み解く就餌パターン

ウキには常に波や風、潮によってウキに動きが生じる。クロダイ狙いではウキに表れる微妙な変化の見極めが重要で、アタリなのか潮の悪戯なのかを読み取ることが釣果を左右する。

**ウキを通してクロダイの動きや気分などを読み取ることが、アタリが遠のいたときに次の一手を組み立てる目安となる。**

## スパッ、スッスーッ、チョンチョン、モゾモゾ ウキに出るアタリの表現も豊か

海面を漂うウキは、クロダイのタナや活性、動きを伝えてくれると同時に海中の様子を探るセンサーでもある。ウキに表れるアタリは魚種によって異なるが、クロダイほどアタリのバリエーションが豊富な魚はいない。春と秋、高水温期と低水温期、潮流の速度や濁りの有無、水深、群れの大きさやサイズ、仕掛けやエサの種類によってもウキに表れるアタリが違う。

ウキがスパッと消し込むアタリは群れが大きいときや活性が高いときに表れるが、タナよりも付けエサの漂っている層が浅い場合も消し込む当たりが出ることがある。チョンチョンとウキを小刻みに沈めたあと、ゆっくりスルスルと引き込むアタリは大型が多い。これは何度かエサを吐き出し安心して飲み込んだ証で、ウキ下とタナが合っていると言える。これによく似たパターンが俗に言う「2段引き」のアタリ。ウキをツン、もしくはジワリと沈めたあとゆっくりと持ち込み、途中で引き込むスピードが急にアップする。この場合は最初の前アタリで臨戦態勢を取り、スピードが変わったときにアワせればよい。クロダイの典型的なアタリパターンである。

モジモジ、モゾモゾとほんのわずかにウキを沈めるだけのアタリは、活性が低いか、警戒して何度もエサをくわえていることが多い。アワセのタイミングを変えてもハリ掛かりしない場合には、ハリの大きさやエサの付け方を変えてみよう。根掛かりしたようにジワジワ沈むときは、

## 典型的なクロダイのアタリパターン

**2段引きアタリ**

タナにウキ下が合っている
もっとも典型的なアタリ
(2段引きともいう)

**(アワセのコツ)**

ウキがスーッと沈んでいるときに
軽く竿を立てればよい

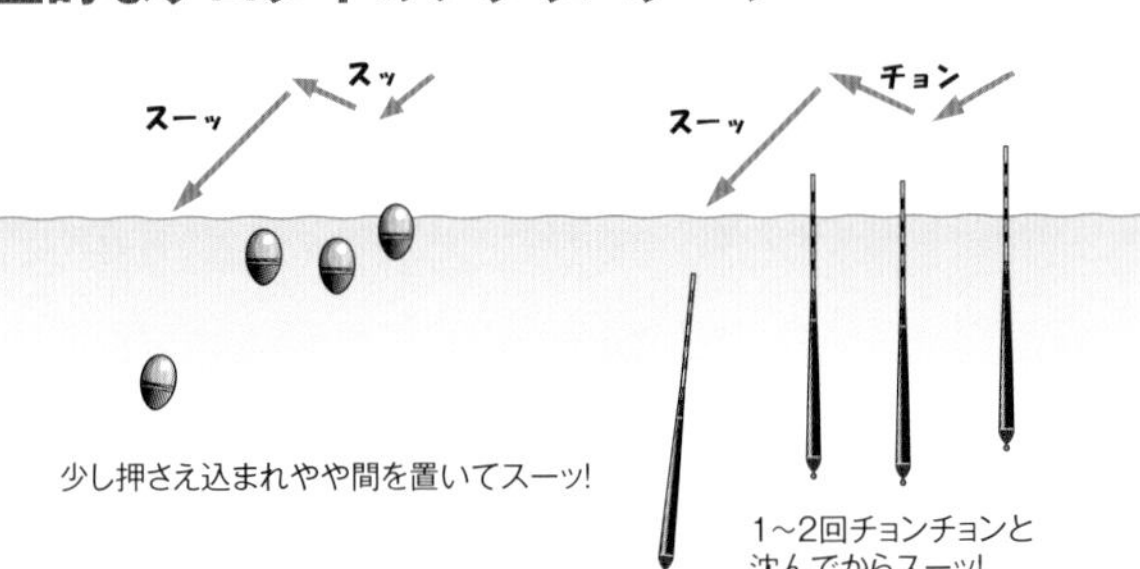


**消し込みアタリ**

タナよりもウキ下が短いか
クロダイ・チヌの活性が高い
↓
前者の場合はウキ下をやや長く

**(アワセのコツ)**

大きくゆっくり竿を立てる。
大アワセや鋭いアワセは禁物

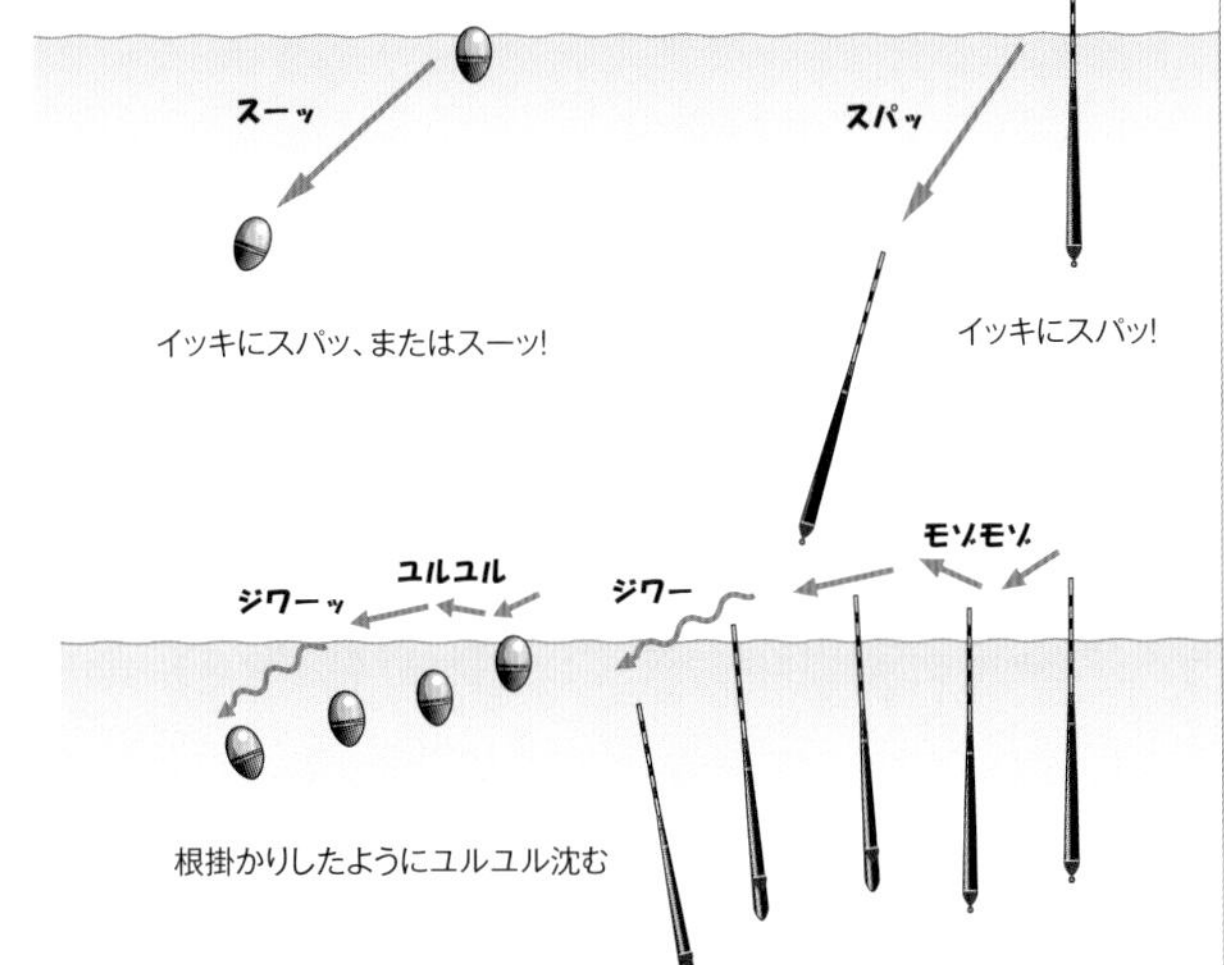

スーッ
スパッ
イッキにスパッ、またはスーッ!
イッキにスパッ!

**モゾモゾアタリ**

タナよりもウキ下が長いか
クロダイ・チヌの活性が低い
↓
前者の場合はウキ下をやや短く

**(アワセのコツ)**

ラインを張って訊きアワセする。
または小さく鋭くアワセてみる



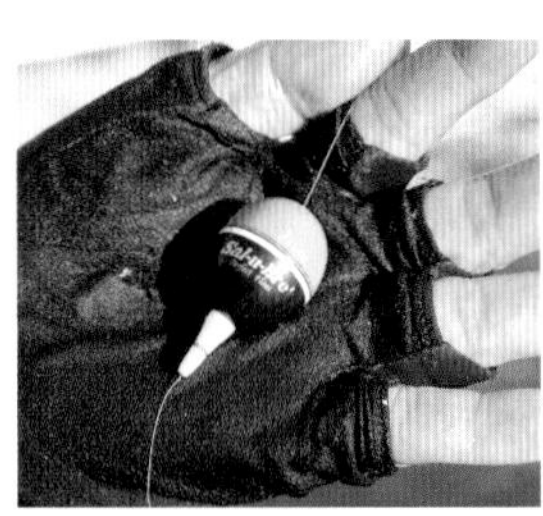

この小さな浮力体であるウキは、潮の動きや海中の様子など多くのことを教えてくれるが、アタリはその最たるものだ。クロダイが付けエサに食いつくとウキに様々な変化が生じる。この変化を感じとることも釣り人の技である。

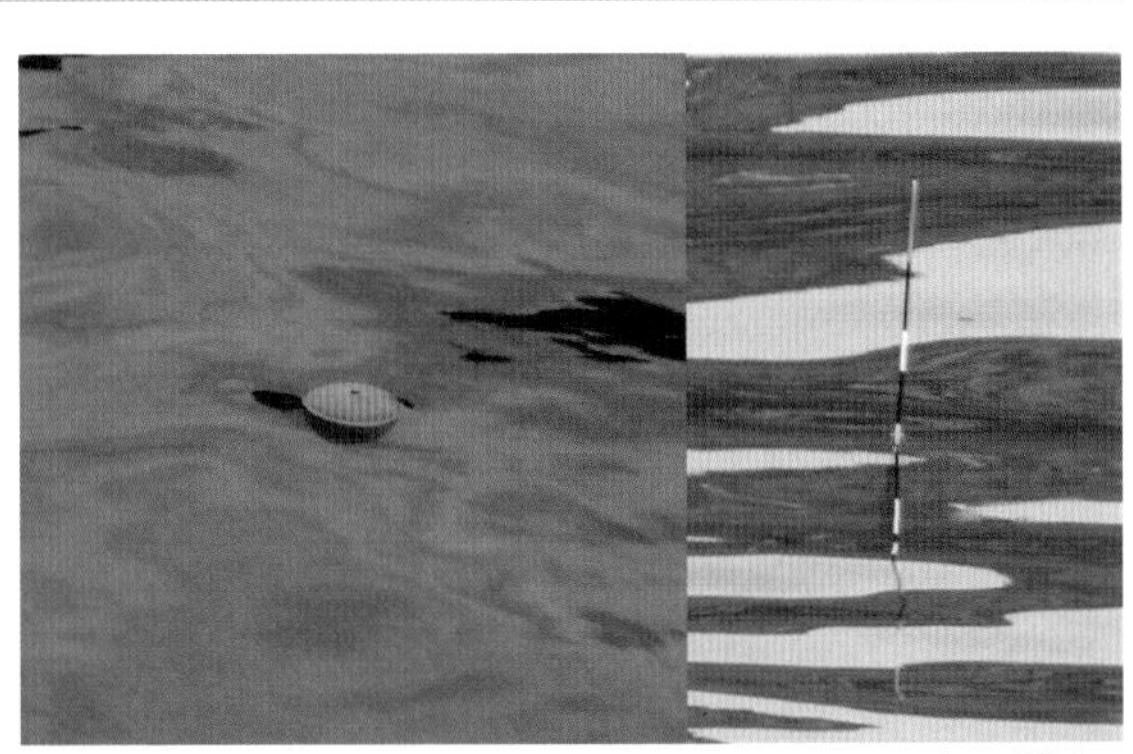

ウキに表れるアタリの出方は円錐ウキと棒ウキでは異なるので、それぞれ2段引きアタリと消し込みアタリ、モゾモゾアタリのパターンを覚えておくといい。

タナに対してウキ下が長すぎる状況も考えられるため、ウキ止め位置を10㎝ほど下げてみるとよい。意外に大型が周囲のクロダイやエサ取りを蹴散らし、エサを独り占めしているケースもあるので要注意だ。

アタリの大きさはクロダイのサイズに比例しない。エサ取りが悪戯しているようなアタリでアワせると、いきなりズシンという重量感たっぷりの引きに襲われてあわてることも少なくない。棒ウキのトップがフワフワと浮くような食い上げアタリは、クロダイの活性が高く、群れが大きい証拠。ウキ下を少し詰めてやれば2段引きで入れ食いになる可能性もある。

ウキはクロダイとの伝言板。アタリで相手の動きや気分をキャッチできれば、ウキフカセ釣りは楽しくなる。返信が途絶えたら、ウキ下を変え、ガン玉を付け替え、ハリを交換し、仕掛けを投入するタイミングやラインの張り具合に変化をつけ、途絶えた反応を引き出す。クロダイの動きや気分を読み取ることができれば、アワセのタイミングもビシッと決まるはず。そんな駆け引きがこの釣りの魅力。

クロダイが釣れているからといって満足するのではなく、アタリの表れ方で仕掛けやポイントを切り替えるサインを読み取ることも必要である。ウキが沈む速度や方向にも注意を払いたい。それが、アタリが遠のいたときに次の一手を考えるヒントとなる。釣れる仕掛けよりも、アタリを通して読み取れる情報量の多い仕掛け作りが大切なのだ。

## 課外授業

### 10分も続いたアタリのあとで……

長崎県対馬の浅茅湾は「ビッグママ」と呼ばれる巨大クロダイが生息する場所だ。対馬では何度も竿を出したが、私が巨大クロダイと遭遇したのは一度だけである。真珠の養殖イカダをつなぎ止めるロープが二重、三重に延び、大きく根が張り出した先には巨木のような海藻が生い茂って、狙いのポイントはロープに囲まれた狭いエリアだった。

海藻の切れ目に漂うウキがジワリと沈んで抑え込まれる。が、しばらくすると浮いてしまった。諦めて仕掛けを回収しようとすると再びジワリと抑え込む。そんなアタリが10分近く続いた。ハリが海藻に掛かっているだけかもしれないと思ったとき、スルスルとウキが斜めに引き込まれた。ドシンという衝撃があり、1.5号のグレ竿がリールシートの上から一直線になった。必至のやり取りも空しく最後は海藻の奥へ逃げ込んだが、手応えは今も右腕に残っている。それにしても、あんなアタリは後にも先にも経験がない。

長崎県対馬の浅芽湾には巨大クロダイが潜んでいる。何年生きているのかよく分からない“年無し”と呼ばれる老成魚で、クロダイ釣りでは、50㎝を超える大型の総称である。浅芽湾の年無しは“ビッグママ”と呼ばれており60㎝を超える大物らしい。

# 09 やり取りから取り込みまで

メジナはヒットすると根に突っ込むが、クロダイは根に沿って走る。このとき、ハエ根やカケアガリにラインが触れないように竿先を立てることが、クロダイのやり取りの基本である。

**クロダイは素早い竿の切り返しではやり取りできない。竿の弾力を活かして少しずつ間合いを詰めるのがコツだ。**

## 竿は片手でヒジを支点にして竿の角度を調整

よく「クロダイはハリに掛けるまでがおもしろく、メジナはハリに掛けてからがおもしろい」と言われるが、クロダイも45㎝を超すサイズともなると簡単には取り込めない。竿をいきなり引き倒されてハリスを切られることもあれば、道糸をハエ根に擦り切られることもある。メジナほどの俊敏さはないが、重量感のあるクロダイ特有の走りはなかなか厄介だ。

　メジナは根に突っ込む。クロダイは根に沿って走る。だからハリに掛けたあとは竿先を立て、ハエ根やカケアガリにラインが触れないようにすることが大切だ。メジナはメジナ自身のスピードを利用しながら進行方向から竿を操作し、ある程度強引に、素早く取り込むのがコツだ。クロダイは大きな背ビレを広げ、頑強な口を開けながら頭を振って抵抗するため、竿の操作で泳ぐ方向を変えることができない。海中で横向きになったクロダイは重みが増し、竿の反発力で一気に浮かせるということもできない。

　クロダイとのやり取りの基本は竿の角度を保ち、弾力をフル活用して走りをいなしながら竿の反発力で徐々に寄せることだ。そのための胴調子である。チヌ竿を90度から１２０度くらいまで立てると大きな弧を描き、弾力と反発力が釣り合い、40㎝までのクロダイならそのままの状態で根負けする。逃げ場を失って頭を振る動きが竿を通して伝わったら、ラインのテンションを緩めないように素早く道糸を巻き取りながら

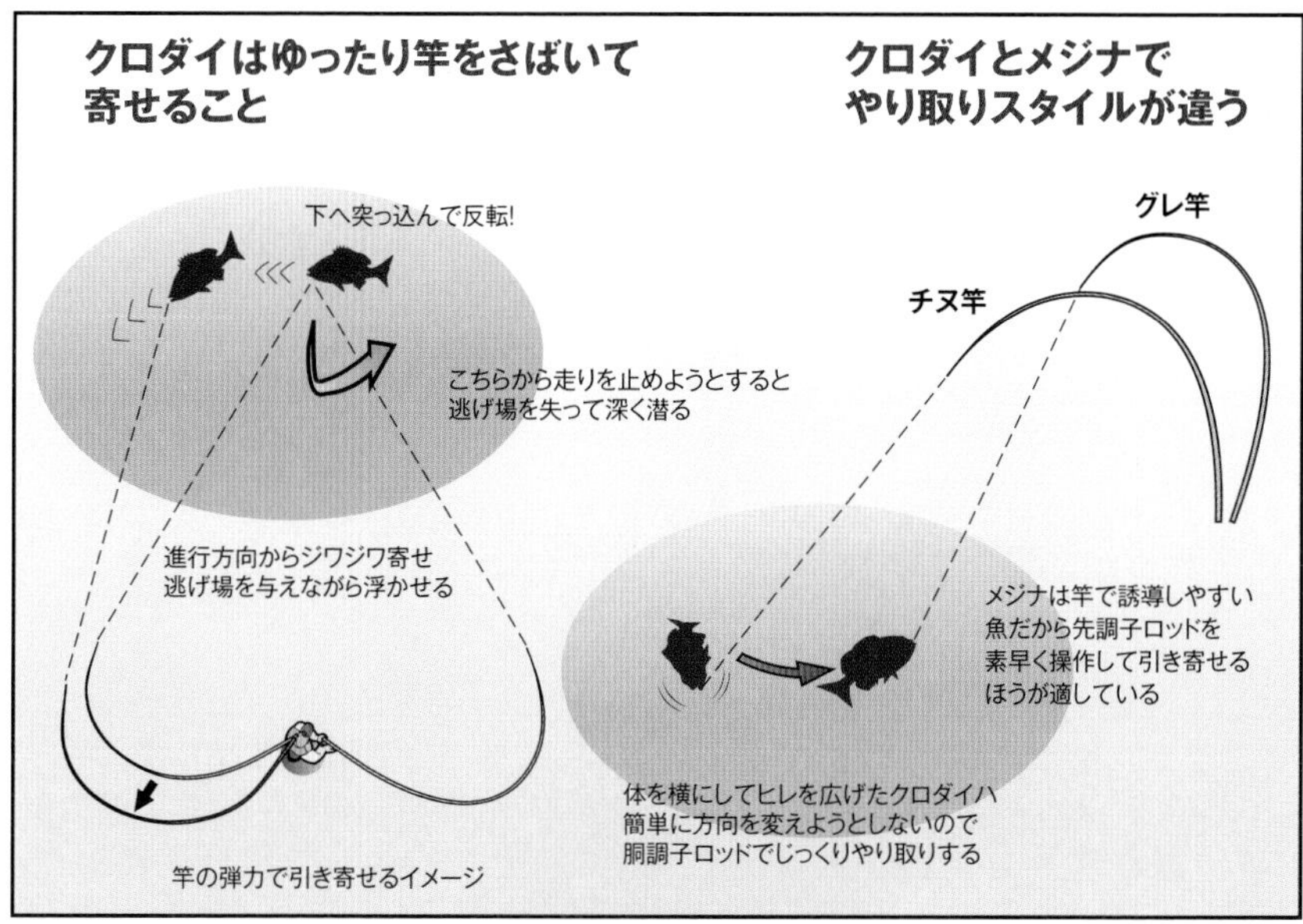

玉網は常に手の届く位置に置いておき、水面に浮かせることができたら玉網を手に取りランディングの準備に入る。

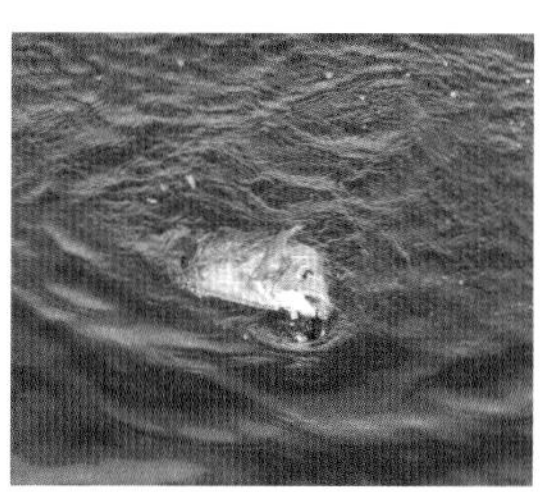
浮かせてから反転されるとハリスを切られる恐れがあるのでテンションを緩めずに取り込み態勢に入る。

クロダイがヒットしたら竿尻をヒジに当て、ヒジを支点に竿の弾力を上手に使って竿の角度を調整する。

竿と玉網を片手持ちながらの操作になるが、落ち着いて行なえば大丈夫。磯では足場が安定しないので注意しよう。

浮かせることができれば、取り込みはメジナよりも簡単。玉網を差し出し、あせらずにクロダイを頭から玉網へ導く。

竿の弾力でやり取りしながらリールを巻いてクロダイとの距離を詰めていく。竿の弾力でクロダイは浮いてくる。

竿を60度前後まで倒し、再び竿を起こして絞り上げるイメージで引き寄せてくる。

1・5号以下のハリスを使うときは竿を片手で操作する。竿尻はヒジに当て、ヒジを支点に竿の角度を調整するのが基本フォーム。支えきれないときは片手をリールシートのすぐ上に添えるとよい。竿を大きく引き起こす場合には竿尻を片手で軽く握り、リールシートを支点に竿尻を前方へ押し出すように操作する。耐力が残っているうちに寄せるとハエ根などへ潜るため、なるべく沖で弱らせてから引き寄せたほうがよいだろう。

## 課外授業

### 貪欲で鈍感なくせに食い渋る

玉網のなかで背ビレをピンと立て、釣り人を睨みつける大型クロダイの姿は迫力満点である。好敵手に敬意を表してしばし睨めっこしたあと、手でそっと目を覆いながらハリスを外すようにしている。釣り上げたクロダイはストリンガーに掛けておく。

長崎県五島列島の久賀島へ出掛けたときも釣り上げたクロダイをストリンガーに掛けておいた。3尾目である。ところが、最後に掛けたクロダイが沖へ泳ぎ出だそうとしている。覗き込むと、ストリンガーに掛かったままこぼれたコマセを食べようとしているではないか。なんという貪欲さ。クロダイの水中撮影をするために同行した釣友で水中カメラマンの豊田直之さんによれば、このクロダイはハリに掛かったまま流れるコマセを拾っていたという。う〜ん、なんという鈍感さ。にもかかわらず付けエサに食い渋ることがあるとは！　改めてクロダイの持つ二面性を思い知った次第である。

クロダイはストリンガーに掛けられた状態でも流れ落ちるコマセを拾っていたという貪欲な一面を持つ。

取り込みに関してはメジナよりも簡単だ。海面に浮いたクロダイの位置を確認してから玉網を手に取り、枠を半分ほど海中へ入れ、竿を後方へ持ち上げて固定した網のなかへクロダイを引き込む。足場の低い小磯は海面を引きずるように柄をたぐり、足場の高い堤防や荒磯はできるだけ垂直になるように柄を手元側からたぐるのがコツ。竿は腿にはさみ、柄と竿が重ならないように下半身をひねって両手でたぐるとよい。最後は必ず枠の内側に手を入れて持ち上げること。

小型は玉網を使わずに引き上げてもかまわないが、胴調子のチヌ竿はクロダイを引き抜くほどの力がない。30㎝以上のサイズは玉網を使って取り込むことをお勧めする。小型相手に取り込みの練習をすると大型クロダイも無理なく取り込めるようになる。

STEP 4

# ウキフカセ釣り テクニック応用編

ウキフカセ釣りをマスターすればすべての魚がターゲット

日本は海流の中の島国である。大型のメジナやクロダイ、マダイやイサキ、カツオやヒラマサも回遊する。磯竿を手に堤防や磯に立ち、小さなウキを流しながら、そんなターゲットと渡り合えるのは島国に生まれた特権。ウキフカセ釣りを応用すれば本流釣りやノリメジナ釣法、サナギやスイカのクロダイ釣り、マダイや回遊魚も仕留めることができる。

ノリエサにヒットしたメジナ。予想以上に食い込みはいいが、エサ付けも重要なポイントとなる。付けエサにするのはヒラアオノリ、ボウアオノリ、スジアオノリなど。

# 01 大型口太を仕留めるノリメジナ釣法

**メジナが常食しているノリを使った究極のエサ取り対策釣法。ノリの付け方で狙うサイズを選べるのもこの釣りの魅力だ。**

## 小磯や堤防は棒ウキ、荒磯なら2段ウキ 釣れるという信念でアタリを待つ

メジナは雑食性だが、特に口太は海藻類を好む魚として知られている。このような食性を利用したのがノリメジナ釣りである。神奈川県三浦半島、湘南エリア、静岡県伊豆半島などでは昔からノリを使ったメジナ釣りが盛んに行なわれ、その伝統釣法は現在もエサ取り対策として活用されている。ノリを常食とする魚は少なく、ブダイ、ニザダイ、アイゴ、イスズミくらいではないかと思う。厄介なエサ取りのアジやサバ、チョウチョウウオやスズメダイは完璧にかわせる。

海藻のなかでもメジナが好むのはヒラアオノリ、ボウアオノリ、スジアオノリといった種類で、一般にアオノリと呼ばれるもの。これらが生育するのは初冬から春にかけてであり、この時期がノリメジナ釣りのトップシーズンとなっている。冬になるとノリを求めてメジナがゴロタ場や漁港の船揚げ場にも入り込み、メジナがブラシ状の歯を使ってノリをすき取った食み跡が残っていることもある。アオサ類は夏も採取でき、これをエサ取り対策に使う夏場のノリメジナ釣りも有効だ。

シーズンになるとエサ用のノリを常備している釣りエサ店もあるが、事前に船揚げ場のスロープなどで採取して、水気を切って密封容器に保管するという方法もある。冷蔵庫へ入れておけば2～3週間は付けエサとして使える。長期保存するなら軽く塩でもんだものを陰干しして保管すること。コマセ用は乾燥させた状態でもかまわない。使用するときは

## ノリエサのメリットとメジナ・グレ仕掛け

**荒磯での仕掛け**

大半のエサ取りはかわせる

小メジナが多いときはノリをしっかり大きく付ける

ついばむだけで吸い込めない

小メジナのアタリは無視して沈めていくと良型のタナまで届く

ウキ 0～G2

ストッパー

沈みを調整するガン玉

小型棒ウキ G2～B

直結

ハリス フロロカーボン 1.7～2.5号×4m

G2～B

1m

ハリ グレ用6～8号（太軸系）

**堤防・凪場の仕掛け**

棒ウキ または立ちウキ（3B～5B）

スナップサルカン

ウキ止め

シモリ玉

ストッパー

余浮力調整用ガン玉

ガン玉B～3B

サルカン

ハリス フロロカーボン 1.5～1.7号×3m

G2～B

1m

ハリ グレ用5～6号（中軸茶系）

道糸 ナイロン2号

竿 グレ竿1.2～1.5号

リール スピニングリール（LBD or LB）

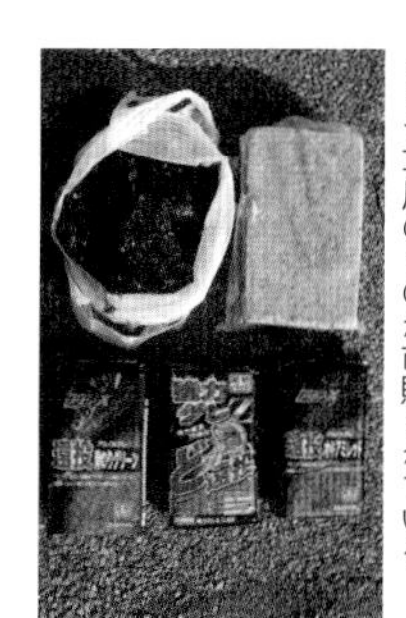

①5～8時間のコマセの目安はオキアミ3kgに配合エサ2袋。これに細かく刻んだノリを加える。配合エサはノリメジナ専用のものが市販されている。

②オキアミは細かくカットして刻んだノリと混ぜ合わせる。ノリはあらかじめ包丁やハサミで細かく刻んでおくとよい。

③配合エサは1袋ずつ加えムラなく混ぜ合わせる。コマセの粘りを調整するため3分の1ほど調整用として残しておく。

④配合エサとオキアミ、ノリをまんべんなく混ぜ合わせたら海水を少しずつ加え、固さを調整する。全体がしっとりするくらいがベスト。

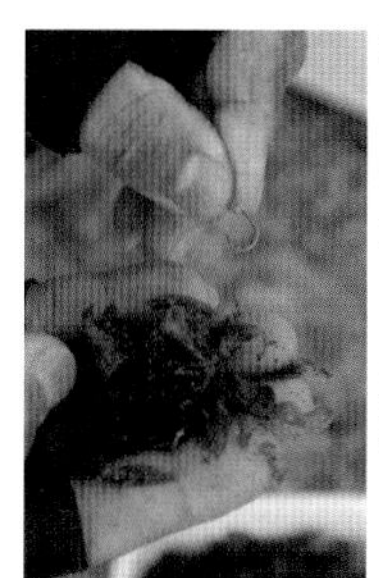

⑤エサ付けはひと摘みを手に取り、ボリューム感を重視し海中でフラフワと漂うように見せることが重要。

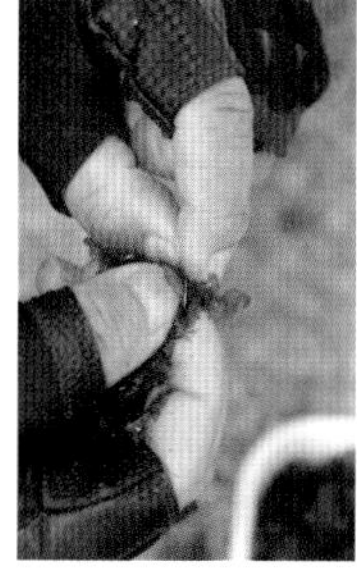

⑥ノリを束ねた所にハリを通し、ハリの軸をしっかり持ってノリをひねりながらハリに巻き付け、適度な所にハリを刺す。

粗くもみ砕いてから海水で戻し、ノリを配合したメジナ用の配合エサやオキアミ（3kg程度）といっしょに混ぜ合わせる。

オキアミなどと違って植物性のエサなので、メジナのアタリは小さい。ツンツンとついばむようなアタリは小メジナのアタリ。そのうちにユルユルとウキを引き込むアタリが出るが、アワセはウキが完全に沈み、さらにラインや竿先まで引き込んでからのほうが確実だ。ハリのフトコロにノリがたっぷり残っていると、ハリがすっぽ抜けてしまう可能性が高いため、アワセは大きくゆっくり行なう。

良型狙いならノリを2〜3本ひねってからハリにしっかり巻き付けるように刺し、小型狙いなら小さくソフトにハリ付けする。釣るサイズを選べるというのもノリメジナ釣りの特徴だ。エサ取りをかわせるのがメリットなのでアタリは少ないが、いったんノリに反応するとオキアミには見向きもしないケースも多い。こういう特殊なエサは辛抱が最大のテクニック。釣れると信じて続けることが肝心で、耐えきれずにオキアミに変えてしまうのが大敵である。

水深のある荒磯の磯際が一番のポイント。サラシや潮目も見逃せない。沖磯よりは地磯がお勧めだ。波静かな湾内の小磯や堤防なら、アタリを読み取りやすい立ちウキを使った仕掛けも有効である。荒磯は図のような小さなアタリウキを併用した2段ウキ仕掛けを使い、アタリウキを沈めてタナを探るとよいだろう。

## 課外授業

### 口太は意外に雑食性が強い

ノリを使ったメジナ釣りは古くから全国各地で行なわれ、台湾にはノリでメジナを釣る職業釣り師もいるという。また、紀伊半島や九州にはアマメ（フナムシ）をエサにしたメジナの伝統釣法もあり、メジナのほかにブダイやアイゴ、クロダイも食ってくる。九州ではパン粉をコマセと付けエサに使うメジナ釣りも盛ん。これも本来は地元の漁師が編み出したものだそうだが、エサ取りだらけの海からつぎつぎにメジナを引き出す技は見事というほかない。静岡県にはミカンをエサにしたミカンクシロ（クシロはメジナのこと）という釣り方もあった。

このような特殊なエサによるメジナ釣りはすべて口太がターゲット。口太は雑食性が強いのだろう。水族館でもメジナに定期的にノリを与えているが、ノリが手に入らないときは刻んだキャベツにアミエビを混ぜてあたえるという話を聞いたことがある。キャベツメジナ？　ぜひ試してみたい。

キャベツでメジナが釣れるのか？　ノリを採取できなかったらキャベツメジナを試してみたい。

# 02 サナギとスイカのクロダイハネ釣り

ハネ釣りで釣れるクロダイは大型が多いのが特徴。スイカのハネ釣りは夏場の大物狙いに最適だ。サナギはハリにヒューズを巻き、チモトにガン玉を付けて沈めて狙う方法もある。

**高水温期はクロダイの活性が高いが、エサ取りの活性も同様だ。だから、サナギやスイカが大型クロダイの特効エサとなる。**

## 海面に付けエサを浮かせてアタリを待つ 爽快かつ豪快な夏季限定のクロダイ釣法

クロダイは頑強な歯と強靭なアゴを持ち、幼魚期から炭水化物への適応能力を備えた魚である。そのため、「人間が口にできるものなら何でも口にする悪食魚」とさえ言われる。事実、カニ、イガイ、ジンガサ、カメノテ、イソギンチャク、フジツボなどはもちろんのこと、スイートコーン、ソーセージ、カボチャ、豚肉、カマボコ、山イチジクで釣ったという話もある。私自身もお弁当に入っていた煮豆で釣った経験がある。なかでもサナギとスイカは、今やクロダイ釣りには欠かせないエサとなっている。

サナギは養蚕が盛んだった頃の産業廃棄物の利用で、川釣りのエサとしても古くから使われており、集魚効果が高いことから大半の配合エサに混入されている。しかし、サナギによるクロダイ釣りが盛んなのは神奈川県と静岡県、和歌山県と京都府若狭湾くらいだろうか。サナギは軽いのでハリにヒューズを巻いて沈めるが、サナギを海面に漂わせ、タナ0mでクロダイを狙う釣り方もある。和歌山県田辺では浮かし釣り、神奈川県の三浦~湘南エリアではハネ釣りと呼ぶ。夏、海面にシブキを上げてクロダイが浮上する光景は圧巻である。

スイカによるクロダイ釣りは千葉県房総半島と神奈川県三浦半島が発祥とされ、近年は北陸や東北方面などでも盛んになりつつある。こちらもスイカ自体は比重が小さいため、砂糖漬けして比重と甘みをプラスしたものを使うスタイルが一般的だ

# スイカとサナギのクロダイ釣り仕掛けと釣り方

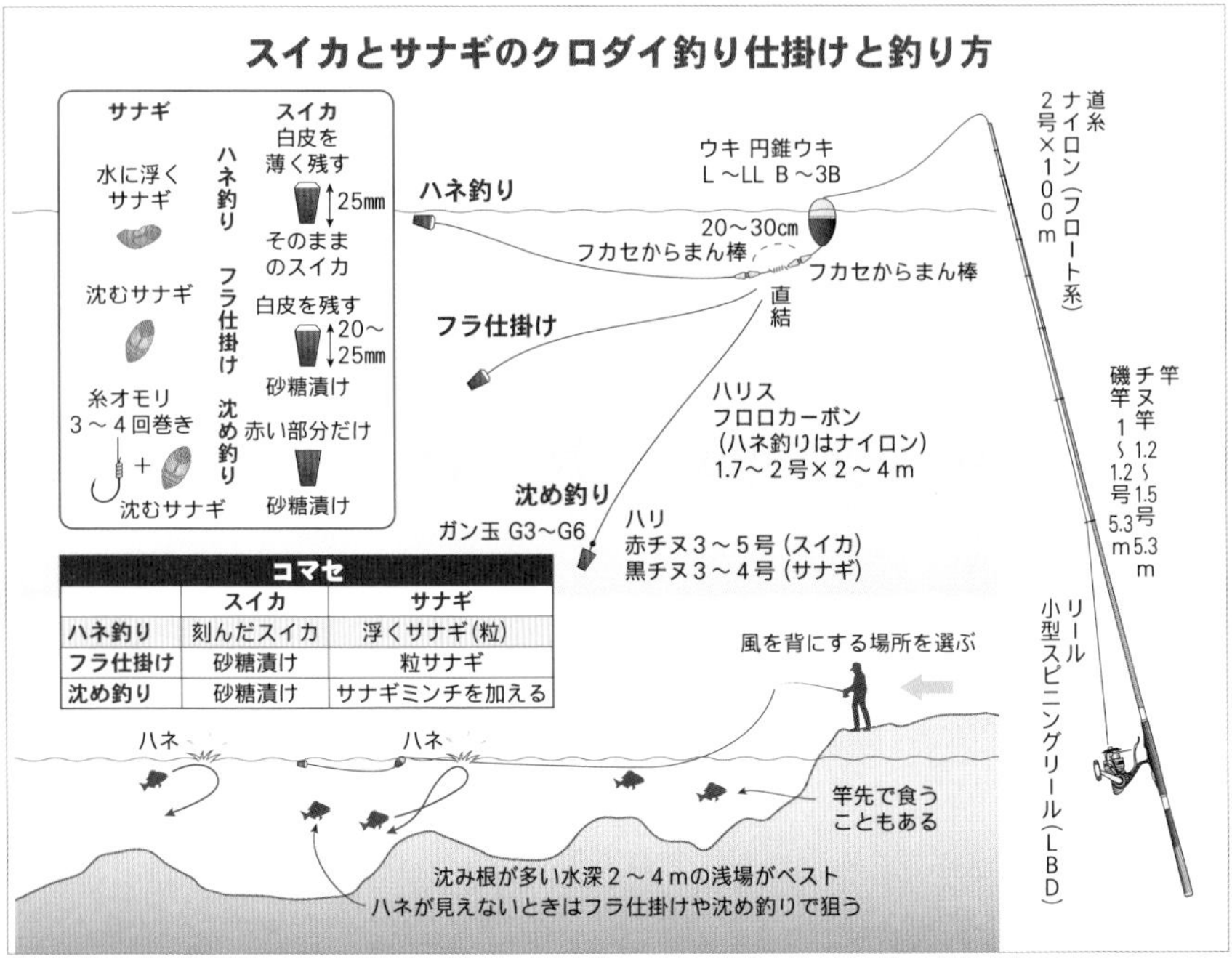

| | サナギ | スイカ |
|---|---|---|
| ハネ釣り | 水に浮くサナギ | 白皮を薄く残す 25mm<br>そのままのスイカ |
| フラ仕掛け | 沈むサナギ | 白皮を残す 20～25mm<br>砂糖漬け |
| 沈め釣り | 糸オモリ3～4回巻き＋沈むサナギ | 赤い部分だけ<br>砂糖漬け |

ハネ釣り

ウキ 円錐ウキ L～LL B～3B

20～30cm

フカセからまん棒

フカセからまん棒

直結

フラ仕掛け

ハリス フロロカーボン（ハネ釣りはナイロン）1.7～2号×2～4m

沈め釣り

ガン玉 G3～G6

ハリ 赤チヌ3～5号（スイカ） 黒チヌ3～4号（サナギ）

道糸 ナイロン（フロート系）2号×100m

竿 チヌ竿1.2～1.5号5.3m 磯竿1～1.2号5.3m

リール 小型スピニングリール（LBD）

| コマセ | スイカ | サナギ |
|---|---|---|
| ハネ釣り | 刻んだスイカ | 浮くサナギ（粒） |
| フラ仕掛け | 砂糖漬け | 粒サナギ |
| 沈め釣り | 砂糖漬け | サナギミンチを加える |

風を背にする場所を選ぶ

ハネ

ハネ

竿先で食うこともある

沈み根が多い水深2～4mの浅場がベスト

ハネが見えないときはフラ仕掛けや沈め釣りで狙う

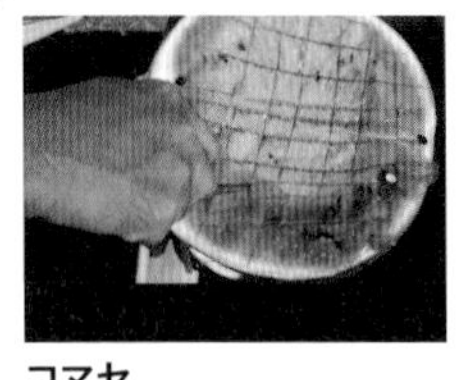

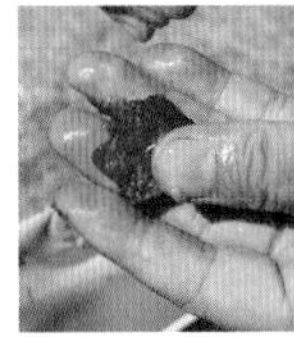

**コマセ**

スイカは半分に切り賽の目状にナイフで切れ目を入れる。賽の目状に切れ目を入れたら手で実を掻き出しバッカンに入れる。比重を上げるため多めに砂糖を入れて混ぜ合わせる。

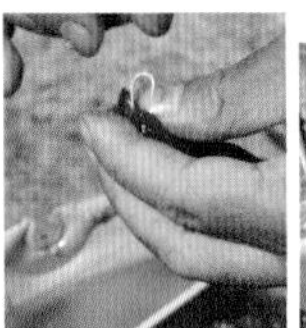

**付けエサ**

スイカエサはサイコロ状にカットして実が締まり形の整ったものを付けエサにする。エサ付けは、側面からハリを差し込み、異なる面からハリを抜く。ハリを抜いたらまた違う面にハリを差し込む。実の中にハリが隠れるようにして出来上がり。

## サナギ

付けエサにするサナギは身が崩れていないものを選び、サナギの尻側からハリを刺し、ハリをサナギの中に入れ込む。

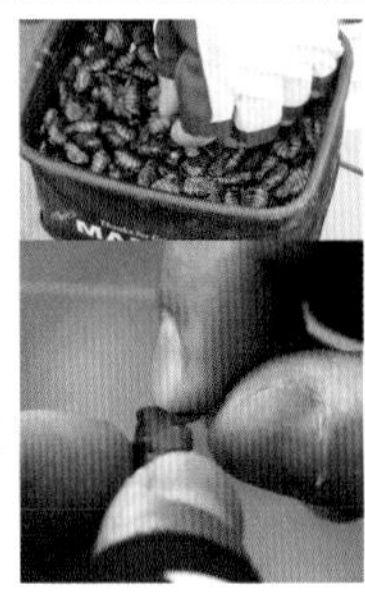

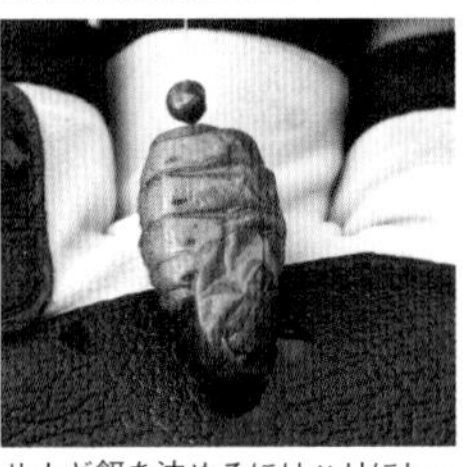

サナギ餌を沈めるにはハリにヒューズを巻く方法と、ハリのチモトにガン玉を付ける方法がある。

ハネ釣りはそのままでいいが、エサを沈めて底を狙う場合はハリにヒューズを巻いて、ヒューズを巻いたハリにサナギを刺す。サナギは比重が軽くそのままでは浮いてしまう。

が、サナギと同じように付けエサを海面に漂わせて釣る方法もある。ハネ釣りとも、パクン釣り、バクン釣りとも呼ばれるこの釣りも水温の高い夏場がシーズンで、スイカを沈めて狙う「沈め釣り」より大型が多いのが特徴だ。

サナギとスイカのハネ釣りは、水深が5m未満の浅い岩礁域が主なフィールドで、海面を漂うエサは風によって流されるため、なるべく風を背にできる場所を選ぶのがコツである。ときには水深が1～2mの超浅場もポイントになる。サナギは浮くものを絞ってパラパラと撒き、スイカは大きめに刻んだものを払い出しに乗せて流す。いずれもハリからすっぽ抜けやすいエサなので、自重のあるウキを使ってソフトに投入すること。モジリ（これをハネともいう）の出た場所を直撃すると魚が散る。風上や潮上からポイントへ流し込むようにしよう。

海面に浮上して反転するクロダイを狙うため、アタリは豪快そのもの。ヒットした瞬間、一気にウキを消し込む。ハネ釣りで反応がない場合は沈むサナギやスイカをハリに刺してみるとよい。夏場のクロダイはパワー全開で引きも強烈。

ハリスは1・7～2号を結んでおくほうが安全だ。竿もできれば1・2～1・5号クラスがお勧めだ。根だらけの浅場を疾走するクロダイとのやり取りはスリリング。50㎝級を取り込んだあとは全身から汗が噴き出すほど。いずれも梅雨時期から秋までがチャンスだ

## 課外授業

### 生まれながらのスイカ好き？

私がスイカの釣りを覚えたのは三浦半島の地磯である。当時はスイカ畑から廃棄されたスイカの流れ込む場所、あるいはスイカ割りをする海水浴場近くの磯がフィールドとされていた。つまり、スイカの味に慣れていない場所では無理と思われていたのである。その後、能登半島や佐渡島などでもスイカでクロダイが釣れ出したと聞き、晩夏の佐渡島へ釣行したことがある。

最初は実績のある磯へ渡ったが、渡船の魚探を見ながら場所替えしたのは近くにスイカ畑も海水浴場もなく、スイカの実績もない磯だった。寄せるまでに時間がかかるかなと思いながらヒシャク3杯のスイカを撒き、仕掛けを入れた1投目、早くも45㎝級が食いついた。どうやらクロダイはスイカに対する嗜好を持っているらしい。今では能登半島や男鹿半島でもスイカクロダイが夏の風物詩となり、釣り具店にはエサ用のスイカが並べられるようになった。

夏の風物詩にもなっているスイカのハネ釣り。クロダイはスイカが好物のようで全国で通用する釣り方のようだ。

## 03

# 臨機応変のウキフカセ釣り

地磯や堤防は渡船の時間を気にせずに朝マヅメやタマヅメを狙うことができ、思わぬ来客と出会えるチャンスが訪れる。この来客をちょっとだけ仕掛けを変えて専門に狙ってみよう。

**コマセで魚を寄せるウキフカセには思わぬ来客がやって来る。ていねいにもてなしてクーラーボックスを賑やかにしよう。**

### 浮気性の「お土産釣り」は周到な準備とヒラメキのひと手間

釣りでは狙った魚を「本命」または「本命魚」と呼び、ハリに掛かった本命以外の魚を「外道」と呼ぶ。メジナを狙っていてカワハギが釣れたらカワハギは「外道」である。「外道」は文字通り「道に外れたもの」という意味合いがあって、一般にはあまりよい意味では使われない言葉である。

しかし、この場合は「目的の魚を求める道から外れた獲物」ということになる。したがって、メジナ狙いで釣れた高級魚のシマアジも外道、クロダイ狙いで釣れたマダイも外道である。ウキフカセ釣りはコマセで魚を寄せながら釣るため、こうした外道がハリに掛かるケースが多い。これもウキフカセ釣りの密かな楽しみだと言える。

どの魚も大歓迎という釣り方は「五目釣り」と呼ばれるが、それでは効率が悪い。思わぬ魚がコマセに寄ってきたと判断したら、ちょっとだけ仕掛けに手を加えて時間限定で専門に狙えば釣れる確率は一段と高くなり効率的だ。

早朝や夕方などは、本来夜行性の強いメバルやアジが釣れることが多い。これらを効率よく釣るにはウキ下をタナに合わせることで対応できる。それほど大掛かりな仕掛け変更をする必要はない。そのためにはハリに近い場所へ小さなガン玉を付け足し、仕掛けを立て、ウキ下を20㎝単位で短くしながらタナを絞り込む作業が必要だ。アジならハリから10㎝ほど上、エサの落ち込みでヒットすることの多いメバルは20～30㎝上

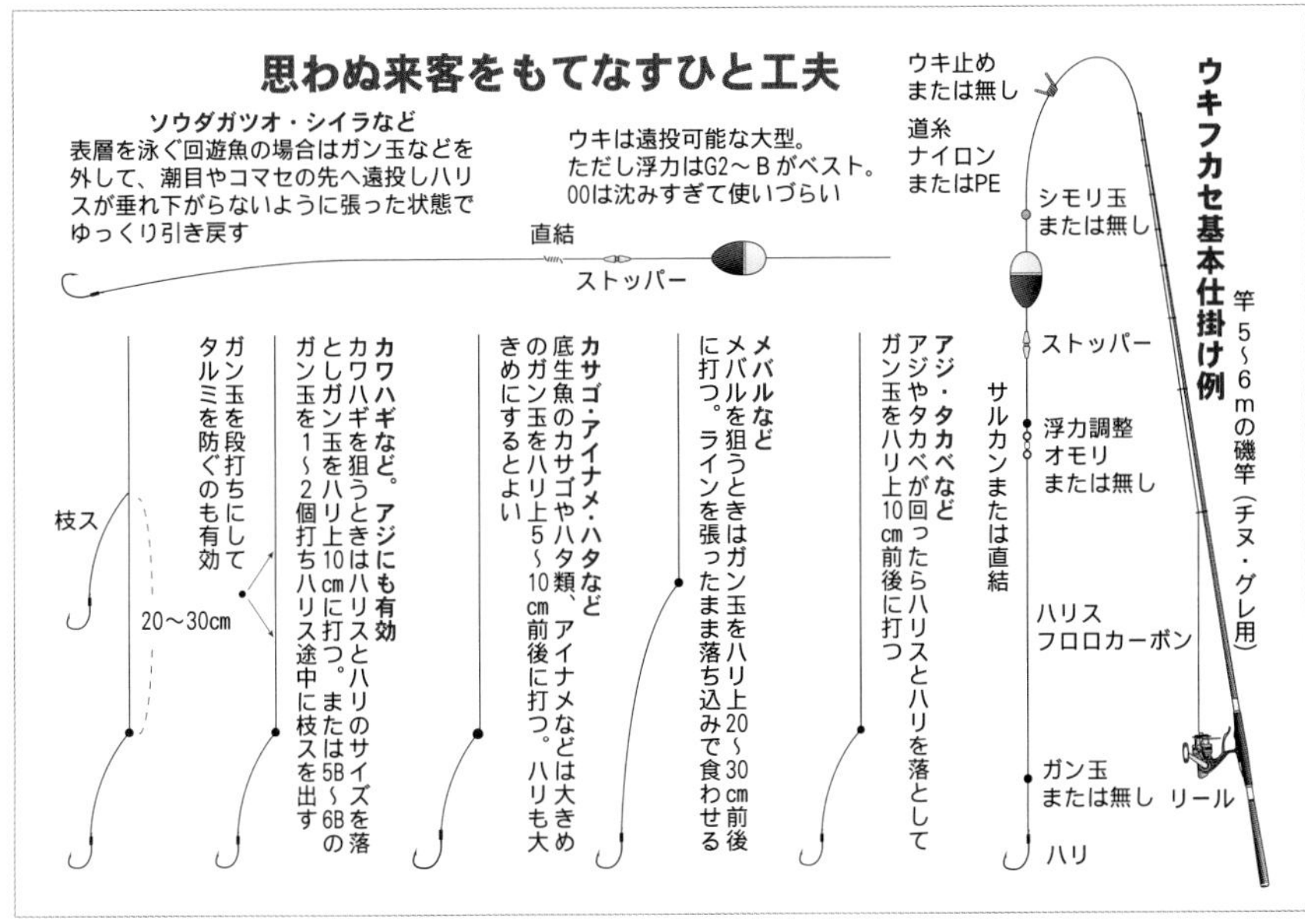

底がタナとなるクロダイ狙いでよく掛かるのがカサゴ。刺身でも煮付けでも美味しくいただける。ちょっとだけ専門に狙ってみてもいい。

夜行性のメバルは夕方から夜に釣れることが多い。この僅かな時間でメバルを専門に狙い、お土産を確保する。これもウキフカセ釣りのお楽しみの一つ。

朝マヅメやタマヅメにアジの群れが回ってくることがあるので、ハリスを細くしハリを小さくしてお土産確保の時間を作るのも楽しい。

ウキフカセ釣りで時折掛かる外道がカワハギ。食味抜群の外道なので専門に狙ってお土産にする価値が十分にある。

ウキフカセ釣りの仕掛けにイシダイが掛かることも稀にある。だからと言って専門に狙って釣れる魚ではないが、多彩な魚が釣れるのもウキフカセ釣りの魅力である。

メジナ狙いで時折ヒットするブダイ。専門に狙う人がいる魚だが、外道として釣れたブダイを持ち帰る人は少ないようだ。

にガン玉を打つ。

アジなどの回遊魚はコマセで足止めできるあいだが時合なので、サラシや潮目に少量ずつ撒きつづけることで数を狙うことができる。分からなければ釣れた場所にコマセを撒き続け、仲間がいたら群れを散らさないように同じ場所を狙う。

メバルは沈み根周りなどに寄り付くことが多いので、根掛かりするような場所の上を浅めに探る。コマセは仕掛けを投入する前に撒いて、ある程度コマセが沈んでから仕掛けを入れ、コマセのなかに付けエサを引き戻す感じで仕掛けのタルミを取り除き、付けエサがコマセを追いかけて沈むようにする。頭を斜め上に向けるメバルの注意をコマセで惹いて付けエサを届ける作戦である。

カワハギもメジナやクロダイ狙いでよく掛かる外道。良型が多くお土産にも最適だ。カワハギは、ウキにアタリがでにくい魚なのでハリから10cm以内にガン玉を追加し、ハリスの中間にもガン玉を1～2個追加するとよい。ハリはできるだけサイズを落とし、オキアミは胴の部分だけを小さめにハリ付けすること。Lサイズのオキアミなら胴を3等分くらいに切る。狙うポイントは微妙なウキアタリを見やすい竿先がベスト。

できればハリスも細くしたい。ウキも交換したいところだが、寄った魚を手早く狙うのが思わぬ来客をもてなす（？）コツ。応急処置でカギとなるのはウキ下とガン玉とハリである。ガン玉とハリはサイズも豊富に用意しておこう。

## 課外授業

### 珍客もてなしの秘訣はヒラメキ

堤防や磯のウキフカセ釣りで釣れる「嬉しい来客」はメバル、アジ、カワハギ、カサゴ、イナダ、サヨリ、ナンヨウカイワリ、ブダイ、アイナメといったところだが、季節や海域によってはシマアジ、サワラ、マダイ、ホッケ、コノシロ、コショウダイ、アカハタなどが釣れることもある。そんな来客への対応で肝心なのは、相手の習性や特徴に合わせて仕掛けをちょっとだけ変えることである。

そのためにはワンランク太いハリスや細いハリス、目立つハリ、サイズやカラーの異なる数種類のハリが欠かせない。カワハギ狙いならハリ上10cmに5Bのガン玉を打ち、ハリスに1～2本枝スを結び、ちょっと乾燥させたオキアミを小さく切って刺したりもする。ヒラスズキを狙ったときはハリスを1ヒロに切ってガン玉を3段打ちにし、白いビニール片をハリに巻きつけてオキアミの動きが大きくなるように背掛けにし、サラシに止めて泳がせた。もてなしのコツはヒラメキである。

ウキフカセ釣りで仕留めたヒラスズキ。早朝、メジナ狙いでサラシの中に仕掛けを投入するとヒラスズキがヒットすることがある。ウキフカセ釣りで狙って釣れない魚ではない。

潮通しのよい離島ではカンパチが回ってくることもある。このサイズでも引きは抜群！　掛かった瞬間に一気に走るので、回遊魚狙いのウキフカセ釣りは魚を掛けてからのやり取りがスリリング。

# 04 回遊魚を仕留めるウキフカセ釣り

**季節移動するイワシやサンマを追うフィッシュイーター。ウキフカセ釣りの仕掛けでやり取りすると魚の底力を体感できる。**

## タックルはワンランクアップ！想定外の大物がヒットすることも

大きな群れを作り、季節ごとにある程度決まったコースを移動する魚を回遊魚という。陸上でも草食動物の多くは季節移動するが、それを追って肉食動物も季節移動することがある。海中でもイワシ、アジ、サバ、サンマなどの小型の回遊魚を追うように、ヒラマサ、ブリ、カンパチ、カツオ類、シイラといったフィッシュイーターたちが大海原を回遊する。春は北上し、秋になると南下し、初夏から秋の高水温期は沿岸部や内湾部にまで入り込む。

10kgを超すような大型は生きたムロアジをエサにする「泳がせ釣り」やカゴ釣りのターゲットだが、1～5kgの中型ならウキフカセでも十分狙える相手だ。もちろん、専門に狙うならルアーフィッシングやライトタックルによる泳がせ釣りに分がある。ウキフカセの回遊魚狙いは、あくまでもお土産ゲットが目的のサブフィッシング。とはいえ、スピードスターやパワーファイターとのやり取りは楽しい。

ウキフカセ釣りのターゲットとなるのはブリの若魚であるイナダ、ソウダガツオやスマガツオ、中型以下のヒラマサ、カンパチ、シマアジ、ツムブリ、メジマグロ、シイラ、サワラなど。回遊魚のカテゴリーには入らないがヒラスズキを加わえても良いだろう。

タックルは通常よりもワンランク太めにする。内湾なら1・5号竿、荒磯なら1・7～2号、離島なら3号が標準タックルだ。回遊魚のスピードにはLBタイプよりもドラグタイプ

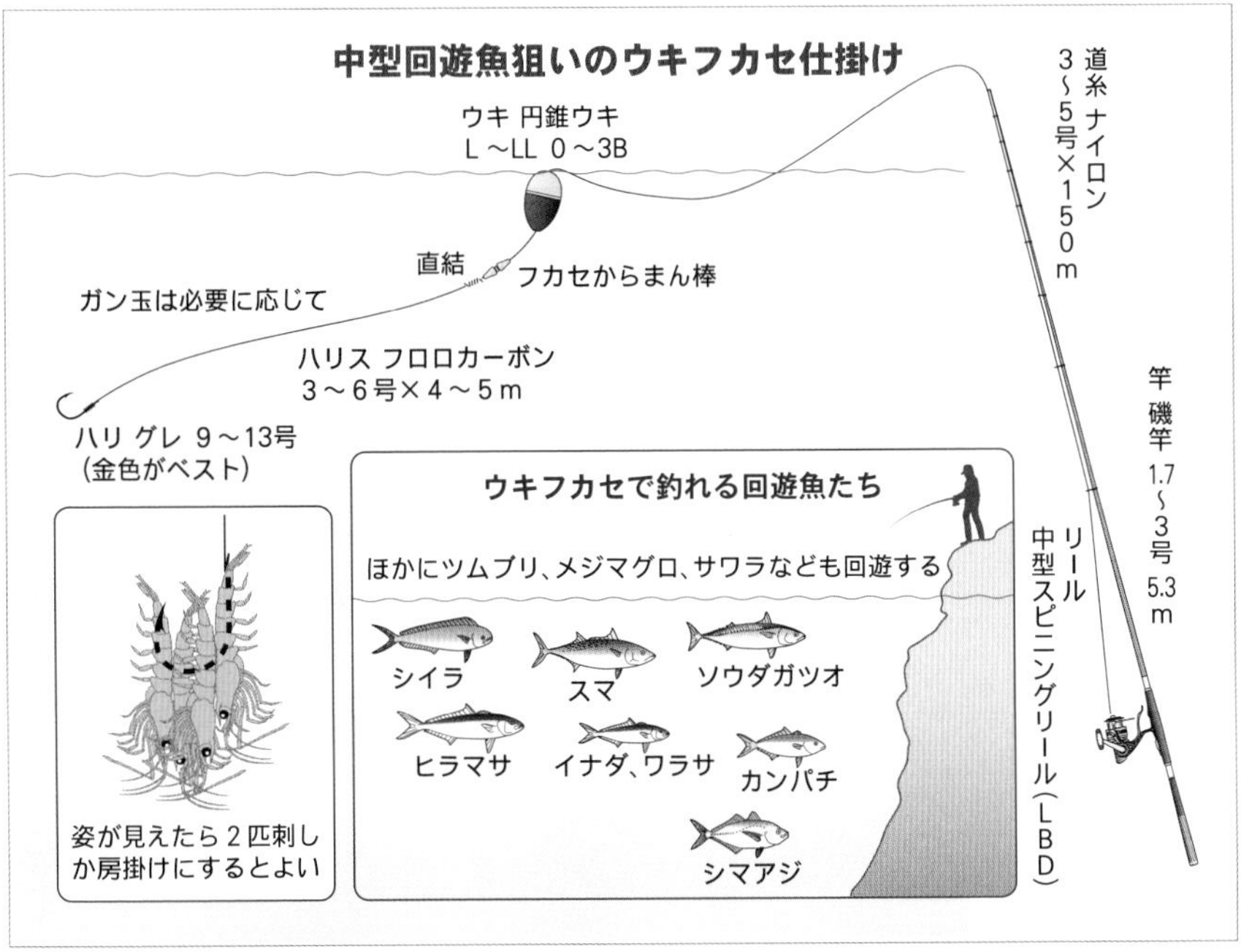

## 中型回遊魚狙いのウキフカセ仕掛け

道糸 ナイロン 3〜5号×150m

ウキ 円錐ウキ L〜LL 0〜3B

直結

フカセからまん棒

ガン玉は必要に応じて

ハリス フロロカーボン 3〜6号×4〜5m

ハリ グレ 9〜13号（金色がベスト）

竿 磯竿 1.7〜3号 5.3m

リール 中型スピニングリール（LBD）

姿が見えたら2匹刺しか房掛けにするとよい

### ウキフカセで釣れる回遊魚たち

ほかにツムブリ、メジマグロ、サワラなども回遊する

シイラ　スマ　ソウダガツオ　ヒラマサ　イナダ、ワラサ　カンパチ　シマアジ

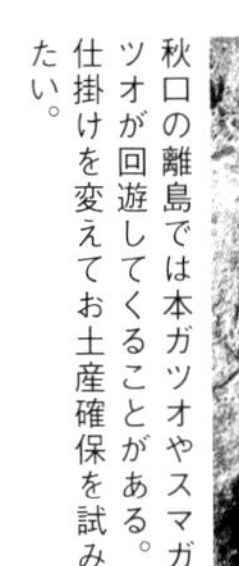

秋口の離島では本ガツオやスマガツオが回遊してくることがある。仕掛けを変えてお土産確保を試みたい。

半島周りではソウダガツオの接岸がよく見られる。メジナ狙いの仕掛けにヒットしてくる。厄介な外道というイメージが強いが、しっかり血抜きして持ち帰れば美味しくいただける。

男鹿半島の漁港で上がったワラサ。クロダイ狙いの仕掛けを青物用にチェンジして仕留めた1尾。臨機応変に仕掛けを変えることで多彩な魚を狙うことができる。

が適している。LBDはブレーキレバーを封印してドラグリールとして使えば問題ない。

回遊魚相手に繊細な仕掛けは必要ない。ウキはポイントへ投入できることを最優先しよう。表層近くを泳ぎ回る魚がほとんどなので、浮力はさほど必要ないが、自重が大きくて視認性の高いウキがお勧めだ。道糸にウキ止めを付けるとウキの抵抗でなかなか走りが止まらず、ときにはウキ止めがズレてラインが傷付いたり、高切れしてしまうことがある。ウキ止めを付けるならアタリと同時にすり抜ける山元式「なるほどウキ止め」が便利だ。

カンパチやシマアジは磯際を回遊することが多いが、大半の回遊魚は沖の潮目に沿って突っ走る。ここへコマセと仕掛けを遠投してやるのが手っ取り早い方法だ。潮目が遠いときは払い出しに乗せてコマセを流し、仕掛けだけを潮目に遠投する。いつアタリがきても大丈夫なようにリールのベイルは常にオープンにしておき、釣り座は足場のよい場所を選ぶことが大切だ。想定外の大物がヒットする危険性も十分に考えられるため、よそ見や置き竿は厳禁。いきなり竿をのされるパターンが大半なので、無理をせず、ラインをフリーで送り出そう。ここで踏ん張ってしまうと竿やリールが破損するトラブルに見舞われる。どうしても走りが止まらないような大物だったら、スプールが空になるまえに竿を一直線に倒してラインを切ったほうが安全。回遊魚釣りには諦めも必要である。

## 課外授業

### 良型回遊魚は1尾で十分

夏から晩秋にかけて半島周りに回遊するソウダガツオにはマルソウダとヒラソウダの２種類がいて、マルソウダは血合いが多くて生食には適さないが、ヒラソウダは脂が乗って美味しい魚だ。それ以上に美味なのがスマと呼ばれるカツオである。胸ビレの付け根にお灸の跡のような反転があり、伊豆諸島ではヤイトとかヤイッパラと呼ばれている。

伊豆諸島八丈島の大根で竿を出していたときは大型のスマが磯際を回遊し、仕掛けをブチブチ切っていった。私は走るだけ走らせたあと、海を背に竿を真後ろに向けてどうにか走りを止め、そこからはジワジワと引き寄せることができた。取り込んだのは４kg近いスマ。３号のナイロン道糸の表面がささくれ立って限界寸前になっていたため、岩場に座り込んで新しい道糸に巻き替えたのだが、その後の１投目にまたもやスマ。もう道糸の予備はない。今度は竿を倒してラインを切った。このサイズの回遊魚は１尾あればいい。

夏から秋口にかけては青物のシーズン。半島周りではソウダガツオが釣れ、潮通しのよい離島では本ガツオやスマガツオ、ヒラマサやシマアジも狙うことができる。

マダイは、メジナのポイントで潮がゆるんだときに大型がヒットすることが多い。80㎝オーバーも珍しくなく、大きめの玉網が欠かせない。

# 05
# ウキフカセ釣りでマダイとイサキを狙う

**マダイは初夏と秋、イサキは初夏から夏にかけて磯を代表する魚。効率よく釣って美味しくいただきたいものである。**

## マダイ狙いのウキフカセ釣りコマセも付けエサもオキアミ

堤防や磯からマダイを釣る。かつてはカゴ釣りのターゲットだったマダイだが、ウキフカセ釣りでも狙って釣れるようになった。50㎝を超すマダイと繊細なタックルでやり取りするのは、ウキフカセ釣りならではの醍醐味である。トップシーズンは乗っ込み期である初夏と秋。夏や冬に大型が釣れる地域も少なくない。日本海側の隠岐、佐渡島、粟島、飛島、男鹿半島、津軽半島は大マダイのフィールドとして人気がある。いずれも水深があり、速い潮流が駆け抜ける場所だ。

マダイは貪欲な魚で、コマセのなかに突っ込んで大きなエサを拾う習性がある。そのため、マダイ狙いではオキアミ9～12kgをそのままコマセにする。配合エサを使う場合、比重の軽いクロダイ用かメジナ用1袋を全体にまぶす程度。付けエサにはL～3Lサイズのオキアミが効果的だ。流れが速いのでハリは軸の太いマダイ専用バリがお勧め。

竿は1・7～2号、道糸はナイロン3～4号、ハリスはフロロカーボン3～5号というのが標準タックルだ。タナは浅くなることもあるが、基本的には8～12mが多い。ウキは遠くまで流してもよく見えるLかLLサイズ。マダイは仕掛けをしっかりタナへキープすることが必要で、浮力は5B～1号を目安にする。条件次第では1・5号くらいでもいい。

堤防や磯のマダイは潮次第。足下にコマセを入れ、潮筋を流すのが基本である。潮が速くなると80～100m先でヒットする。アタリ

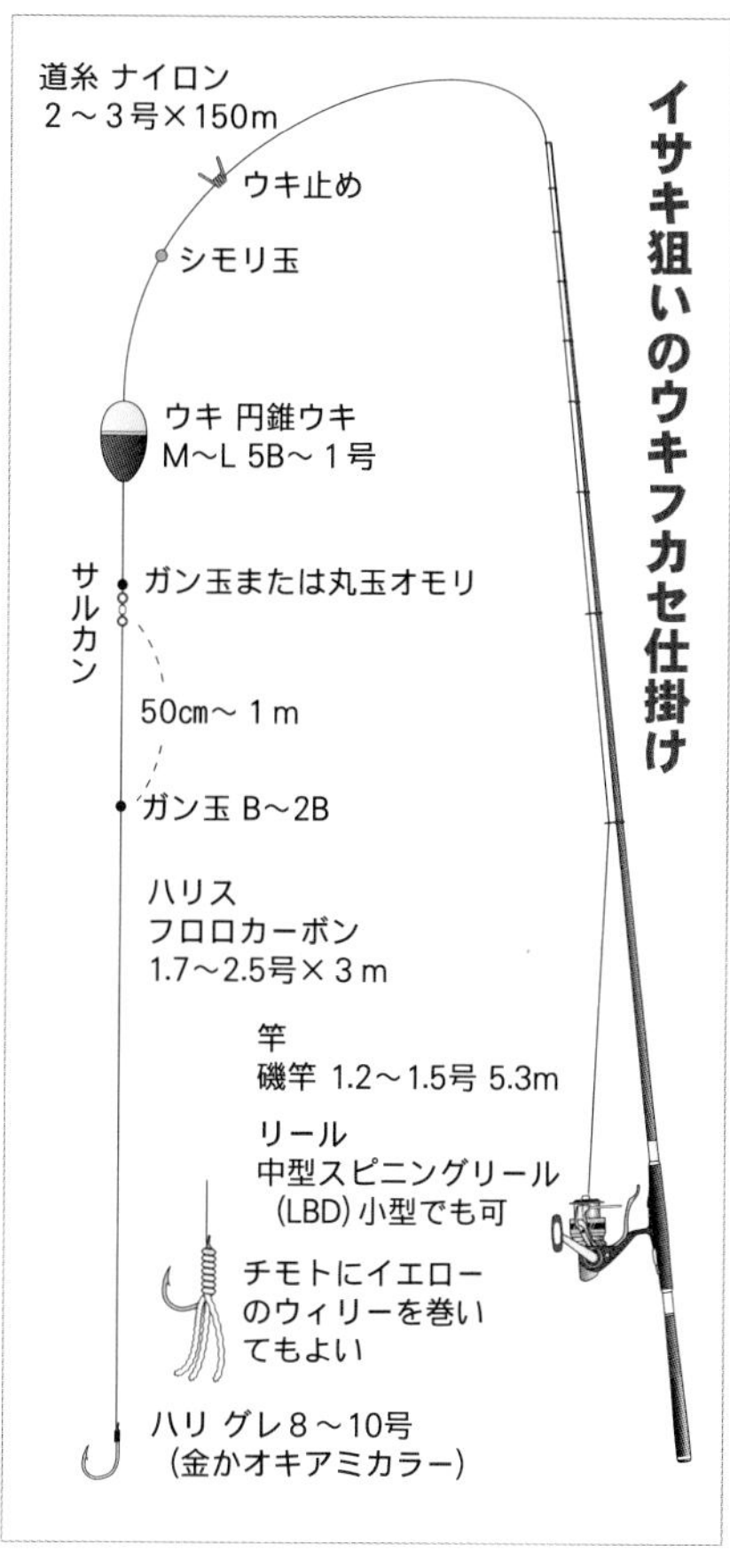


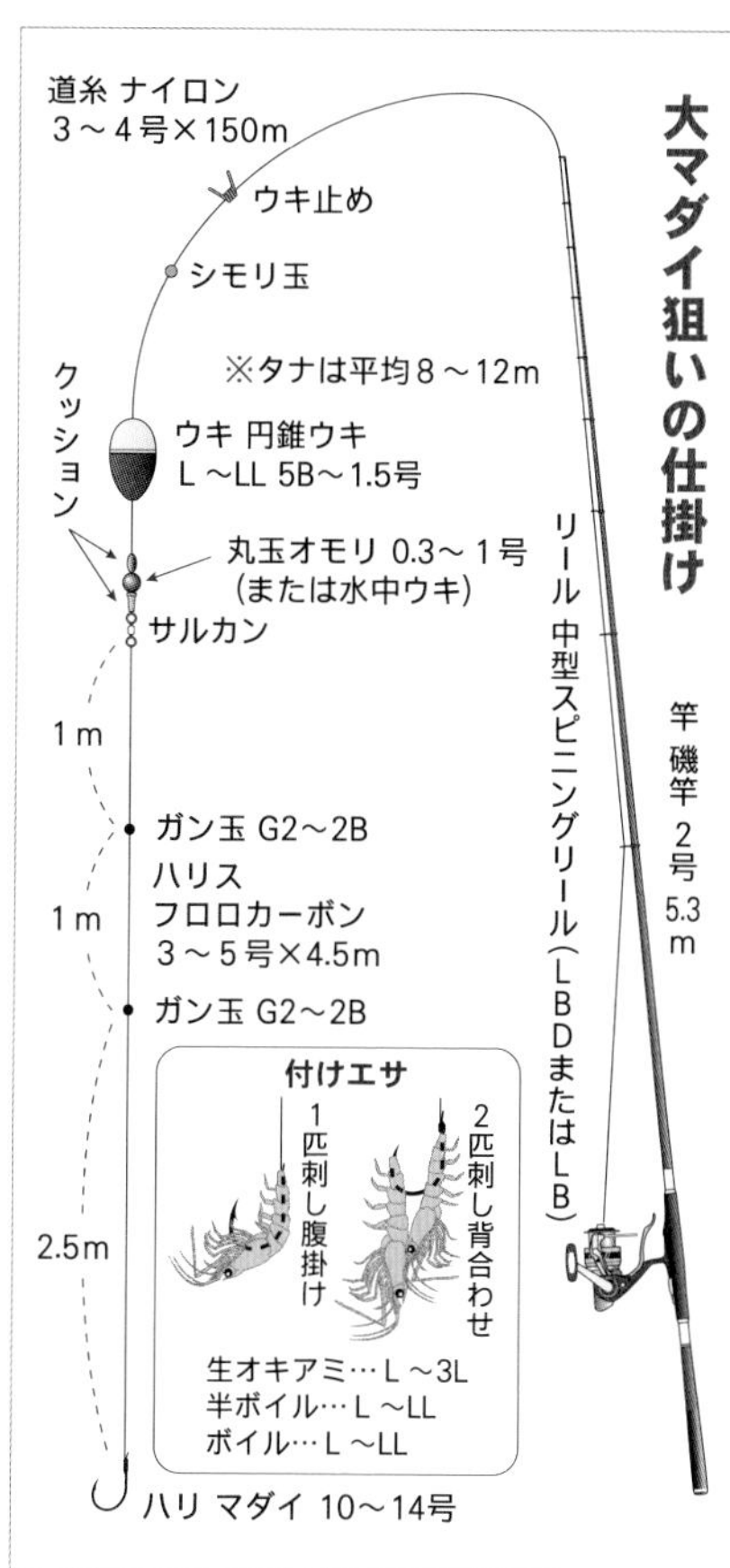


があったら竿尻を腰に当ててしっかり竿の角度を保ち、上体をひねりながらポンピングするとよい。竿を後方まで起こし、素早くラインを巻き取りながら竿を寝かせ、再び体ごとジワジワと引き起こす。竿がブレるとマダイに反転する余裕を与えてしまう。

細いタックルにマダイがヒットしたときは、無理をせずにラインをフリーで送り出す。ただ、走りが止まりかけたら竿を真後ろへ向けてタメ、それ以上は走らせないことだ。ここで走られると根に擦られる。途中の引き込みは必要に応じてラインを送りながらやり取りすればよい。相手が70cmを超す大型だと単独で取り込むのは難しい。できれば仲間や近くの釣り人に取り込みを手伝ってもらおう。1尾釣ったらラインのキズやウキ止めの位置をチェックし、ハリスとハリは結びなおすこと。

# イサキ狙いのウキフカセ釣り
## 重い仕掛けに変化を付けて流すと効果的

イサキ（関西方面ではイサギ）は初夏から夏にかけて沿岸部を回遊する代表的な磯魚である。房総半島以西の太平洋沿岸や一部の離島に広く分布している。日本海では島根県隠岐周辺が北限ではないかと思う。産卵を控えた初夏に潮通しのよい岩礁域に大きな群れを作って回遊し、秋の気配を感じる頃まで釣れ続く。水深のある沖磯や離島では初冬近くでも釣れることがある。

50cm前後の大型も出るが、平均サイズは25～35cm。20cm以下の幼魚は体側にイノシシの子を思わせる3本のラインがあり、「ウリンボ」などと呼ばれる。夜行性の強い魚なのでマヅメ時や夜に時合が集中するが、日中も食いが立つと入れ食いになる。目立つエサに飛びつく習性があるためハリにスキンやウィーリーを巻いた仕掛けも効果的で、曇天やマヅメ時には蓄光塗装されたハリも有効。付けエサには身のしっかりした白っぽいオキアミを選ぶこと。海中で目立つボイルや半ボイルもお勧めだ。

タックルは半島周りでメジナ（口太）を狙うものを流用すればよい。コマセもメジナ用で十分。ただ、初夏からの高水温期がトップシーズンのわりにタナは深く、平均すると5～8m。しかも、比較的タナをキープしながら泳ぐ習性があるため、軽い仕掛けよりも重めのオモリでタナをしっかり探ったほうがいい。ウキは浮力5B～1号程度のものがお勧め。専門に狙うならハリスは3m前後とやや短くするのがコツだ。

磯際やサラシよりも沖の潮目がポ

**イサキはタナを釣るのが基本**

タナ

※イサキはタナがある程度決まっているため、ウキ下を変えて早くタナを探り当てること

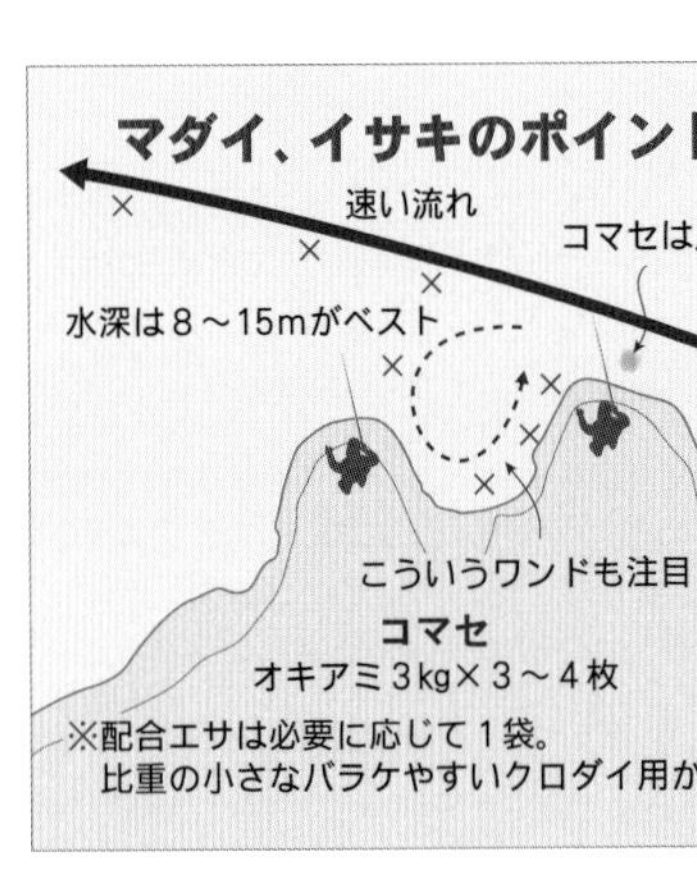

イントとなり、タナが深いためコマセは比重を重めにし足下へ撒いて沈めたほうが効果的。イサキは動くエサにも興味を示す魚なので、潮目を流すときには定期的にラインを張って仕掛けを止め、付けエサを浮かせるイメージングで流すとよい。そのためにもラインを張りやすいちょっと重めの仕掛けが有利である。

この魚の厄介なところは口周りの皮が薄く、やり取り中にハリ穴が徐々に広がってすっぽ抜けやすい点。やり取りはソフトに行ない、大アワセや鋭いアワセは禁物だ。群れが回遊しているときに数を稼ぐには玉網を使わず、抜き上げるほうがよいが、その場合も竿の弾力をフルに使ってゆっくり大きく引き抜くこと。40cmを超すサイズなら面倒でも玉網でていねいに取り込みたい。

釣れたイサキは、弱りの早い魚だから早めにクーラーボックスへ入れておこう。入れ食いのときは時間をロスしないように、近くに海水を入れたバッカンを用意してイサキを泳がせておき、数がまとまった時点でクーラーボックスへ移す。美味しい魚であるが、旬を外すと「これがイサキ?」と思うほど味が落ちる。季節を感じさせる魚である。

## 課外授業

### 時合は計算できないというお話

イサキは夜行性の強い魚だ。そういうこともあり、シーズン中は何度かイサキを狙って夜釣りに出掛ける。天候が安定する夏、半島周りの沖磯や離島では夕方から翌朝か昼までという夜釣りコースがある。伊豆半島沖の神子元島へイサキ狙いの夜釣りに出掛けたときは、予想に反してイサキの食いが悪く、ポツリポツリというアタリが続いた。そのうちの数尾はイサキが好物であるサメに横取りされてしまい、クーラーボックスの中身は一向に増える気配がないまま、夜は白々と明けはじめた。

そろそろイサキタイムは終わりか、だれもが諦めた頃、いきなりイサキの入れ食いが始まったのである。タナは見る見る浅くなって、最後にはガン玉なしの固定仕掛けでガンガン食ってきた。1投1尾。入れ食い状態は迎えの船が沖に見えるまで続いた。干潮間際で潮は動かず、入れ食いを予測させる要素は皆無。時合というのは計算できない。

半島周りの沖磯で初夏から姿を見せるイサキ。ウキフカセ釣りの外道というよりも夏の本命ターゲットといえる。メジナと同じポイントで狙えるため、仕掛けをイサキ用に替えて数を狙う人が多い

# ゼロから始める
# 必釣ウキフカセ釣り入門

2021年11月28日　初版発行

**STAFF**

解　　説　　高木道郎
イラスト　　丸山孝広
　　　　　　和歌靖夫
デザイン　　田村たつき

---

編集人／佐々木正和
発行人／杉原葉子
発行所／株式会社コスミック出版
〒154-0002　東京都世田谷区下馬6-15-4
代　表　TEL 03-5432-7081　FAX 03-5432-7088
振替口座：00110-8-611382
http://www.cosmicpub.com/
印刷・製本／株式会社 光邦
ISBN　978-4-7747-9247-7　C0076